面向世界的湾区之心

南沙粤港澳全面合作研究

鲁晓东 ◎ 编著

南方日报出版社
NANFANG DAILY PRESS
中国·广州

图书在版编目（CIP）数据

面向世界的湾区之心：南沙粤港澳全面合作研究 / 鲁晓东编著. — 广州：南方日报出版社，2024.3

ISBN 978-7-5491-2787-0

Ⅰ. ①面… Ⅱ. ①鲁… Ⅲ. ①区域经济合作—研究—广东、香港、澳门 Ⅳ. ①F127.65

中国国家版本馆CIP数据核字(2023)第245171号

MIANXIANG SHIJIE DE WANQU ZHI XIN：NANSHA YUE GANG AO QUANMIAN HEZUO YANJIU

面向世界的湾区之心：南沙粤港澳全面合作研究

编　　著：鲁晓东
出版发行：南方日报出版社
地　　址：广州市广州大道中289号
出 版 人：周山丹
责任编辑：曹　星　刘淑桦
封面设计：邓晓童
内文设计：劳华义
责任校对：阮昌汉　熊丽思
责任技编：王　兰
经　　销：全国新华书店
印　　刷：广州市尚铭印刷股份有限公司
开　　本：787 mm×1092 mm　1/16
印　　张：14.5
字　　数：256千字
版　　次：2024年3月第1版
印　　次：2024年3月第1次印刷
定　　价：56.00元

投稿热线：（020）87360640　　读者热线：（020）87363865

前　言

《粤港澳大湾区发展规划纲要》明确提出“在广州南沙规划建设粤港产业深度合作园”和“加快推进深圳前海、广州南沙、珠海横琴等重大平台开发建设，充分发挥其在进一步深化改革、扩大开放、促进合作中的试验示范作用，拓展港澳发展空间，推动公共服务合作共享，引领带动粤港澳全面合作”。2022年6月，国务院正式发布《广州南沙深化面向世界的粤港澳全面合作总体方案》（以下简称《南沙方案》），支持南沙打造立足湾区、协同港澳、面向世界的重大战略性平台，这是继2021年出台横琴、前海两个合作区方案以后，以习近平同志为核心的党中央对粤港澳大湾区建设作出的又一重大决策部署，赋予广东新的重大机遇、重大使命，为南沙发展注入新的强劲动力。

《南沙方案》是推进南沙开发建设的纲领性文件。《南沙方案》的出台有利于引领广州实现老城市新活力，在综合城市功能、城市文化综合实力、现代服务、现代化国际化营商环境方面出新出彩，增强在粤港澳大湾区发展中的核心引擎作用；有利于进一步强化航运、贸易、金融、国际交往等综合服务功能，携手港澳打造高水平对外开放门户，在推动构建新发展格局中发挥更大的作用；有利于打造粤港澳全面合作重大战略性平台，丰富“一国两制”实践，更好支持港澳融入国家发展大局。

本书旨在依据《南沙方案》的指导精神，对南沙的发展状况进行全面摸排，为南沙建设面向世界的粤港澳全面合作示范区明晰合作思路和重点任务。全书将重点围绕以下几个方面的问题展开：

（1）南沙在开展粤港澳全面合作方面的发展现状如何？存在哪些主要问题？

当前面临哪些机遇和挑战？

（2）与前海和横琴两个合作区相比，南沙存在哪些优势和劣势？如何在《粤港澳大湾区发展规划纲要》的指导下谋求差异化合作，实现共赢发展？

（3）在《南沙方案》提出的五大任务上，南沙分别存在哪些问题？该如何精确设定并落实五大任务的工作思路？

（4）围绕五大任务，有哪些重大、重点项目可以作为工作推进的抓手？

基于以上问题，本书对相关政策进行了细致的梳理，对南沙相关职能部门和部分企业进行了调研，掌握一手资料。与此同时，本书对涉及南沙发展的公开报道、政策性研究报告、学术论文等资料进行了全面收集整理，围绕以上四个方面的问题进行了提炼归类。尤其是在合作思路和重点任务方面，对《南沙方案》提出的五个方面的重点任务进行层层分解，逐一对照查找问题。研究报告坚持问题导向，做到精准识别，并形成具有可行性的政策建议。

目　录

第一章　南沙粤港澳全面合作的发展现状 / 001

一、南沙参与粤港澳全面合作的优势基础 / 002
（一）多重政策叠加利好 / 002
（二）地理区位优越，基础设施完备 / 002
（三）对外开放程度高 / 003
（四）产业布局科学高端 / 003
（五）高端要素集聚 / 004

二、合作示范区空间布局 / 004
（一）南沙空间布局概况 / 004
（二）先行启动区布局 / 007
（三）交通圈布局 / 011
（四）对粤港澳全面合作的意义 / 013

三、优势产业分布 / 015
（一）产业分布概况 / 015
（二）重点产业 / 016
（三）其他产业 / 028
（四）政策规则衔接 / 034
（五）基础设施 / 036

（六）科技创新 / 037
（七）人员交流 / 039
（八）教育文化 / 040
（九）金融投资 / 042

第二章　粤港澳合作发展环境和经验借鉴 / 045

一、发展机遇 / 046
（一）平稳期下“一国两制三关税”提供条件 / 046
（二）纲领性文件出台指明方向 / 047
（三）数字革命浪潮注入新动能 / 047
（四）“一带一路”倡议打通经络 / 049

二、发展面临的挑战 / 050
（一）国际发展环境日趋复杂 / 050
（二）体制障碍仍待破除 / 051
（三）区域规划存在限制 / 056
（四）地区利益协调困难 / 057

三、与横琴、前海两个合作区体制机制的对比 / 058
（一）南沙背靠更大的经济纵深，但与港澳地理距离不占优势 / 058
（二）空间优势明显，发展潜力更大 / 059
（三）南沙产业更加多元，优势产业不突出 / 060
（四）战略定位更加丰富，建设任务层次鲜明 / 062
（五）与港澳合作处于起步阶段，与横琴、前海相比有差距 / 064
（六）对外开放程度更高，独具面向世界的发展使命 / 066
（七）政策优惠各具特色，总体力度基本持平 / 067

第三章　合作重点任务 I：建设科技创新产业合作基地 / 069

一、强化粤港澳科技联合创新 / 070
（一）联合科创 / 070

（二）合作机制 / 073
（三）技术转移 / 075
（四）科技成果产权安排 / 078
（五）金融 + 科技 + 产业 / 078
（六）港资进港企 / 080

二、打造重大科技创新平台 / 080
（一）建设南沙科学城 / 080
（二）建设中国科学院明珠科学园 / 082
（三）集聚海洋科技创新 / 083
（四）科技成果交易 / 086

三、培育发展高新科技产业 / 087
（一）智能制造 / 087
（二）智能网联汽车 / 089
（三）专业化机器人 / 095
（四）数字产业 / 098
（五）物联网 / 101
（六）数据服务 / 104
（七）科技兴海 / 106
（八）高新企业亏损结转年限优惠 / 110
（九）产业税赋优惠 / 110

四、推动国际化高端人才集聚 / 111
（一）港澳人才政策创新 / 111
（二）港澳个税免征 / 114
（三）高端人才引进 / 115
（四）人才产学研培养 / 117
（五）人才服务国际化 / 119

第四章　合作重点任务 II：创建青年创业就业合作平台 / 121

一、协同青年创新创业 / 122
（一）持续推进大众创业、万众创新，激发市场活力 / 122
（二）提升青年创新创业平台环境，丰富服务内容 / 122
（三）利用现有创业孵化基地，重点支持港澳青年 / 123
（四）构建高层次双创政策支持体系 / 124
（五）落实相应的税收优惠政策 / 125
（六）对港澳青年到南沙创业给予相应扶持政策 / 126
（七）港澳政府资助创业团队直接享受南沙创业扶持政策 / 126
（八）加大南沙创投政策宣传力度，营造优质双创生态圈 / 127

二、提升实习就业保障水平 / 128
（一）深入实施“百企千人”实习计划，落地更多人才项目 / 128
（二）提供更多有吸引力的专题实习岗位 / 129
（三）为在南沙就业的香港大学生提供津贴 / 129
（四）推动南沙国有企事业单位引进港澳人才 / 130
（五）建设公共就业综合服务平台，维护港澳居民就业权益 / 131
（六）加强就业配套服务保障 / 132

三、加强青少年人文交流 / 134
（一）规划建设粤港澳青少年交流活动总部基地 / 134
（二）定期举办青年交流活动 / 135
（三）携手港澳联合举办多样文艺活动 / 136

第五章　合作重点任务 III：共建高水平对外开放门户 / 139

一、建设中国企业“走出去”综合服务基地 / 140
（一）携手深化对外经贸合作 / 140
（二）加强与香港专业服务业合作 / 142

二、增强国际航运物流枢纽功能 / 146
（一）提升总体服务能级 / 146

（二）提高港铁联运能力 / 151
（三）拓展航运交易服务 / 153
（四）加快发展海事服务 / 154
（五）推动重点平台建设 / 155

三、加强国际经济合作 / 158
（一）加强和深化与日韩、东盟国家经贸合作 / 158
（二）支持高质量实施 RCEP / 160
（三）对标国际高水平自贸协定规则 / 164
（四）打造国际经济合作前沿地 / 166

四、构建国际交往新平台 / 168
（一）鼓励港澳商会协会代表处设立 / 168
（二）构筑对接“一带一路”国际经济合作新平台 / 170
（三）积极承办、办好国际性活动 / 173

第六章　合作重点任务 IV：打造规则衔接机制对接高地 / 177

一、打造国际一流营商环境 / 178
（一）持续打造市场化法治化国际化营商环境 / 178
（二）试行商事登记确认制，加快建立健全完善的监管体系 / 178
（三）加快建设“数字政府” / 179
（四）健全多元化纠纷解决机制 / 180

二、有序推动金融市场互联互通 / 181
（一）支持设立更多持牌金融机构 / 181
（二）积极支持南沙参与设立粤港澳大湾区保险服务中心 / 183
（三）促进粤港澳三地保险市场融合发展 / 183
（四）支持开展移动支付创新应用 / 183
（五）加快研究按程序在南沙设立粤港澳大湾区国际商业银行 / 184
（六）支持推进外汇管理改革 / 184
（七）加强金融监管合作，提升风险监测、预警、处置能力 / 184

三、提升公共服务和社会管理相互衔接水平 / 186
（一）加强粤港澳三地的社会保障衔接 / 186
（二）配合香港特别行政区政府建立相关医疗制度 / 186
（三）组织制定与国际接轨的医院评审认证标准 / 187
（四）建立相关食品安全制度 / 187
（五）加强与港澳的交通衔接 / 187
（六）稳妥推进粤港澳游艇自由行 / 189

第七章　合作重点任务V：建立高质量城市发展标杆 / 191

一、加强城市规划建设领域合作 / 192
（一）城市精细化治理，加强文明传承、文化延续 / 192
（二）引入高水平城市规划建设团队，职业资格互认 / 193
（三）强化工程建设领域合作 / 195

二、稳步推进智慧城市建设 / 197
（一）南沙智慧城市基础设施建设 / 197
（二）智能化城市综合交通管理和服务系统 / 199
（三）智能电网 / 200
（四）智能气网 / 201
（五）智能供排水保障系统 / 202

三、稳步推进粤港澳教育合作 / 204
（一）教育专区规划布局，打造教育合作新高地 / 204
（二）引进境外一流教育资源到南沙开展高水平合作办学 / 204
（三）深化粤港澳高等教育合作 / 205
（四）拓宽港澳籍学生入学渠道 / 206
（五）职业教育合作 / 207
（六）姊妹学校（园）交流合作活动 / 208
（七）外籍人员子女教育 / 209
（八）提高南沙港澳青年学生就学吸引力 / 209

四、便利港澳居民就医养老 / 210
（一）南沙携手港澳共建健康产业 / 210
（二）港澳现代化管理模式 / 212
（三）开展跨境转诊合作试点 / 212
（四）加强药品和医疗器械监管 / 213
（五）港澳老年人南沙养老 / 214
（六）扩大广东院舍住宿照顾服务计划 / 214

五、强化生态环境联建联防联治 / 214
（一）健全环保协同联动机制 / 214
（二）陆海统筹、以海定陆 / 215
（三）生态保护红线精细化管理 / 216
（四）构建低碳环保园区 / 217
（五）水域污染防治攻坚战 / 218
（六）清洁航运政策 / 219

第一章

南沙粤港澳全面合作的发展现状

一、南沙参与粤港澳全面合作的优势基础

（一）多重政策叠加利好

南沙是广州市发展机遇的汇聚之地，自1993年国务院批准设立广州南沙经济技术开发区以来，南沙在国家改革开放和广东经济建设的辉煌进程中一路向前，2005年南沙建区，2012年和2014年先后获批国家级新区和自由贸易试验区（以下简称“自贸试验区”）。

南沙区是广东省目前唯一一个集国家级新区、自贸试验区、粤港澳全面合作示范区和广州城市副中心（“三区一中心”）多功能于一体的行政区域，凸显了南沙在国家、省、市区域发展大局中的战略地位和核心作用。2022年6月，国务院印发《广州南沙深化面向世界的粤港澳全面合作总体方案》，明确提出“加快推动广州南沙深化粤港澳全面合作，打造成为立足湾区、协同港澳、面向世界的重大战略性平台，在粤港澳大湾区建设中更好发挥引领带动作用”，南沙区的发展再次迎来重磅政策利好。

与此同时，南沙还是国家级综合保税区、国家进口贸易促进创新示范区、大湾区粮食分拨中心等对外合作平台，农业对外开放合作试验区也已于2023年12月获农业农村部正式认定。多重的政策叠加为南沙区带来多重利好。

“多区叠加”有利于南沙发挥财政、金融、保险、税收、通关、检验检疫等政策组合效应，有效利用国内、国际两个市场两种资源，充分释放在要素流动及其区域格局重组中的“外引内联”作用，与国际优势产能开展多维度、多层次的经济合作，推进“双区”建设、“双城”联动，助力广东“一核一带一区”发展格局，服务京津冀地区协同发展、长江经济带发展、长三角一体化发展、黄河流域生态保护和高质量发展、成渝地区双城经济圈和粤港澳大湾区等国家重大区域发展；有利于增强高端资源要素配置能力，成为国内国际“双循环”发展格局的关键枢纽节点，打造联通国内国际，兼具文化交流、信息沟通、商贸会展、科技合作、经贸往来等功能的国际枢纽平台。

（二）地理区位优越，基础设施完备

南沙位于珠江出海口、粤港澳大湾区的地理几何中心，是连接珠江口两岸城市群和港澳地区的重要枢纽性节点，也是“海上丝绸之路”的起点之一。得天独厚的地理区位特征，赋予南沙大城郊、大辐射、大链接的空间优势。

在基础设施方面，南沙依托有利的地理位置，已经成为联结粤港澳大湾区、辐射珠三角、面向世界的世界级交通枢纽。南沙拥有世界级海港资源，国际航运网络持续纵深推进。截至2021年，南沙区累计开辟集装箱班轮航线167条，其中外贸航线135条，与世界100多个国家和地区的400多个港口建立友好合作关系。世界前21大集装箱班轮公司全部进驻南沙港区，邮轮出入境旅客量居全国第三。

对内物流网络日益顺畅。自大湾区“海陆空联运”项目实施以来，高铁、城际、地铁、高快速路等现代立体交通网络已初具规模，强化了南沙与广州主城区、珠江口东西两岸城市的快速连接。南沙区方圆100千米内汇聚了大湾区全部11座城市以及五大国际机场。轨道交通方面，截至2023年1月，南沙已建成4条线路——南沙港铁路、广深港高铁、广州地铁四号线、广州地铁十八号线，均已开通使用；在建的深圳至江门铁路正加快建设，广州地铁二十二号线和城际轨道交通项目有序推进；在高快速路建设方面，南沙大桥已建成通车，目前在建的有南中高速、深中通道等。随着2024年南中高速和深中通道建成通车，珠江两岸的过江通道交通压力将得到较大改善，深圳到南沙的通达时间也将压缩至半小时以内。南沙片区加快融入粤港澳大湾区“半小时交通圈”，正在逐步成为湾区交通枢纽中心。

（三）对外开放程度高

南沙自贸试验区作为我国推进高水平对外开放的重大平台，具有以制度创新为核心，在更高水平、更高层次、更高目标上扩大开放，构建自由开放的国际投资贸易规则体系方面的先行先试优势，这将让南沙迎来构建内外统筹、上下联动、横向协同的国际合作“一盘棋”工作格局的新一轮发展机遇，全面释放贸易投资自由化便利化的制度改革红利。

2022年1月印发实施的《南沙自贸片区对标RCEP CPTPP进一步深化改革扩大开放试点措施》提出全国首个对标RCEP、CPTPP双协定的自贸试验区集成性创新举措，体现了南沙自贸片区在对标高标准国际经贸规则上的先行一步，将是南沙率先实施更高水平制度型开放的纲领性文件。

（四）产业布局科学高端

在广东的各区产业发展中，南沙利用后发优势以及叠加的多重政策利好，积极构建创新型产业体系，推动先进制造业与现代服务业融合发展，突出总部经济、数字经济、绿色经济发展导向，面向全球集聚资源要素，大力发展航运物流、高端制造、金融商务、科技创新、生命健康五大主导产业，集聚发展IAB（新一代信息技术、人工智能、生物医药）和NEM（新能源、新材料）等新产业新业态。

（五）高端要素集聚

按照《粤港澳大湾区发展规划纲要》的战略部署，南沙位于广深港和广珠澳科技创新“人字形”走廊的交汇点上，是创新的核心集聚区。南沙沿广深科技创新走廊初步形成“一廊十核多节点”的重点创新载体，聚集一批全球领先的科技创新资源，通过加强与香港、澳门的合作连接全球创新资源，向区内产业提供全球最高端、最前沿、最权威的创新人才队伍、创新信息等先进要素。

与此同时，南沙也是大湾区综合性国家科学中心主要承载区。南沙正在全力高标准推动南沙科学城建设，构建“1+1+3+N”科创平台体系。目前十多家中国科学院系科研机构及创新平台落户南沙，770多家科技服务机构进驻华南技术转移中心，16个院士团队汇聚南方海洋科学与工程广东省实验室（广州）。

二、合作示范区空间布局

（一）南沙空间布局概况

广州市南沙区全域均为《南沙方案》实施范围，总面积约803平方千米，地处珠江出海口和粤港澳大湾区地理几何中心，是广州市唯一出海通道，是连接珠江口岸城市群和港澳地区的重要枢纽性节点，距香港38海里、澳门41海里。南沙区下辖3个街道、6个镇，包括南沙街道、珠江街道、龙穴街道、万顷沙镇、黄阁镇、横沥镇、东涌镇、大岗镇、榄核镇（如表1.1所示）。其中，万顷沙镇行政区域面积最大，南沙街道流动人口最多。

为科学合理调整城镇体系规划，优化经济社会资源配置，加快推进广州市南沙区“湾区之心、开放门户、未来之城”的打造，进一步加强中心城区的服务管理，更好地服务广大居民群众，2022年6月28日，南沙区民政局发布《南沙街行政区划变更方案（征求意见稿）》。该方案提出，统筹考虑南沙街、黄阁镇经济发展、资源环境、人文历史、地形地貌、治理能力等情况，拟将黄阁镇凤凰社区、梅山社区、东湾村、蕉门村、亭角村、坦尾村2社区4村划到南沙街，与南沙街现

表1.1 2021年南沙区及其街镇基本情况

单位	区域面积/平方千米	户籍人口数/人	流动人口数/人
南沙区	803.00	517 503	464 135
万顷沙镇	142.85	37 125	20 234
黄阁镇	76.50	64 887	40 218
横沥镇	54.00	34 799	20 406
东涌镇	91.53	88 955	106 744
大岗镇	90.07	85 699	43 093
榄核镇	74.48	61 110	40 770
南沙街道	84.00	120 761	153 419
珠江街道	41.50	22 435	23 572
龙穴街道	128.90	1732	15 679

资料来源：《南沙年鉴（2022）》

管辖区域范围一并拆分设立两个街道。

南沙区水资源丰富，2022年全区海岸线195.13千米，海域面积337.78平方千米，占广州市海域总面积的88.26%；拥有海岛11个，其中面积大于500平方米的海岛有10个。南沙海域既有海洋属性又有河口属性，发展以养殖为主、捕捞为辅的多样化渔业生产形式。

依托山城田江海的空间形态，广州南沙目前已初步形成各具特色、多点支撑、协同发展的"一城四区"组团式空间格局。

"一城"是指中心城区，旨在依托明珠湾区、蕉门河中心区和南沙湾片区，加快提升城市综合服务功能，打造大湾区中央商务区核心区和城市副中心服务中心。

"四区"是指庆盛片区、北部片区、南部片区和海港片区。庆盛片区依托庆盛枢纽，建设科技创新应用型高地，重点培育人工智能、新能源汽车研发与制造等战略性新兴产业。北部片区侧重与顺德地区同城化建设，打造南沙西部综合服务中心、大湾区重要的生产服务和先进制造业基地。南部片区重点提高国际化服务水平和航运服务功能，重点布局科技创新、综合服务，打造广深"双城"联动重要承载区和粤港澳创新合作示范区，预留未来产业发展空间，加强生态廊道及南沙湿地的保护，建设国际旅游度假中心。海港片区重点发展港航物流、船舶海工装备等海洋经济，建设广州国际航运枢纽核心承载区，不断优化城市生态网络、交通网络和生产生活网络，促进枢纽、城区、片区之间互联互通和功能互补。

根据"一城四区"不同的资源禀赋、区位优势和产业基础，广州南沙进一步细分为13大重点功能片区（如表1.2所示），形成横向错位发展、纵向分工协作的

表1.2　重点功能片区发展方向

重点区块	发展定位	发展重点
明珠湾起步区区块	金融商务发展试验区	重点发展总部经济、金融商务、科技创新等高端服务业，加快配套产业服务设施，建设金融商务发展试验区，打造粤港澳全面合作示范区的核心区和具有世界先进水平的粤港澳大湾区中央商务区
蕉门河中心区区块	境外投资综合服务区	重点发展商业服务产业、外贸新业态、中小企业总部等，推动总部经济、特色金融、商贸、城市综合体集聚发展，构建企业“走出去”“引进来”的综合服务平台，打造境外投资综合服务区
海港区块	国际航运发展合作区	重点发展航运物流、保税仓储、大宗商品交易等产业，依托港口核心资源高标准建设国际大港，打造广州国际航运枢纽核心承载区
南沙湾区块	国际科技创新合作区	重点发展科技创新、文化创意、商务会展、邮轮游艇经济等产业，打造广州滨海国际门户、粤港澳创新成果产业化基地和国际化科技创新合作区
万顷沙保税港加工制造业区块	综合保税加工区和先进制造业发展引领区	重点发展智能装备、高端装备、新能源汽车、新一代信息技术等产业，推动检验检测产业集聚，促进保税物流加工产业转型升级，打造集研发孵化、智能制造、离岸金融、检验检测与认证、保税物流加工、装备进出口贸易等产业功能为一体的综合保税加工区和先进制造业发展引领区
庆盛枢纽区块	人工智能产业集聚区、现代服务业国际合作区	重点发展人工智能、资讯科技、自动驾驶研发等战略性新兴产业，建设千亿级国际人工智能产业园区，打造广州人工智能产业发展承载区；建设工业4.0先导示范区和创新创业基地，打造现代服务业国际合作区；围绕香港科技大学（广州）、南沙国家级自动驾驶和智慧交通示范区等重点项目，打造科创教育核心区
南沙枢纽区块	粤港澳融合发展试验区	重点发展资讯科技、金融服务、科技成果转化、专业服务等产业，加快粤港深度合作园南沙枢纽区块（起步区）等项目建设，打造粤港澳产业融合发展的新高地
大岗先进制造业基地片区	粤港澳大湾区先进制造业基地	重点发展船舶及海洋工程装备、高端航空装备制造业、智能装备、节能环保等产业，打造产城融合、生态低碳的国际一流先进制造业基地

（续表）

重点区块	发展定位	发展重点
广佛高质量发展融合试验区（南沙—顺德）片区	广佛（南沙—顺德）自贸服务业与先进制造业融合发展示范区	重点发展智能制造装备、新能源装备、节能环保装备、智能家居制造、机器人制造等先进制造业，促进先进制造与自由贸易融合发展，着力打造自贸服务业与先进制造业融合发展示范区
黄阁汽车城片区	黄阁国际汽车智能制造核心区	重点发展汽车智能制造、汽车创新研发，在整车制造、动力总成、核心零部件制造等领域全方位布局，完善研发创新、生产制造、生产服务的全产业链条，打造国际汽车智能制造核心区
龙穴岛北部片区	大科学装置集聚区	聚焦海洋、能源、空天、信息和生物等领域布局一批具有国际领先水平的重大科技基础设施，形成设施先进、学科交叉的世界级重大科技基础设施集群
明珠科学园	粤港澳大湾区国际科创中心核心区	推动中国科学院各类创新机构、高端创新平台集聚，建成空间布局相对集中、科研资源共建共享、学科领域交叉融合、科研人才高度集聚的科教融合新城，打造国家原始创新发源地和前沿科学研究高地
万顷沙南部片区	国家健康旅游示范基地核心区	重点发展精准医疗、旅游休闲、都市农业等产业，加强生态廊道及南沙湿地的保护，以基因检测、大数据和高端医疗服务为重点方向，建设精准医学产业基地，打造国家健康旅游示范基地核心区

资料来源：《广州市南沙区、广州南沙开发区（自贸区南沙片区）国民经济和社会发展第十四个五年规划和2035年远景目标纲要》

联动发展格局。

根据《中国（广东）自由贸易试验区建设实施方案》，广州南沙新区由海港区块、明珠湾起步区区块、南沙枢纽区块、庆盛枢纽区块、南沙湾区块、蕉门河中心区区块、万顷沙保税港加工制造业区块组成，占地面积60平方千米，是广东自贸试验区面积最大的片区。

（二）先行启动区布局

1. 南沙湾区块

南沙湾区块地属南沙街道，北至有荣船厂，西至黄山鲁森林公园，东至虎门水道，南至凫洲水道。该区块面积5平方千米，是广州滨海国际门户、国际科技创新合作和文化创意区。该区块以粤港澳现代服务业及国际科技创新紧密合作与融合发展为主导，重点发展科技创新、文化创意、商务会展、服务外包、航运服务总部、邮轮游艇经济等功能，聚焦海洋科学等国家重大战略和基础工程，打造粤港澳大湾区科技创新高地。

作为南沙与港澳合作初始之地，南沙湾区块已初步建成各方面配套设施相对成熟的宜居宜业城区，形成“一心两带三片四核多廊”的结构。“一心”是指以黄山鲁森林公园为绿心。“两带”是指串联南沙岛的风情大道和富有魅力的滨海活力带。“三片”是指北部海洋文化休闲区、中部珠江口游憩商务区和南部国际科技创新区。“四核”是指各片区及滨海公园形成的功能和地标核心。“多廊”是指依托主要河涌绿地、山体与防护绿地形成的5条生态廊道和5条都市廊道。

南沙湾区块目前有资讯科技园、南沙科技创新中心、中华总商会大厦、南沙客运港、香港科技大学霍英东研究院、深海科技创新中心等30多个粤港澳合作项目，已建成亚洲规模最大的国际邮轮母港综合体。此外，该区块在与港澳规则衔接方面有众多新突破，如南沙国际仲裁中心率先同步运行内地与港澳三种仲裁模式，广州超算中心南沙分中心通过全国首个“点对点”跨境专线服务200多个香港科创团队，南方海洋科学与工程广东省实验室（广州）在香港设立分部并拨付了内地首笔跨境科研经费。

2. 庆盛枢纽区块

庆盛枢纽区块位于南沙区北部、东涌镇东北侧，东至小虎沥水道，南至广深港客运专线，西至京珠高速，北至沙湾水道。该区块面积8平方千米，拥有620.25公顷的建设用地，地处广深港、广珠澳科技创新“人字形”走廊交汇点，广深港高铁庆盛站到香港西九龙仅35分钟。

庆盛枢纽区块定位为科技创新、国际教育、现代服务业国际合作区，重点发展人工智能、资讯科技等主导产业，打造千亿级国际人工智能产业园区，建设工业4.0先导示范区和创新创业基地，组建现代服务业国际合作区以及泛珠地区走向国际、参与“21世纪海上丝绸之路”建设的新平台。该区块已初步形成“一区多园、两轴一带、双核联动”结构，划分为4个规划管理单元。“一区多园”是指功能复合的科创核心区与特色主导产业的主题创新园。“两轴一带”的“两轴”分别为庆盛大道科技创新服务轴及横一路产城融合活力轴，共同引领地区发展提升，“一带”为沙湾水道滨河生态休闲带。“双核联动”是指枢纽商务核与综合服务核双核联动，共同推进地区发展提升。

庆盛枢纽区块在建的项目超30个，总投资额超一千亿元，其中大部分为港资、澳资企业或项目。香港科技大学（广州）与内地首个非营利性港人子弟学校——广州南沙民心港人子弟学校已于2022年9月正式开学。在建商业项目新鸿基庆盛交通枢纽综合体（TOD）将带来约22万平方米的写字楼、约8万平方米的大型商场及约2万平方米的公交站等设施，提升板块商业氛围。广州南沙人工智能产业研究院、南沙国际人工智能价值创新园、广东人工智能全球示范中心均已入驻。

庆盛枢纽区块坚持“校区—园区—社区”融合理念，规划建设港式国际化社区，已引入香港科技园南沙孵化基地、国际学校和医院、境外来粤居民办事中心等项目，营造“港人熟悉、国际一流、多元融合”的发展新空间。依据《广州南沙新区庆盛枢纽区块控规深化及城市设计》，庆盛枢纽区块控规总人口规模预计可达19.6万人，居住人口预计可达2.1万人。

坐拥高铁、地铁、高速道路等多维立体轨道的庆盛枢纽区块交通优势明显。在轨道交通建设方面，庆盛枢纽区块已建成庆盛地铁站和庆盛高铁站，一小时内可达广州中心城区和香港西九龙高铁站。在广珠澳高铁建成后，庆盛枢纽区块将成为内地唯一高铁同时直达港澳的区域。在高速道路建设方面，庆盛枢纽区块内已有京珠高速、鱼黄二线以及南二环高速共三条高快速路经过，按规划未来将形成“一横二纵”高速路网以及“四横两纵”主干路网体系。“一横两纵”的“一横”为南二环高速，“两纵”为京珠高速、东部干线。“四横两纵”的“四横”为规划一路、东涌大道、横一路、庆沙路，“两纵”为庆盛大道、东部干线地面主干道。

2022年4月11日，《粤港深度合作园（庆盛枢纽区块）（南沙区DC0302规划管理单元）控制性详细规划修编》获批，标志着庆盛枢纽内粤港深度合作园正式开始建设。粤港深度合作园（庆盛枢纽区块）位于广州市南沙区东涌镇东北部庆盛枢纽区块，东至庆盛大道，西至京珠高速，南至广深港高铁，北至清水湾大道，总用地面积约163.28公顷，横跨地铁四号线庆盛站和东涌站，北邻香港科技大学（广州）。

粤港深度合作园（庆盛枢纽区块）定位为港人熟悉、国际一流的无界科创社区，总建筑面积为218.04万平方米，目前已开工建设。该园区规划常住人口2.7万人，就业人口3.0万。在该片区内，将建有技工学校1所、港人子弟学校1所、幼儿园4所；社区服务与管理设施包括境外来粤居民办事中心1处（内含综合警署、长者邻舍中心）；医疗设施则包括健康中心（兼社区卫生服务中心）1处；文化站1处，110千伏变电站2处，邮政所1处；公交首末站3处、公共停车场5处、长途客运站1处。

3. 南沙枢纽区块

南沙枢纽区块地属珠江街道，北至明珠湾大桥联络线（南万大道）及明珠科学园南侧，西至灵新大道，南至站前大道，东至蕉门水道，面积约10平方千米。该区块定位为粤港澳融合发展试验区，将重点打造粤港澳生产性服务业发展集聚区。

该区块的西面正规划建设生物谷、数字谷、健康谷等新兴产业带，打造广深“双城”联动先行示范区域。北面是明珠湾起步区、南沙未来的CBD，中国科学院明珠科学园、大湾区科学论坛、国际金融论坛（IFF）永久会址等重大项目已全面开始建设。南面是新兴产业集聚区，重点发展新能源汽车、集成电路等产业，现已形成宽禁带半导体全产业链布局。相较于其他两个先行启动区，南沙枢纽区块还处于早期开发阶段，具有较大发展潜力。

在空间结构上，南沙枢纽区块目前已初形成“三轴一带、两心多片”的总体空间格局。“三轴”指与新区城市总体空间结构相呼应的三条南北向发展轴，包括邻蕉门水道的滨江景观轴、万新大道城市空间拓展轴、十八号线商务商贸联络轴。“一带”指五涌及两侧滨水空间构成的综合服务带。“两心”指枢纽及邻枢纽地区构成的商务商贸中心以及五涌服务带与万新大道城市拓展带交点的综合生活服务中心。“多片”指结合轴带和功能分布形成以科技研发、商务商贸、综合发展、生活服务为主导功能的城市发展片区。

在道路系统上，南沙枢纽区块内有南沙港铁路、深茂铁路、中南虎城际、肇顺南城际以及广州地铁十八号线等多条交通线路交会，是将来大湾区快速直联直通的核心枢纽节点。此外，区块内的一类客运枢纽南沙站枢纽已于2021年3月开始建设，其定位为南沙主要对外陆地门户枢纽、全国型枢纽客运站和粤港澳大湾区合作枢纽。南沙站枢纽主要区位为灵新大道东侧、万泰大道西侧，主要承担南沙及区域主要对外（跨省、市）客运功能，枢纽及配套交通设施用地共约37.11万平方米。截至2023年10月，南沙站枢纽在建铁路2条，包括深江铁路、南珠中城际。同时南沙正在推进广珠澳高铁、肇顺南城际、中南虎城际及广州地铁十五号线等轨道交通的前期研究工作，力争早日开工建设。

位于南沙枢纽区块内的粤港深度合作园南沙枢纽片区（起步区）项目已于2022年7月正式动工，该项目北至明珠湾大桥联络线（南万大道），西至灵新大道，南至五涌北路，东至凤凰大道，总面积约1.95平方千米。粤港深度合作园南沙枢纽片区（起步区）项目衔接香港标准，以共建共享为原则，重点在资讯科技、专业服务、金融及金融后台服务、航运物流服务、研发及科技成果转化、国际教育培训、商贸服务、休闲旅游及健康服务八大产业领域深化粤港合作。

表1.3 南沙粤港澳全面合作先行启动区基本情况

先行启动区	面积/平方千米	定位	重点企业	重点载体
南沙湾区块	5	广州滨海国际门户、国际科技创新合作和文化创意区	南沙游艇会、南沙国际邮轮码头综合体、香港科技大学霍英东研究院、深海科技创新中心	中华总商会大厦、南沙资讯科技园、南沙科技创新中心
庆盛枢纽区块	8	科技创新、国际教育、现代服务业国际合作区	广州南沙人工智能产业研究院、新鸿基庆盛交通枢纽综合体、香港科技大学（广州）	南沙国际人工智能价值创新园、广东人工智能全球示范中心
南沙枢纽区块	10	粤港澳融合发展试验区	中国科学院明珠科学园	粤港深度合作园南沙枢纽片区（起步区）

资料来源：课题组整理

（三）交通圈布局

作为“三区一中心”，广州南沙已初步形成铁路、航运、航空、公路“四位一体”的现代综合交通运输体系，大湾区内湾综合交通核心枢纽地位逐步显现。南沙正着力构建以南沙为原点的大湾区“半小时交通圈”，打造服务粤港澳大湾区的区域交通中心、功能中心和经济中心，深化与港澳高水平全面合作。

1. 轨道交通布局

广州南沙现已初步建成“一主（南沙站）一辅（庆盛站）三个功能站（通用机场站、蕉门站、横沥站）”的铁路客运站格局和“快线+普线”地铁网。

在对外轨道交通方面，截至2021年，南沙已建成1个铁路枢纽（庆盛高铁站），策划新增南沙枢纽、庆盛枢纽2个综合枢纽项目。新（在）建轨道交通约53.2千米，其中，南沙港铁路工程进度达到79%，深江铁路动工建设。在现有广深港高铁、在建南沙港铁路及深江铁路的基础上，未来将新增广州至珠海（澳门）高铁，谋划将深圳至南宁高铁、赣深客专、中南虎城际、肇顺南城际和南沙至珠海（中山）城际轨道引入南沙，打造承载国际综合交通枢纽的重要功能区和湾区城际轨道交通枢纽，实现南沙“十四五”规划的“30+12348”时空目标。“30”指与湾区中心城市30分钟互达；“1”指与湾区节点城市间1小时互达；“2”指与省内地级市2小时互达；“3”即与邻近省会城市3小时互达；“4”和“8”指与国家级城市群（京津冀、长三角、长江中游、成渝、中原等城市群）主要城市4—8小时互达。

在区内城市轨道方面，南沙共推进约92.2千米轨道线路建设，已建成运营广州地铁四号线南延线和广州地铁十八号线，正加快推进广州地铁二十二号线建设、十五号线（一期）和二十二号线南延线前期工作。根据南沙“十四五”规划，南沙区内城轨将打造“3040”出行时空圈，即“南沙至广州中心城区30分钟，南沙内部组团之间40分钟互达”。在南沙“十四五”规划中，南沙将形成与广州中心城区连接的“两快一慢一预留”大容量轨道通道及区内“环+放射”城市轨道网络系统。“两快”指轨道十八号线、二十二号线；“一环”指轨道十五号线；“放射线”包括二十六号线、三十一号线、三十二号线、三十三号线和三十八号线。

2. 高快速路和城市骨干道路布局

自南沙区建区以来，广州南沙高水平规划建设了区内主干道路和跨江桥梁，高快速路骨架路网渐趋完善，初步实现了对外与大湾区主要城市群高快速路网的互联互通以及区内各组团之间的快速交通联系。

在高快速路布局方面，南沙现有南沙港快速、东部干线、西部快线、东新高速、南二环高速、黄榄干线、南沙大桥、广中江高速（全线）、明珠湾大桥（主线）等高快速路已建成通车，正有序推进深中通道、南中高速（含万顷沙支线）等项目建设。

根据南沙“十四五”规划，南沙将完善与广州中心城区“三高三快”通道建设，新增狮子洋通道，远期研究南沙港快速东延广深江高速过江通道，形成“六横七纵”的高快速路网布局，最终打造“406090”湾区时空圈（“40”即实现南沙与广州中心城区，深圳、佛山、东莞、中山等周边城市40分钟互达；“60”即南沙与江门、珠海、澳门、香港等湾区主要城市实现60分钟互达；“90”即南沙与珠三角其他城市90分钟互达）。

在区内城市骨干道路布局方面，南沙累计建成市政道路460千米。现阶段，明珠湾起步区灵山岛尖、蕉门河两岸中心城区规划路网基本建成，南沙湾区块、万顷沙保税港加工制造业区块、海港区块的主干路网基本成型，大岗先进制造业区块、庆盛区块道路全面开工建设，基本建成自贸区内部及自贸区之间的骨干路网。

按南沙“十四五”规划，南沙将进一步开展“二环十七射”的南沙骨架路网总体布局，其中往广州中心城区方向6条，往佛山方向2条，往中山方向为南中高速等5条，往东莞、深圳方向为深中通道、狮子洋通道等4条，最终构建区内城市骨干道路“102020”出行时空圈（“10”即区内各产业功能区或组团中心10分钟内入高快速路；“20”即区内各产业功能区或组团中心至对外交通枢纽20分钟直达；“20”即区内各组团中心至南沙中心城区20分钟可达）。

3. 港口航线布局

南沙对标先进国际航运中心，加快推进港航基础设施、集疏运体系建设，已建成南沙港区一至四期、海嘉汽车码头、南沙邮轮母港、南沙客运港，近洋国际汽车物流枢纽及配套码头已开工建设。

在国际国内航运方面，南沙截至2021年末累计开通171条集装箱航线，其中国际集装箱班轮航线147条，“一带一路”方向航线已突破100条。南沙港区成为国内内贸集装箱第一大枢纽港，充分发挥江海联运、海铁联运物流通道优势，逐步打造国内国际双循环的重要节点。

在水上客运能力方面，南沙客运港现有30个航班，往返于南沙客运港与香港中港城码头、香港机场码头、深圳机场、珠海桂山岛和外伶仃岛之间。南沙邮轮旅游自2016年从零起步，仅用一年时间跃居国内第三，发展速度国内第一。2016年至2020年1月，南沙运营出入境邮轮418航次，接待出入境旅客167.35万人次，连续四年保持国内第三，稳居中国邮轮产业“第一梯队”。

根据南沙“十四五”规划，南沙将开展广州港20万吨级航道工程等港口基础设施、集疏运体系和物流枢纽项目，建设成为现代化综合性国际门户枢纽港。南沙客运港重点发展通达湾区城市的水上高速客运和国际国内邮轮休闲旅游，积极争取成为国家邮轮旅游发展实验区。

4. 航空网络布局

目前南沙暂无机场，但南沙通用机场已被纳入《广东省通用机场布局规划（2020—2035年）》，成为规划新增点位之一，未来将开工建设。现阶段，通过南沙客运港航班，仅需35分钟即可直达深圳机场，60分钟内可直达香港机场。根据南沙“十四五”规划，南沙将强化航空网络联系，建设接入大湾区机场群的快捷通道，实现与广州白云国际机场、深圳宝安国际机场及香港机场等周边国际机场的便捷直达，共享大湾区航空资源。

（四）对粤港澳全面合作的意义

1. 南沙粤港澳全面合作空间布局科学

现阶段南沙总体呈现“一城四区”组团式空间布局，各区域根据区位优势和产业基础积极开展粤港澳合作。中心城区依托较为成熟的城市社区，着重打造大湾区中央商务区核心区；庆盛片区以广深港高速铁路庆盛枢纽带动，建设粤港澳科技创新应用型高地和科创教育核心区；北部片区侧重与顺德地区同城化建设，重点打造大湾区重要的生产服务和先进制造业基地；南部片区依托其纵横交错的水网，着重打造大湾区海洋产业基地和粤港澳创新合作示范区；海港片区以南沙港为基础，打造大湾区国际航运枢纽核心承载区。在中国（广东）自由贸易试验区南沙片区的七大区块中，南沙湾、庆盛枢纽和南沙枢纽区块作为先行启动区，现已初步形成了各方面配套相对成熟的粤港澳全面合作示范区。香港科技大学（广州）、新鸿基庆盛交通枢纽综合体、粤港深度合作园等一批大湾区合作项目已正式落地运营。

2.《南沙方案》为南沙空间发展指出新方向

《南沙方案》提出"按照以点带面、循序渐进的建设时序，以中国（广东）自由贸易试验区南沙片区的南沙湾、庆盛枢纽、南沙枢纽3个区块作为先行启动区，总面积约23平方千米"，标志着这三个区块将作为先行先试的粤港澳全面合作启动区重点发展。相比之下，以往如政府工作报告、五年规划等官方文件则将明珠湾起步区、庆盛枢纽和南沙湾作为重点区块建设，对南沙枢纽区块的重视度相对较低，从而导致目前南沙枢纽在三个区块中属于相对欠发展的阶段。相关部门未来需要根据《南沙方案》和南沙粤港澳全面合作现状，加快加强对南沙枢纽的规划布局，使其与其他两个先行启动区齐头并进，完善南沙深化面向世界的粤港澳全面合作的新格局。

3. 三大先行启动区发展水平和与港澳合作深度呈梯度分布

在南沙区域内由北至南，三大先行启动区发展水平依次下降，呈现梯度分布：庆盛枢纽最优，南沙湾次之，南沙枢纽相对欠发展。庆盛枢纽和南沙湾均已有翔实的区块控规深化及城市设计，但南沙枢纽的明确规划设计却迟迟未出台，因此较难在南沙枢纽开展从基础设施到招商引资的全方位建设。即便先前是对南沙枢纽进行"战略留白"，目前也到了有关部门需要尽快完成南沙枢纽区块控规深化及城市设计的战略部署阶段。

在与港澳合作的深度上，三大先行启动区也呈现出与其发展水平相同的次序。相较于庆盛枢纽和南沙湾区块内一系列粤港澳合作项目落地运营，南沙枢纽作为粤港澳融合发展试验区，目前却只有粤港深度合作园南沙枢纽片区（起步区）项目和南沙站枢纽项目，而且这两个合作项目均仍处于建设初期。

4. 澳门在南沙粤港澳全面合作中参与度相对较低

相较于香港在南沙已有粤港深度合作园、香港科技大学（广州）等全方位合作项目投入运营，澳门在南沙参与大湾区合作仍停留在初期签约和投资阶段，如印象澳门项目、粤澳跨境工商企业信息平台项目等。澳门在南沙的投资项目无论从数量还是规模上看都相对较小。究其原因，一方面是因为南沙离澳门较远，澳门与大湾区的合作项目主要集中在其邻近的横琴自贸片区；另一方面则是由于澳门的产业相对单一和规模体量较小，较难在南沙开展大规模投资和深度合作。

三、优势产业分布

（一）产业分布概况

广州市南沙区产业基础坚实，形成了现代服务业与先进制造业并重的产业框架，汽车、船舶、重大装备等先进制造业和航运物流、科技创新、服务外包、创新金融、融资租赁、跨境电商、总部经济等现代服务业快速发展。自2016年3月“十三五”规划正式发布，“支持港澳在泛珠三角区域合作中发挥重要作用，推动粤港澳大湾区和跨省区重大合作平台建设”被明确提出以来，南沙区响应科学规划、加快建立协调机制、为港澳发展注入新动能等要求，积极对接广州市产业规划，科学、合理、均衡地布局各产业，在保持现代服务业、先进制造业快速发展的同时，大力推动战略性新兴产业的发展。

近五年来，南沙区第二产业在保持产值稳定的同时，加速制造业产业结构优化，促进其向高端制造业转型升级。另一方面，2018年起，南沙区第三产业生产总值超过第二产业，并呈现出逐年平稳、快速增长的趋势，年增长率保持在10%左右，在总产值中所占比重保持在50%以上。

2021年，南沙区实现地区生产总值2131.61亿元人民币，同比增长9.6%，较2015年增长100.56%；人均总产值达23.68万元。其中，第一产业产值达70.34亿元，占总产值比重为3.30%，同比增长6%；第二产业产值达886.75亿元，占比为41.60%，同比增长9.1%；第三产业产值达1175.70亿元，占比为55.10%，同比增长10.7%（见图1.1）。三次产业结构从2015年的4.5：69.82：25.68调整为3.3：41.6：55.1（见图1.2）。产业结构进一步优化，先进制造业提质增效，规模以上工业产值3401.7亿元、增长11.2%，先进制造业增加值增长8.7%，高技术产业工业增加值增长9.3%。现代服务业增加值达870.90亿元，占地区生产总值比重为40.9%，占第三产业增加值比重达74.1%。

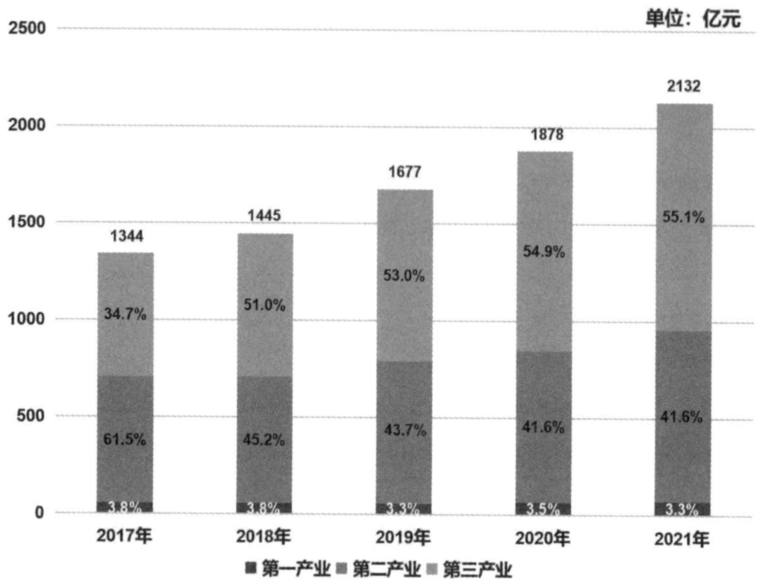

图1.1　2017—2021年南沙区生产总值及产业分布

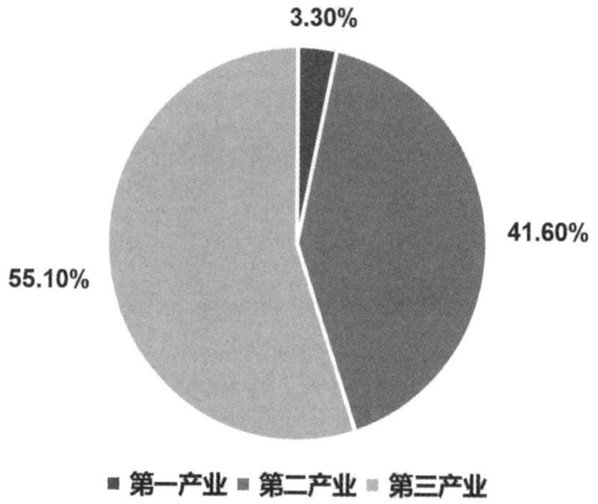

图1.2　2021年南沙区三大产业分布

（二）重点产业

1. 总体布局

现代服务业、战略性新兴产业和先进制造业各有侧重、协同发展。为对接全广州市“一核引领、两极带动、三港辐射、多点支撑”的产业空间格局，响应南沙“十四五”规划，打造“一轴带动、一核引领、两极联动、五片协同、多点支

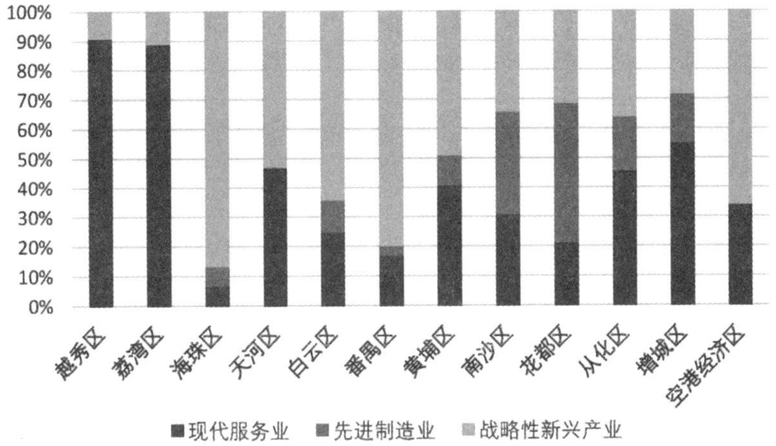

图1.3 广州市各区（含空港经济区）产业地块主导产业情况

撑”的产业空间布局，强化数字经济核心区的引领作用，巩固新兴产业驱动力，加速立体化枢纽港辐射带动作用，支撑全广州市产业空间格局构建，南沙区大力发展三大主导产业——现代服务业、战略性新兴产业和先进制造业，均衡布局，“三驾马车”协同发展。

如表1.4所示，截至2021年9月，南沙全区共有产业地块10个，总用地面积1355.20公顷，占全市产业地块总用地面积15.0%，地块平均规模135.52公顷，产业地块平均规模位居全市第一。全区所有的产业用地中，以先进制造业为主导的产业地块5个，用地面积472.72公顷，占全区产业地块总用地面积的34.9%；以现代服务业为主导的产业地块2个，用地面积418.89公顷，占全区产业地块总用地面积的30.9%；以战略性新兴产业为主导的产业地块3个，用地面积463.60公顷，占全区产业地块总用

表1.4 南沙区产业用地规划情况

行政区	产业大类	产业中类	地块数量/个	面积/公顷	平均面积/公顷	占比/%
南沙区	先进制造业	智能装备	4	456.35	114.09	33.7
		汽车制造业	1	16.37	16.37	1.2
	现代服务业	金融服务	1	74.26	74.26	5.5
		科技服务	1	344.63	344.63	25.4
	战略性新兴产业	新一代信息技术	2	300.89	150.45	22.2
		智能网联汽车	1	162.71	162.71	12.0
	合计		10	1355.20	135.52	100.0

地面积的34.2%。10个产业地块各有侧重，但以智能装备、科技服务和新一代信息技术为主，面积分别为456.35公顷、344.63公顷和300.89公顷，占总用地面积的比重超过80%。

其中，庆盛枢纽产业地块，以发展人工智能为主；南沙北部先进制造业集聚区（鱼窝头、顺河、新涌工业区）产业地块，以发展新材料、都市消费工业为主；明珠湾现代服务业集聚区产业地块，以发展金融服务为主；大岗先进制造片区产业地块，以发展智能装备为主；南沙枢纽产业地块，以发展科技服务为主；万顷沙保税加工制造片区及周边产业地块，以发展科技服务、智能网联汽车为主（如表1.5所示）。

表1.5 南沙区产业平台（园区）数量与面积情况

产业平台（园区）名称	地块数量/个	发展产业	地块面积/公顷
庆盛枢纽战略性新兴产业集聚区	1	人工智能	143.62
南沙北部先进制造业集聚区（顺河工业区）	1	新材料、都市消费工业	15.07
南沙北部先进制造业集聚区（新涌工业区）	1	新材料、都市消费工业	21.11
南沙北部先进制造业集聚区（鱼窝头工业区）	1	新材料、都市消费工业	10.86
明珠湾区现代服务业集聚区	1	金融服务	74.26
大岗先进制造业片区	1	智能装备	409.31
南沙枢纽现代服务业集聚区	1	科技服务	344.63
万顷沙保税港加工制造业片区	1	科技服务、智能网联汽车	162.71

自南沙区各产业用地规划公布以来，一众行业龙头企业纷纷被吸引进驻。其中，自贸区庆盛枢纽区块吸引龙头企业（项目）5家（项），涉及现代服务业、新兴产业、智慧交通和教育；明珠湾起步区片区吸引了包括小马智行在内的19家龙头企业，涉及智能网联汽车和现代服务业，已经实现投产营收的有4家，处于项目建设期的14家；大岗先进制造业片区已经进驻了包括中科空天在内的7家先进制造业项目；南沙枢纽片区吸引了8家涉及先进制造业、新一代信息技术、科技服务等产业的龙头企业；保税港加工制造业片区和新安工业园片区共吸引龙头企业（项目）8家（项），所涉及的产业包括新能源汽车、文化旅游、新一代信息技术、交通运输业、先进制造业和现代服务业（如表1.6所示）。

表1.6　南沙区产业地块龙头企业情况

地块编号	地块名称	进驻企业	所属行业	落户时间	建设情况
NS04	自贸区庆盛枢纽区块	庆盛枢纽站场综合体项目	现代服务业	2019年	已动工
		奥园南沙科技园项目	新兴产业	2021年	已动工
		省交通智慧交通产业园先导区项目	智慧交通	—	未动工
		广俊粤港澳产业投资基金管理（广州）有限公司	教育	2018年6月29日	未动工
		广州南华工贸高级技工学校	教育	—	未动工
NS06	明珠湾起步区片区	广州小马智行科技有限公司	智能网联汽车	2017年1月	已投产
		中化集团蕉门河西区城市综合体	现代服务业	2014年5月	已动工
		中铁隧道局集团南沙科技大厦	现代服务业	2016年8月	已投产
		中交汇通中心	现代服务业	2014年11月	已动工
		明珠开发大厦	现代服务业	2014年11月	已投产
		越秀国际金融中心	现代服务业	2017年7月	已动工
		利通中心	现代服务业	2017年7月	已动工
		中金岭南国际贸易中心	现代服务业	2017年7月	已动工
		国际风险投资中心	现代服务业	2018年3月	已动工
		南沙国际贸易中心	现代服务业	2018年3月	已动工
		星河发展大厦	现代服务业	2018年12月	已动工
		粤海湾区中心	现代服务业	2019年5月	已动工
		欧昊集团总部大楼	现代服务业	2019年5月	已动工
		时代中国湾区总部	现代服务业	2019年6月	已动工
		广州文投总部大厦	现代服务业	2020年2月	已动工
		金沙中国有限公司	商业服务业	—	未动工
		广州文投投资控股有限公司	现代商贸服务	2019年11月	已动工
		广州中金国际商贸有限公司	现代商贸服务	2017年8月	已动工
		中铜矿业（广东）有限公司	现代商贸服务	2019年11月	已投产
NS07	大岗先进制造业片区	中科空天飞行科技产业化基地项目	高端航空装备制造业	2020年12月	已动工
		中邮信源研发及智能制造基地	制造装备业	2019年8月	已动工
		广州市第四资源热力电厂	节能环保业	2013年	已投产
		广重重机临港基地项目	船舶及海洋工程装备业	2017年1月	已动工
		广东宝乐机器人股份有限公司	高端装备	2019年1月	已动工
		广州联东金昇实业有限公司	高端装备	2020年9月	已动工
		广州精雕数控工程有限公司	高端装备	2016年6月	已动工

（续表）

地块编号	地块名称	进驻企业	所属行业	落户时间	建设情况
NS08	南沙枢纽片区	广东空天科技研究院	高端装备	—	已动工
		广东智能无人系统研究院	高端装备	—	已动工
		广东科学大数据研究院	新一代信息技术	—	未动工
		中国科学院大学广州学院	科研机构	—	已动工
		中国科学院广州分院	科研机构	—	已动工
		中国科学院南海海洋研究所	海洋科技	—	已动工
		中国科学院华南植物园	生物科技	—	已动工
		广东晶科电子股份有限公司	先进制造业	2006年8月	已投产
NS09	保税港加工制造业片区	恒大新能源汽车及零部件项目	新能源汽车	2018年6月	已动工
		南沙恒大文化旅游城	文化旅游	2020年1月	已动工
		广州爱思威电子工业有限公司	新一代信息技术	2020年9月	未动工
		中远海运散货运输有限公司	交通运输业	2016年6月	已投产
		广东芯聚能半导体有限公司	高端装备	2018年1月	已动工
		联晶智能电子有限公司	高端装备	2018年1月	已动工
		广州骏德商业发展有限公司	现代商贸服务	2011年4月	已投产
NS10	新安工业园片区	东方国际集装箱（广州）有限公司	金属制品业	2006年1月	已投产

（注：上表中“建设情况”的统计日期为2022年10月）

2. 航运物流

南沙港口能级不断提升。南沙区对标先进国际航运中心，加快推进港航基础设施、集疏运体系建设，港口能级再提升。2020年，南沙港区三期、海嘉汽车码头全面建成，为打造大湾区国际航运中心建设再添生力军；近洋国际汽车物流枢纽及配套码头、南沙港区四期工程开工建设，工程进度达80%；龙穴南水道航道整治工程、广州港深水航道拓宽工程均已建成投产，航道升级工作基本完成预定目标；南沙邮轮母港建成并投入运营，成为国内建筑面积最大的邮轮母港综合体。2021年，加速推进实施南沙港区四期、近洋码头、粮食及通用码头扩建工程等重点项目，南沙国际物流中心建成投用。同时新增外贸航线21条，开通驳船支线72条，开展南沙综保区与白云机场、深圳机场等联运业务，海陆空立体多式联运体系逐步构建。推动“湾区一港通”和启运港退税政策全面推广。

国际国内货运稳步增长。2016年起，南沙港区积极开辟班轮航线，推动集装箱吞吐量快速增长，航运枢纽能级进一步增强。截至2021年末，累计开通171条集装箱航线，其中国际集装箱班轮航线147条，国内集装箱班轮航线24条；2021年，南沙区规模以上交通运输、仓储和邮政业营业收入达725.90亿元，全年南沙港区实现集装箱吞吐量1766万标箱，增长2.6%，占广州市港口集装箱吞吐量比重达72.2%；货物吞吐量3.55亿吨，增长3.6%，占广州市港口货物吞吐量比重达54.5%，南沙港区成为国内内贸集装箱第一大枢纽港；水上运输业货运周转量达1.90万亿吨公里，稳居全国第二。积极拓展多式联运业务，建设中欧班列过境多式联运中心，推动保税港区货物以公铁联运方式出口至欧洲；进一步优化物流营商环境，2017—2019年实施南沙港快速路苏十顷至南沙港区路段集装箱车免费通行政策，优化调整并延续实施南沙港快速路苏十顷至南沙港区路段四类及以上货运车辆免费通行政策至2024年底，增强了南沙港区和南沙自贸区的物流吸引力。

海空客运能力取得突破。南沙邮轮旅游自2016年从零起步，仅用一年时间跃居国内第三，发展速度国内第一；2016年至2020年1月，南沙运营出入境邮轮418航次，接待出入境旅客167.35万人次，连续四年保持国内第三，稳居中国邮轮产业"第一梯队"。南沙区加大水上客运扶持力度，在南沙客运港原往返香港客运12个航班基础上，加密南沙至香港中港城码头、香港机场码头航班6个；新开通南沙客运港至深圳机场、珠海桂山岛和外伶仃岛航班12个，2016—2020年期间南沙客运港总客流量为84.3万人次，较2011—2015年期间的55万人次提升了53.3%。2018年4月，开通南沙蕉门公交总站至深圳宝安国际机场城际定制客运班线；2019年6月，南沙往返香港机场码头航班由4个增加至6个，从南沙客运港乘坐高速客轮前往香港机场仅需60分钟；2020年6月，开通南沙客运港至深圳机场码头首条水上公交线路，实现35分钟直达深圳机场。

疏港通道体系亟待完善、客运枢纽能级亟待提升。南沙港陆路集疏运主要依靠公路集疏运，疏港铁路尚未建成运营，疏港通道体系亟待完善；南沙邮轮母港、南沙客运港等水上客运交通枢纽国际国内航线有待拓展；客运枢纽能级亟待提升，庆盛枢纽经停线路和班次较少，客流规模较小；目前仅广深港高铁运营通车，缺乏直达中山、珠海、澳门等湾区西部城市的城际轨道；现有地铁运营模式缺乏快速服务，从南沙中心区（蕉门地铁站）至广州中心区（公园前地铁站）需要75分钟；缺少至周边机场的快速轨道，目前通过高速公路往宝安机场、白云机场分别约需70分钟、90分钟，航空出行较为不便。

3. 高端制造

2021年，南沙区规模以上工业产值3401.7亿元、增长11.2%。预计先进制造业增加值增长8.7%，占规上工业产值66.7%，高技术产业工业增加值增长9.3%。南沙区已经形成了以汽车、高端装备、半导体产业为支柱的先进制造产业体系。

汽车产业集群势头强劲。2021年南沙汽车制造业产值达1548.55亿元，再创新高，同比增长16.4%，其中汽车零部件产值达395.48亿元，同比增长23.5%。2016—2020年“十三五”期间，南沙汽车产业发展势头迅猛，汽车制造业产值由2015年的844.72亿元增长至2020年的1329.89亿元，比2015年增长57.4%，年均增长9.5%，连续四年突破千亿规模，是全区首个产值规模过千亿的先进制造业集群。广汽丰田新能源车产能扩建项目、芯聚能、联晶智能等项目完成一期投产，将打造1个年产能100万辆智能网联汽车产业集群。南沙汽车产业发展独树一帜，聚焦构建北部黄阁国际汽车城、中部明珠湾智能网联汽车创新区、南部万顷沙智能网联汽车产业园，形成了以广汽丰田整车为龙头、新能源汽车为扩展、智能网联汽车为拓展的发展格局，正加速打造新千亿级新能源汽车产业集群。除此以外，南沙还获批国家级自动驾驶和智慧交通示范区，积极探索智能网联汽车测试先行试点区建设，全域开放智能网联汽车测试道路，小马智行无人驾驶（网约车）已在南沙试运营。汽车进出口贸易获得跨越式发展，沙仔岛汽车码头已成为中国南部最具规模的专业化滚装汽车码头，内贸商品车吞吐量超百万辆，稳居全国首位。汽车维修及配件、汽车设计、金融保险、汽车租赁等汽车服务市场发展良好，已集聚相关企业超160家，进驻国际知名汽车品牌20多个，形成汽车产业链、创新链、生态链、政策链等多链融合、互促发展的态势。

高端装备制造稳步前进。2021年，南沙区装备制造业产值达2088.88亿元，占

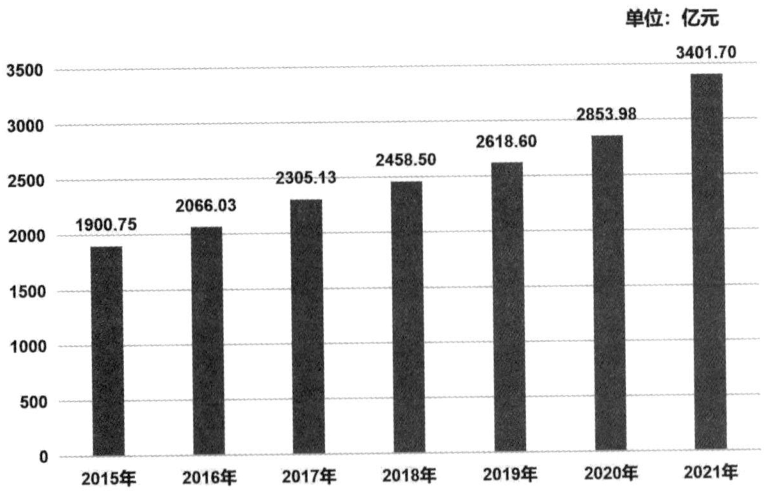

图1.4　2015—2021年南沙区规模以上工业总产值

规模以上工业总产值的比重达61.41%。自2017年装备制造业经历短暂低迷后，后续发展势头迅猛，加上南沙区政府合理规划相关产业用地，吸引了诸如中科空天飞行科技产业化基地项目、中邮信源研发及智能制造基地、广州市第四资源热力电厂、广重重机临港基地项目等一批高端装备制造业龙头企业和项目，产值也由2017年的1158.88亿元加速增长到了2020年的1743.53亿元，并于2021年首次突破2000亿元产值。

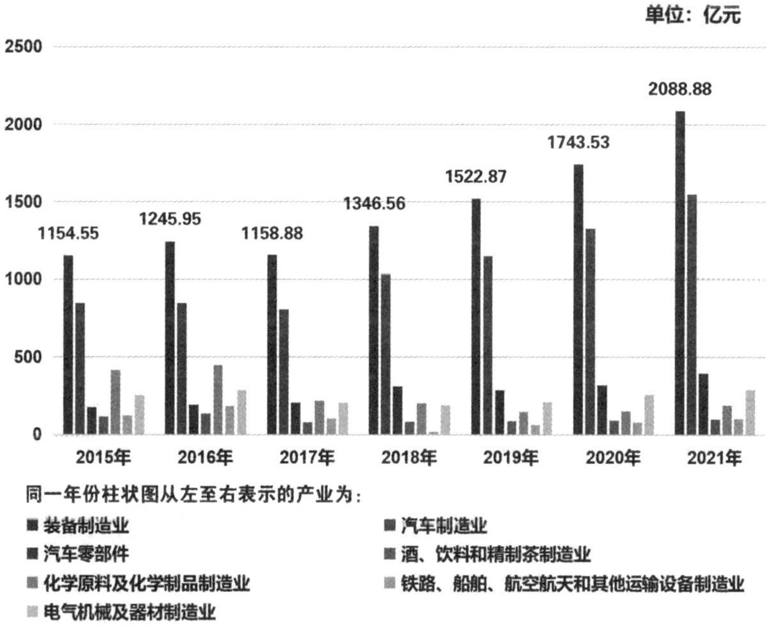

图1.5　2015—2021年南沙区重点工业行业产值

新兴半导体产业加速发展。近五年来，南沙引进培育芯粤能、芯聚能、晶科电子、联晶智能、南砂晶圆等一批龙头企业，覆盖了“设计—衬底—外延—制造—封测—应用”等整个产业链条，成为国内为数不多的碳化硅全产业链聚集区，也是国内仅有的以车规级第三代半导体产业链为核心的半导体和集成电路产业聚集区。2022年5月17日，9个与半导体集成电路产业相关的重大项目在广州南沙集中签约，涉及总投资300亿元，达产年产值630亿元。新鲜血液的注入将着力延链补链强链，塑造半导体产业高质量发展新优势。

4. 金融服务

产业体系完善推动快速发展。南沙金融产业体系正日渐完善：截至2021年末，南沙新增金融（类金融）企业64家，累计落户金融企业共6649家，比自贸区挂牌前增长了54倍，其中新增持牌法人金融机构1家，累计14家，占广州市25%；新增融资租赁企业1家，累计2209家，累计企业数量占全国1/5，占全市4/5，集聚银行、证券、保险、融资租赁、私募基金等23种细分金融类企业，并成功落地广东首家省属金融租赁公司广东粤财金融租赁公司和全国首家外资独资期货公司摩根大通期货公司等持牌法人金融机构13家，占全市总数量的1/5。目前初步形成了跨境金融、航运金融、绿色金融、金融科技、融资租赁、商业保理、股权投资等七大特色金融“名片”。“十三五”期间，南沙金融业增加值由2015年的不足1亿元增加至2020年的155.67亿元，南沙生产总值占比从0.01%上升至8.43%，排名全区行业第四；金融业纳税额连续多年快速增长，2016—2020年年均增长率高达59.9%，2020年南沙金融业实现税收收入61.6亿元，排名全区行业第三。银行业存贷款余额大幅增长。上市公司融资规模显著扩大。截至2020年末，全区境内外上市公司共9家，总市值约682亿元人民币，累计融资超100亿元人民币，纳入上市后备资源库的企业30家以上；新三板挂牌企业9家，总市值18.58亿元人民币，累计融资超6.83亿元人民币；区域股交中心挂牌企业80家，注册展示企业530家。2021年，南沙区新增完成38架飞机（累计196架）和3艘船舶（累计83艘）租赁业务，业务合同额累计近5000亿元；2021年融资租赁进口贡献约88亿元人民币；新增实际利用外资1.46亿美元，增长46%；上线了全国首个碳中和融资租赁服务平台。

政策科技助力金融服务创新。国家、省、市各层面多个部门出台了《关于支持广州南沙新区深化粤港澳台金融合作和探索金融改革创新的意见》《关于金融支持中国（广东）自由贸易试验区建设的指导意见》《关于金融支持粤港澳大湾区建设的意见》等文件，涵盖跨境金融创新、特色金融发展、金融营商环境建设等诸多领域，为南沙金融业发展指明了努力方向、注入了强大动力、提供了政策保障，推动金融创新发展。南沙自贸试验区挂牌成立以来，制度创新指数连续三年总体排名全国前三，其中“投资便利化”全国第一，“贸易便利化”全国第二；累计落地42项金融创新案例或试点，其中，智能化地方金融风险监测防控平台入选商务部自由贸易试验区“最佳实践案例”，该平台已监测广州市近18万家、南沙6万余家企业，覆盖全市11个区和“7+4+1”类地方金融业态，初步实现对地方金融风险监测全覆盖；7项入选广东自贸试验区金融开放创新最佳案例，包括航运保险要素交易平台、全国首例中资银行境外分行不动产抵押项下跨境融资业务、全球首个“香港+保税港区”飞机跨境转租赁项目、全国首单“银行间市场央企供应链应付账款资产支持票据（ABN）”业务、国内首支支持再生纸项目运营的绿色债券发行、全国首单美元结算的跨境船舶租赁资产交易、资本项下对内对外开放，试点QFGP、QDIE和QFLP。金融科技高速发展助力构建金融创新生态圈：广州金融科技有限公司依托广东省地方金融风险监测防控中心探索搭建南沙金融风险防控体系；区内企业参与的“基于多方安全计算溯源认证的跨境结算服务项目”“基于知识图谱的安全金融服务项目”入选了由人民银行总行批复开展的广州首批金融科技创新监管试点；广东欧昊集团有限公司在南沙设立的供应链金融公司碧江供应链金融（广州）有限公司被纳入广东省第一批供应链金融“监管沙盒”试点企业。

系列措施促进投融资便利化。深化金融“放管服”改革，推进更高水平贸易投资便利化试点，简化优质企业的跨境人民币结算手续。深化外汇管理改革，实施贸易外汇收支便利化、个人贸易便利化。增加一次性外债登记、高新技术企业外债便利化额度等试点，加快形成简便易行的规则。自由贸易账户体系、港澳居民在内地开立个人银行结算账户、跨境人民币结算金融服务、其他经常项目人民币跨境收付等多项业务相继落地实施。截至2020年末，全区累计跨境人民币结算量超4150亿元；共设立跨境双向人民币资金池42个，涉及成员企业377家，累计资金收付1125.91亿元，自贸试验片区企业已累计开立FT账户1569户，办理企业FT项下跨境结算约941亿元人民币，发放FT项下贷款超253亿元人民币；FT全功能资金池已开设66个，净流入额度近835.28亿元人民币，惠及境内外企业超117家。开展商事登记改革试点，创兴银行、中国银行、中国工商银行香港地区分支机构网点开设窗口通道，为有意愿在南沙设立企业的海外投资者代理商事登记手续。成立总规模为100亿元的穗港澳青年创业股权投资基金，为港澳青创人士创业发展提供金融保障。出台金融服务业专项扶持政策，鼓励区内企业赴香港资本市场融资发展，互太纺织、安捷利电子、景业名邦、九毛九餐饮等6家区内企业在香港交易所上市，市值近500亿元。

航运、绿色金融服务能力全面提升。南沙加速推进打造华南地区最大的船舶资产交易服务平台，自贸区挂牌以来累计完成船舶交易3653艘，交易额145.65亿元；珠江航运指数体系被国家统计局纳入交通运输和邮政业价格统计报表制度，共发布综合运价指数238期，基本形成辐射华南、影响粤港澳大湾区的具有一定影响力的航运资讯服务品牌。落地全国首个线上航运保险要素交易平台，累积实现保费约2108万元，风险保障金额约64亿元，带动航运保险机构、人才、资金、信息等要素资源集聚。成功发行全国造纸行业、全国绿色金融改革创新试验区首单绿色债券，建设广州南沙国际绿色技术创新基地，启动国内首个绿色融资租赁线上平台“绿色银赁通”。

5. 生物医疗

突出战略地位推动蓬勃发展。南沙是首批国家健康旅游示范基地，享受国家健康旅游示范基地特有的进口新药注册特殊审批，药品、医疗器械和医疗设备进口关税减免和大型医用设备配置许可等配套政策；规划打造国际高端医疗城，带动健康旅游、以前沿生物医药创研为主导的健康医疗产业蓬勃发展。在生物医药领域，南沙鼓励发展海洋生物医药及其制品，培育发展生物医药服务业，推动治疗性基因工程药品等基因药物产品研制、生产及产业化，支持发展中医药、高端医疗服务产业等特色医疗。2013—2018年，全区生物医药产值由10.9亿元增长至13.3亿元，年复合增长率超过5%。

合理产业布局打造产业集群。南沙兼顾行业龙头、中小创新企业合理布局，采用引进与培养的模式，打造生物医药产业集群。区内拥有广东医谷产业园区、横沥工业园、中化生命科学城、一品红联瑞生物医药智慧产业园等生物医药产业集聚区。涌现出一品红药业、辑因医疗、卫视博生物、康亦健医疗、健齿生物、爱菩新医药、中大医疗等一批龙头领军企业，源临医疗、品悦生物、深达生物、肽汇生物、兴达动物药业等一批中小创新支柱企业，以及全球最大的生物蛋白研发及生产基地等重大产业项目，集聚了涵盖抗肿瘤、疫苗、基因编辑、人工玻璃体、高端介入耗材等领域的优质生物医药公司。截至2021年，全区拥有生物医药企业400多家，其中高新技术企业10余家。

创新要素支撑激发创新活力。南沙通过政策配套、要素集聚、平台构建等方式激活生物医药产业各类资源，激发企业创新活力，产业服务体系日益完善，形成了“创客空间—孵化器—加速器—科技园”孵化器集群链条以及研发机构、创新中心、高端平台、医学机构密切关联的创新社区。区内打造“1+1+10”产业政策体系，出台《广州南沙新区（自贸区）促进生物技术产业发展扶持办法》，完善“3+4+1+1”科技成果转移转化平台，实现政策服务的精准支持。区内拥有粤港澳大湾区精准医学产业基地、大湾区纳米生物医药产业化基地、中澳医疗产业创新中心、穗台（南沙）生物医药产业合作基地、霍英东鹤年党中医城等产业创新平台，粤港澳大湾区精准医学研究院、霍英东研究院、华南技术转移中心等产业研究机构和创新中心，以及广东医谷（南沙）

产业孵化器、鹤巢医疗大健康孵化器等创新孵化载体，打造大湾区生物医药科技创新成果转化新高地。区内拥有广州市第一人民医院南沙院区、中山大学附属第一医院南沙院区、广东省中医院南沙院区、广州市妇女儿童医疗中心南沙院区、中山大学附属口腔（南沙）医院等7所省市三甲医院。集聚卫生机构239间，通过医疗卫生资源布局的总量提升和结构优化、扩大粤港澳执业资格互认试点、支持港澳医疗卫生服务机构在南沙设立分支机构、简化港澳医师执业注册手续等为生物医药产业发展提供医学支撑。广州海关支持南沙建设华南保税医药分拨中心，拓展“药品分拨公共服务平台”和医疗器械“保税融资租赁”等业务，打造华南片区中药材、药品、医疗器械等产品的“一站式”进出口服务中心，为生物医药企业提供高效便捷的通关体验。

活跃资本市场提供发达引擎。南沙集聚了一批国内外知名的风险投资和私募股权投资机构，构建了多方协同发力的融资服务体系，使得创业创新主体在科技融资方面更为便利和畅通。南沙已落户私募基金近1600家，基金总数量约占全市1/5，总注册资本超过3900亿元，实缴资金规模超过1000亿元；落户国际金融论坛（IFF）永久会址，联手共建海尔全球产业金融中心、国际风险投资中心、文化金融产融结合高端产业平台。南沙后续将通过三大举措优化提升私募基金发展环境，促进股权投资机构助力产业发展。一是开展专题项目路演，南沙金融路演中心面向区内企业和投资机构，举办常态化金融服务实体经济的对接活动；二是推动建设南沙区上市服务中心及资本市场服务基地，开展上市培育，全方位打通上市渠道，强化上市服务工作；三是建设明珠湾南沙金融创新服务区，依托国际风险投资中心、南沙国际金融岛等重大项目平台，集聚一批基金企业，拟设立广州南沙国际股权投资行业协会，为企业提供全链条的金融服务。

全球智力汇集构建人才体系。南沙扎实推进“全国人才管理改革试验区”“粤港澳人才合作示范区”的战略任务，持续优化政策机制，搭建人才发展平台，打造优质人才环境，区域人才引聚力显著增强。高端人才引领支撑作用凸显：区内已集聚院士18人，国家海外高层次人才引进计划专家36人，高层次人才及产业人才980余人。国际化人才环境持续提升，区内先后推动设立粤港澳院士专家创新创业联盟，成立粤港澳大湾区博士后公共研究中心等。融通港澳接轨国际的“营智环境”打造初具成效，“营智环境”不断优化，区内深化“营智”内涵，创造性地构建科学规范有效的“营智环境”评价指标体系，以一流“营智环境”推动粤港澳大湾区深度融合，持续高质量发展。首批国家健康医疗旅游示范基地、粤港澳大湾区精准医学产业基地落户，广东医谷已入驻200多家生命健康企业。布局华南唯一的国际IPv6根服务器，打造第三代半导体全产业链，海芯集成电路总部和生产基地、中山大学国际药谷、奥飞数据智慧科创总部等一批重大产业项目动工建设。

（三）其他产业

1. 农业

农业规模稳定扩张。南沙港口岸线资源丰富，水产养殖面积和产值、水产品优质品种产量均居全市第一，规模化养殖大户居全市各区之首，20多个观赏鱼品种全国份额第一，观赏米虾和高端坦鲷、异形3个类型12个品种产量全球第一。全区现有农业农村部水产健康养殖示范场10家，省级健康养殖示范场10家、市级以上水产良种场7家；共有农业龙头企业39家，其中国家级1家、省级16家、市级14家、区级8家；共有农民专业合作社107家，其中国家级1家、省级2家、市级7家；共有家庭农场1030家，市级2家；共有无公害农产品生产基地10个，面积26 214公顷，无公害农产品认证52个。

农业产值位居前列。如图1.6所示，南沙区农业总产值持续增长，2021年全区实现农林牧渔业总产值120.34亿元，同比增长10.9%，相比2015年的84.02亿元增长43.23%。其中种植业产值54.62亿元，增长9.9%；畜牧业产值3.58亿元，增长6.3%；渔业实现产值51.78亿元，增长4.3%；农林牧渔服务业产值12.59亿元，增长61.3%。农业生产总面积37.21万亩，居广州市第三位，其中，种植业26.78万亩。粮食种植面积2.05万亩，增长0.8%；甘蔗种植面积6.20万亩，减少3.2%；蔬菜种植面积32.20万亩，增长1.4%；水果种植面积9.43万亩，下降3.0%；花卉种植面积4.69万亩，增长5.7%。如图1.7所示，全年粮食产量0.95万吨，增长11.2%；甘蔗产量52.20万吨，减少2.5%；蔬菜产量71.01万吨，增长5.1%；水果产量26.16万吨，下降2.6%；肉类总产量1.04万吨，减少7.5%；生猪出栏量9.23万头，增长19.9%；牛奶产量0.002万吨，增长5.0%。现有水产养殖面积10.43万亩，居广州第一位，是广州最大的咸淡水养殖区。全年水产品总产量15.98万吨，增长4.0%。2021年末，全区共有市级农业龙头企业33家，增长13.8%；广州都市型现代农业示范区1个；农民专业合作社109家，增长1.9%；无公害农产品生产基地10个，面积305公顷，无公害农产品认证52个。

农业产品种类丰富。南沙种植业中，果蔗、蔬菜、番石榴、香蕉、花卉苗木是

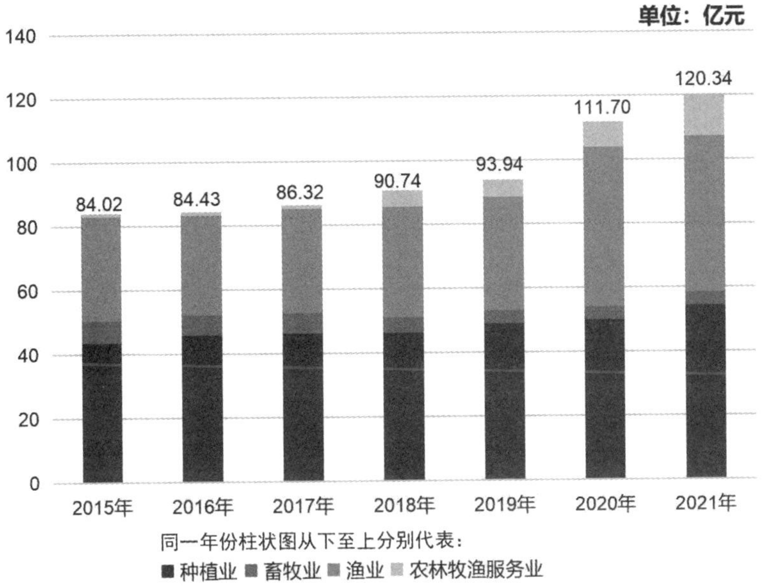

图1.6　2015—2021年南沙区农业产值

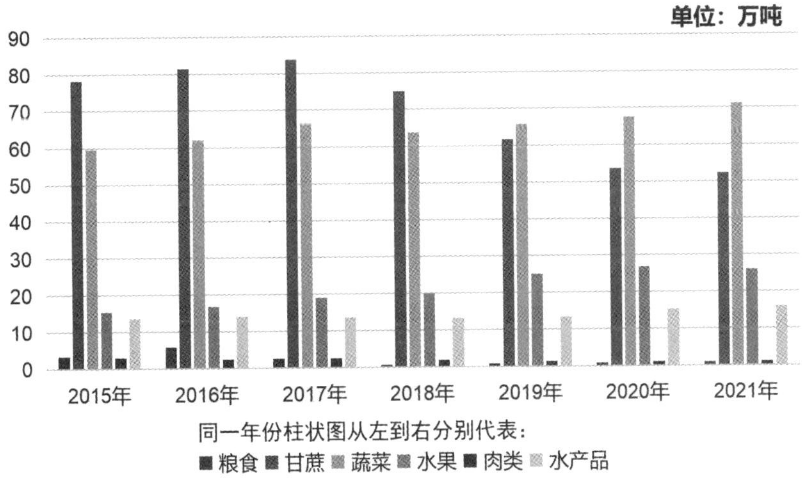

图1.7　2015—2021年南沙主要农产品产量

主要生产品种，粮食生产以水稻和玉米为主。南沙渔业资源种类繁多，以淡水养殖为主，主导产品主要为鱼、虾、蟹，其中鱼类养殖对象包括草鱼、鲫鱼、罗非鱼、鲈鱼、黄鳍鲷、金钱鱼等；虾类养殖以小虎麻虾、南美对虾为主；蟹类养殖以青蟹为主。畜牧业主要是家禽、生猪、禽蛋三大类，其中家禽以鸡、鸭、鹅为主。

产业结构不断优化。农业产业结构向市场和效益型不断优化，淘汰或大幅降低原来低质低效的果蔗生产，转向以人们日常所需的时令蔬菜、岭南水果、花卉苗木、水产养殖、现代种业农业服务为主导。生产条件不断完善，全面进行农田机耕路硬底化建设，2016—2020年间完成建设高标准基本农田86 685.58亩，农田道路运输条件日趋完善；对重要的排灌渠进行升级改造，有效提升农田排灌能力；大力推广农业机械、增容改造农田电网、建设温室大棚，不断提高农业机械化水平。

产品品质保障有力。南沙的农产品免费快检是全广州市首创的，农产品合格率保持在98%以上。南沙区建立了"区—镇—村—企"四级监测体系，组建70人的镇级专职农产品质量安全员队伍；在全市首创性地开展水产品质量安全普查工作并设立2个水产品质量安全免费快检室；农产品品牌建设成效显著，培育了一批知名度较高的农业传统品牌和区域优势品种，已获得广东省名牌产品（农业类）24个、广东省名特优农产品5个、国家地理标志保护产品2个；现有农业龙头企业39家，其中国家级1家、省级16家、市级14家、区级8家。

发展格局稳步构建。"两园一城"发展格局初步形成，按照园区化、品牌化、精细化的发展思路，重点打造南部渔业产业园、中部明珠现代都市农业实验园、北部中化现代农业科学城，为现代农业发展提速。立体化全产业链生猪养殖（总投资18.6亿元、年出栏生猪25万头）、淡水鱼类南沙（南繁）育种中心（总投资8亿元、达产年产值7亿元）等一批投资大、产值高、现代化水平高的农业项目稳步推进。

科技力量不断增强。南沙成功举办首届中国水产种业博览会，成立广州市首个渔业院士（刘少军）专家工作站。全国首个数字渔场开园，通过首批省级水产健康养殖示范县验收。"国家级生猪大数据中心种业数据中心"和"广东省种猪联合育种工程技术研究中心"落户南沙艾佩克养殖技术咨询有限公司。建立并完善以广州市农业科学研究院为重要支撑的农业科技研发推广体系，强化与广州市果树科学研究所、广东省科学院生物与医学工程研究所等科研机构的合作，每年定期开展农作物新品种、新技术引进、示范和推广活动。

2. 文旅体产业

文旅体产业规模不断扩大。"十三五"期间，南沙围绕国际旅游目的地建设倾力打造文化旅游精品，以深化文化体育旅游融合为抓手，充分开发岭南文化、星海文化、水乡文化、海洋文化四大文化资源与乡村生态旅游资源，着力建设高端高质高新文化旅游业态，举办国际性文化体育活动，不断提升南沙文化旅游体育知名度。2021年，南沙区文化、体育和娱乐业营收同比增长13.7%。2020年，南沙区文化产业增加值达到57.3亿元，全区各主要景点共接待游客1807.6万人次，主要景区旅游收入12.33亿元，主要体育产业产值达到6.6亿元。文化旅游体育业已经逐渐成为南沙战略性增长产业。

公共文体设施日益完善。截至2021年末，全南沙区有群众艺术馆、文化馆10个（区级1个，镇街级9个），剧场、影剧院5个，公共图书馆14个，图书馆共有藏书81.81万册，有线广播电视用户17.82万户，电视综合人口覆盖率为100%，举办文体活动1646场次。南沙图书馆新馆、南沙虎门炮台（蒲洲炮台）爱国主义教育基地、青少年宫和档案信息规划展览中心等大型文体基础设施建设完成，蕉门河碧道景观建设工程实施不断推进。乡镇基层综合文化服务中心建设渐续完善，区内9个镇（街）文化站中，有8个省特级站、1个省一级站，全部行政村（居委会）均已经建有综合文化室、农家书屋和绿色网园，基本实现公共文化服务均等化。在体育设施方面，全区有综合性体育场馆2个，共有篮球场507个，乒乓球台363张，游泳池50个，羽毛球场234个，健身路径294条，足球场103个，田径场74个，体育活动中心3个，其中社区运动中心2个。实现社区公共运动场所镇（街）全覆盖、健身点村（社区）全覆盖、农民体育健身工程村全覆盖，率先在全市实现“双十体育圈”全覆盖。建成南沙网球运动中心，开展南沙全民健身中心项目前期筹备工作。全面提升全民健身公共服务的能力和水平，“一站两点”建设工作及国民体质监测服务得到提升，社会体育指导员队伍持续壮大，公共体育场馆免费或低收费服务进一步扩大，群众体育生活不断丰富。

邮轮旅游产业优势凸显。2016—2020年，南沙邮轮旅游产业高速发展。国际邮轮母港投入使用，邮轮出入境旅客量稳居全国第三，成为全国邮轮港口出入境旅客量增长速度最快的港口；大力加大邮轮产业扶持力度，出台了《广州南沙新区（自贸片区）促进邮轮产业发展扶持办法》《广州南沙新区（自贸片区）促进邮轮产业发展扶持办法实施细则》等政策；邮轮旅游区域合作持续深化，协同发展格局初显，开通了前往中国香港以及日本、越南、菲律宾等的9条精品航线；成功举办广州邮轮发展圆桌会议、南沙国际邮轮旅游文化节等活动。

3. 南沙产业发展的特点

南沙目前产业总体上呈现多点式、集群式产业发展格局，合理、科学进行产业规划，精准体现“以推进南沙与港澳全面合作为手段，立足面向世界的视角，共同扩大对外开放”这一战略定位，充分发挥其地处珠江出海口和珠江三角洲地理几何中心，是广州市唯一的出海通道，距香港38海里、澳门41海里和足够可观的土地面积等地理区位优势，以及良好的制造业基础、较低的房价和资源成本、优越的投资环境、日益完善的交通设施和浓厚的商业氛围等资源禀赋优势。

在具体产业分布方面，南沙积极构建创新型产业体系，推动先进制造业与现代服务业融合发展，突出总部经济、数字经济、绿色经济发展导向，面向全球集聚资源要素，大力发展航运物流、高端制造、金融商务、科技创新、生命健康等主导产业，集聚发展IAB、NEM等新产业新业态。

南沙工业经济总量在全广州市位列次席，规模以上先进制造业工业总产值占规模以上工业总产值比重达68.3%。其中，先进制造业以汽车产业为核心，2021年汽车制造业产值占全区规模以上工业产值的45.5%。目前，南沙汽车制造业已经形成了以广汽丰田整车为龙头、新能源汽车为扩展、智能网联汽车为拓展的发展格局，南沙北部、中部和南部汽车产业三大产业集群逐渐形成，而广汽丰田作为2021年南沙产值最高的工业企业，是区内汽车产业链当之无愧的“链主”企业。南沙在人工智能、物联网、大数据和云计算等领域的布局也为新能源汽车、智能网联汽车产业的融合创新提供了丰沃的发展土壤，助力企业跨界合作，产业链协同发展。同时，创新合作也在不断开展，如全球自动驾驶领先企业小马智行与广汽集团、丰田等企业在自动驾驶技术研发应用和无人驾驶（网约车）示范运营等领域展开合作，小马智行于2022年4月成为国内首个获得出租车经营许可的自动驾驶企业。尽管汽车产业发展势头正猛，但依然存在新能源汽车市场占有率不高、新能源汽车零部件领域缺乏有核心竞争力的企业、总部经济引进不够充分等问题。

另一方面，南沙服务业总体呈现快速发展的态势，其增加值从2015年的292.57亿元提高至2021年的870.90亿元，其年均增速显著快于全区经济的年均增速，2020年现代服务业增加值占服务业增加值比重达73.4%，现代服务业对于南沙经济发展的重要性正不断上升，已成为南沙经济发展的重要驱动力。现阶段，南沙逐渐形成了以航运物流、信息技术、房地产、金融业、租赁和商务服务等细分行业为主的服务业集群，其中软件和信息技术服务业、租赁和商务服务业、科学研究和技术服务业等知识密集型服务业保持较快的发展势头，电子商务交易规模高速增长；航运金融、跨境金融、融资租赁等特色金融蔚然成势，推出全国首单二手飞机混合资产包跨境交易、粤港澳大湾区首单双SPV飞机跨境转租赁业务，成为大湾区最大的飞机船舶租赁集聚区；医疗健康服务不断完善，霍英东鹤年堂中医城、兆康国际康复中心、粤港澳大湾区精准医学产业基地等高端医疗项目相继落户。但仍存在缺乏大型服务业龙头企业、产业结构层次有待优化、生活性服务业发展相对滞后、扩大开放有待加强、领域人才仍然缺乏等发展不平衡、不充分的问题。

南沙产业发展紧紧围绕研发与科技成果转化，积极构建“1+1+3+N”科技创新体系，高水平规划建设南沙科学城。2020年，明珠科学园已集聚10多家中国科学院系科研机构及创新平台，布局高超声速风洞、冷泉系统、极端海洋科考设施等多个重大科学装置，南方海洋科学与工程广东省实验室（广州）汇聚16个院士团队，高端领军和骨干人才数量比2015年增长7.9倍。建成各类创新平台335个，高新技术企业数量从76家增加至682家，为2015年的9倍。孵化育成体系日益完善，建成11家孵化器和6家众创空间，其中广东医谷产业园获得国家级孵化器认定，优创社区获得省级众创空间认定，实现了南沙国家级孵化器和省级众创空间零的突破。在战略性新兴产业方面，南沙智能网联与新能源汽车、人工智能、新一代信息技术、生物医药等新兴领域蓬勃发展，重点项目加速集聚，产业发展后劲不断增强。人工智能领域培育出小马智行、云从科技、暗物智能3家独角兽企业，集聚了300多家人工智能重点领域企业。半导体与集成电路产业加快布局，南砂晶圆、芯聚能、联晶智能等项目相继落户并开工建设。

深化粤港澳全面合作是南沙建设发展的核心逻辑。自2019年《粤港澳大湾区发展规划纲要》将南沙定位为粤港澳合作发展三大重大平台之一以来，南沙依托其产业和市场基础，携手港澳不断深化对外经贸合作。但总体上来说，南沙产业发展还是存在港澳资源利用不充分、港澳企业参与度不够高等问题。截至2022年5月底，南沙累计续存港澳企业2725家（港资企业2636家，澳资企业89家），累计投资总额1044.15亿美元（港资企业1040.13亿美元，澳资企业4.02亿美元）。2021年南沙累计新设港澳投资企业207家，投资总额98.32亿美元。典型港澳投资企业及项目也仅有捷安全球显示总部及高端研发制造基地项目、骏德国际酒类及食材全产业链创新产业基地项目、印象澳门项目、南沙G-Rocket高诺国际科技文化加速基地和香港新华集团产城融合项目五项。未来，还需加快推动广州南沙深化粤港澳全面合作，充分利用港澳地区投资，重点吸引港澳科技、金融产业高端项目入驻，与港澳企业互补互助，将南沙打造成为立足湾区、协同港澳、面向世界的重大战略性平台，在粤港澳大湾区建设中更好发挥引领带动作用。

4. 合作基础

2019年2月18日，《粤港澳大湾区发展规划纲要》发布，南沙被赋予粤港澳全面合作示范区定位和任务。三年来，南沙以粤港澳合作深化促大湾区融合提速，经济实力跃上新台阶，创新发展动能更加强劲，与港澳合作走深走实，门户枢纽功能日益增强。如今，南沙形成了国家级新区、自贸试验区、粤港澳全面合作示范区和承载门户枢纽功能的广州城市副中心“三区一中心”发展定位，已经初步实现了与港澳的全方位合作，为进一步深化合作发展奠定了基础。

（四）政策规则衔接

1. 交流机制

规则衔接是大湾区建设的重点和难点。只有打破三地间规则堵点，才能变制度差异为改革红利。《南沙方案》指出，通过深化“放管服”改革，持续打造市场化法治化国际化营商环境。

南沙聚焦规则机制“软联通”，健全交流机制，加快打造内地与港澳规则机制相互衔接示范基地。2021年，南沙设立广州南沙粤港合作咨询委员会（以下简称“咨委会”），内设秘书处和香港工作站，下设9个专项工作组，率先拓展与香港全面深化合作的领域，加入为会员的香港机构涵盖商贸、金融、专业服务、社会管理、民间智库等多个领域，是内地首个实体化运作、同时服务内地和香港的专业平台；设立南沙区涉港澳事务工作领导小组，加强对涉港澳事务工作的组织领导和统筹协调；为进一步完善南沙区与港澳合作工作机制，经咨委会同意，参照法定机构运作模式，设立广州南沙港澳合作促进中心，负责南沙区涉港澳联络沟通、对接服务、宣传推介等工作；南沙区发展和改革局还搭建了南沙惠港惠澳政策一站式服务平台，集中发布港澳人士可享受的优惠政策40余项，为南沙与港澳合作交流提供政策支持。

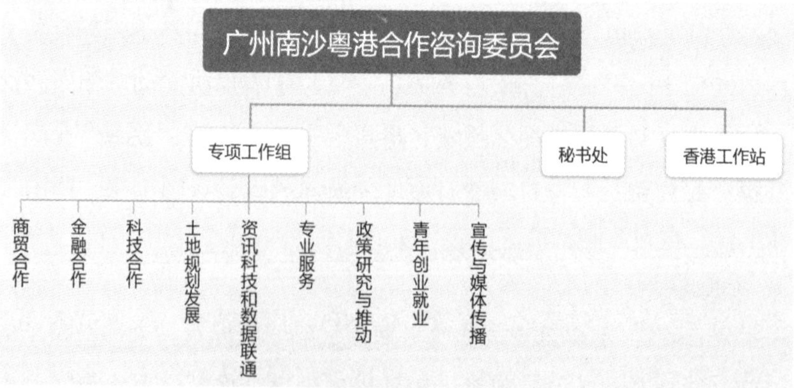

图 1.8　广州南沙粤港合作咨询委员会组织架构

2. 规则衔接实践

多领域、全方位进行规则衔接实践。紧扣打造粤港澳全面合作示范区的使命，南沙把促进港澳融入国家发展大局作为重要目标，不断完善便利港澳居民工作生活的政策措施体系，借鉴国际规则机制衔接经验，在科技创新、跨境金融、工程建设管理、职业资格认可、法律服务、民生教育等多领域进行全方面实践。

职业资格认可领域。2021年11月出台的《广州市南沙区建筑和交通工程专业港澳人才职称评价管理办法（试行）》及配套文件，率先开展粤港澳大湾区职称评价体系建设，首创港澳人才职称评价“1+3+4”机制，畅通港澳专业人才申报内地职称的渠道，将南沙纳入经国家批准的广东省专业资格互认先行先试试点范围，准许港澳专业人士在南沙便利执业并逐步扩展职业资格认可范围，开展职业技能“一试三证”模式改革试点。

法律服务领域。2021年，在南沙国际仲裁中心积极推动下，粤港澳大湾区仲裁联盟建立“四个共享”合作机制，广州仲裁委员会、香港仲裁师协会、澳门仲裁协会、珠海国际仲裁院等联盟成员之间通过互信合作，实现仲裁服务窗口、仲裁员名册、办案庭室、仲裁标准“四个共享”，共同推广互联网仲裁，为粤港澳三地当事人提供更加优质、高效、便捷的仲裁服务。

民生教育领域。粤港深度合作园（庆盛枢纽区块）规划深化工作率先启动，经过数轮线上、线下会议和实地考察，相关规划已基本稳定，注重“港人、港

表1.7 广州南沙粤港合作咨询委员会规则对接案例

规则对接平台	规则对接领域	规则对接典型案例
广州南沙粤港合作咨询委员会	科技创新	超算南沙分中心打造全国首个超级算力直通香港网络专线
		打造全国首个粤港澳科技创新团体标准服务平台
	跨境金融	在全省率先实现市级科研资金跨境拨付
		落地“跨境理财通”首批业务试点
		率先建立“湾区通”企业登记互认机制
	工程建设管理	港澳工程相关企业和专业人士可在自贸区南沙片区直接提供服务
	职业资格认可	全国首创港澳工程专业人才职称评价标准体系
	法律服务	粤港澳大湾区仲裁联盟首创“四个共享”合作机制
	民生教育	在庆盛枢纽区块引入香港规划标准打造港式国际化社区
		开设全国首所港人子弟学校，学校采用香港学制

企、港规则”与“校区—园区—社区”融合的建设理念，空间布局上以香港科技大学（广州）、港式国际化社区、庆盛枢纽为节点，形成“北研—中城—南创”和“西镇东产”的功能组团。目前港式国际化社区、港人子弟学校规划建设工作正在有序推进。

（五）基础设施

1. 四位一体交通布局

建设多位一体综合交通枢纽体系，打造面向全球的湾区交通中心。南沙凭优越的地理位置和雄厚的资源配置，成为服务大湾区的区域交通中心，构建“铁路—航空—海运—公路”四位一体的交通矩阵，基本形成立体互联的交通网络体系。“十四五”期间，南沙区综合交通运输体系建设投资总额约为1756亿元，投资项目150个，其中新开工项目57个，涵盖航运设施、客运枢纽、货运枢纽、轨道交通、高快速路、立交节点、城市道路、公交场站、公共停车场、智慧交通10个类别。

2. 南沙与港澳交通链接

铁路交通方面，大湾区“半小时交通圈”基本成型。广深港高铁香港段2018年9月23日正式通车，南沙庆盛站35分钟直达香港西九龙，采取一地两检，在香港西九龙站一次性查验手续，仅需5分钟就可以快速通关，最大程度地发挥了香港的运输、经济和社会效益，便利了两地人员往来；广深港高铁的全线开通，使粤港城市间“内循环”大大加速，也改写了粤港地区人们的出行版图，跨区域“同城时代”或将到来。南沙至澳门尚未有直通铁路，但是在广州市交通运输“十四五”规划中计划建设广中珠澳高铁，全长204千米，线路起自广州北站，经广州白云国际机场、鱼珠、南沙，中山，珠海鹤洲，终至横琴口岸。该高铁设计时速高达350千米，实现南沙30分钟内与广州中心城区、中山、珠海、澳门直连互通。

航运交通方面，水上客运能力取得突破。推进与港澳在港航领域的合作，适时增加南沙客运港到港澳的班轮，积极拓展与港澳的跨境客货运水路航线，发展邮轮、游艇业，形成兼具旅游、客货运等功能的水路运输网。条件成熟时，探索粤港澳游艇通关新模式。完善口岸公共交通接驳系统，加强口岸综合配套服务功能。

1992年，霍英东家族在南沙投资的南沙客运港正式开航，成为广州连接香港与澳门的港口，港口设计标准为年客运量160万人次、旅客聚集量1600人，通过高速客轮约1小时即可直达香港，属于国际客运港。南沙区加大水上客运扶持力度，在南沙客运港原往返香港客运12个航班基础上，加密南沙至香港中港城码头、香港机场码头航班6个；新开通南沙客运港至深圳机场、珠海桂山岛和外伶仃岛航班12个。“十三五”期间，南沙客运港总客流量为84.3万人次，较“十二五”期间的55万人次提升了53.3%。随着南沙港四期建设的完成，港口规模不断扩大，实现全程自动化，在粤港澳大湾区的竞争实力将进一步增强，与香港形成优势互补、互惠共赢的港口、航运、物流和配套服务体系，增强港口群整体国际竞争力。

公路交通方面，跨江大桥连接珠江东西两岸。珠江口东西两岸地区已有4条过江通道，分别是珠江黄埔大桥、虎门大桥、港珠澳大桥、南沙大桥。多座大桥将一举打破空间对大湾区内部空间的隔离，成为前海、南沙、横琴三大自由贸易试验区之间的便捷交通纽带，未来将有效缓解虎门大桥的压力，将缩短南沙到港澳的公路通行时间，加快珠江东岸和珠江西岸的创新要素的流动。

航空交通方面，充分利用周边国际机场。南沙地处粤港澳大湾区的地理几何中心，方圆100千米范围内汇集了大湾区11座城市及五大国际机场，加强与广州白云国际机场、深圳宝安国际机场等大机场衔接，加强与周边大机场协同发展，共同打造粤港澳大湾区世界级机场群，设立白云机场南沙自贸区空运中心，推进口岸多式联运模式的建设。

（六）科技创新

1. 创新体系

加强战略科技力量建设，建立健全创新体制机制。南沙加强与港澳合作交流，优势互补，合作建设优质创新平台，推进科技创新产业发展，构建高端原始创新体系，强化核心技术攻关及成果转移转化，提升创新主体自主研发能力，建设国际化人才特区，优化科技创新环境，建设大湾区国际科技创新中心重要承载区。南沙区按照建设国际科技创新中心重要承载区的部署，大力打造“1+1+3+N”科技创新体系。

第一个“1”是指“一城一园”，即南沙科学城与中国科学院明珠科学园。南沙科学城总规划面积99平方千米，面向深海、深地、深空，聚焦海洋、能源、空天、信息、生物等领域，集聚全球高端创新资源，建设世界级重大科技基础设施集群和一批前沿交叉研究平台。明珠科学园是南沙科学城核心区域，总规划面积约4638亩，将聚合提升中国科学院在广州的研究力量，推动中国科学院各类创新机构、高端创新平台在南沙集聚。第二个“1”是指“海洋省实验室”，以国家实验室为标杆，打造国家级海洋科学研究基地和“科技兴海基地”。“3”是指冷泉、风洞、识海3个重大科技基础设施。“N”是指战略性新兴产业。对标全省“战略性支柱产业集群和战略性新兴产业集群”布局，聚焦海洋经济、航空航天、智能网联汽车、第三代半导体、生物医药等重点产业领域，持续推进核心技术攻关和科技成果转移转化，力争实现新突破。

表1.8　南沙科技创新平台基地

科技创新平台基地	建立日期	地位影响
南沙资讯科技园	2002年	由广州市政府、南沙区政府、霍英东基金会、香港科技大学合作投资建设，是广州高新技术产业开发区“一区多园”的重要组成部分、国家“火炬计划”软件基地、国家级博士后科研工作站、国家知识产权试点园区。南沙资讯科技园致力于推动粤港澳全面合作示范区建设，成为广深港澳科技创新走廊的重要节点
香港科技大学霍英东研究院	2011年	香港科技大学霍英东研究院位于南沙资讯科技园内东北隅，包括教学大楼和宿舍楼两部分。整个项目基地面积约3.6万平方米，大楼总建筑面积约2.5万平方米，耗资1.8亿元。该研究院是《粤港合作框架协议》签署后落户南沙开发区的首批建设项目，其定位为香港科技大学科研成果转化平台
粤港澳（国际）青年创新工场	2015年	粤港澳（国际）青年创新工场以“香港标准、国际资源、技术先导、研发支撑”为特色，重点面向粤港澳大学生及青年创新创业主体，致力于打造成为具有国际特色的粤港澳青年创新创业综合示范平台和国际化的产学研一体化创新实践基地，为自贸区、新区深化粤港合作发展提供强大助力
国家超级计算广州分中心	2016年	为港澳科研团队提供设备支持，过去五年，南沙分中心已为200余个港澳及海外科研用户团队提供超过2亿核小时的超算服务，为南沙及珠三角地区现有产业转型升级、技术创新提供技术支撑，是广东自贸区新兴产业发展的助推器，为南沙及港澳地区基础研究与应用研究提供基础保障，同时是广州超算面向港澳地区的门户
南方海洋科学与工程广东省实验室（广州）	2018年	南方海洋科学与工程广东省实验室（广州）以“立足湾区、深耕南海、跨越深蓝”为使命定位，围绕“南海海洋国土安全与战略资源开发”国家重大需求，聚焦“南海边缘海形成演化及其资源环境效应”核心科学问题，着力解决岛礁可持续发育、资源可持续利用、生态可持续发展等关键科技难题，按照“8+7+6+5”的格局布局，为加强海洋科技发展、推动粤港澳大湾区建设、构建海洋命运共同体、维护国家海洋主权贡献力量
南沙科学城	2019年	南沙科学城将推动中国科学院在穗研究机构和创新资源集聚发展，建成空间布局相对集中、科研资源共建共享、学科领域交叉融合、科研人才高度集聚的协同创新平台载体，为粤港澳大湾区国际科技创新中心建设提供有力支撑，为重大科技基础设施和重大创新平台建设、重大科研任务和项目落地提供物理承载空间，积极打造吸引国内外高端创新资源集聚的开放平台
中国科学院明珠科学园	2020年	中国科学院明珠科学园位于广州市南沙明珠湾，是南沙科学城的核心区，规划面积约4600余亩。2019年5月6日，广州市与中国科学院签订了共建南沙科学城和中国科学院明珠科学园合作协议，将聚焦深海、深空、深地领域，致力于打造具有全球影响力的前沿科学研究和技术创新高地

2. 科技创新产业发展

打造庆盛科技创新产业基地。充分发挥庆盛高铁站与香港及广深科技走廊沿线重点区域互联互通优势，加快庆盛科技创新产业基地建设，重点打造国际人工智能价值创新园，启动庆盛科创教育核心区工程、人工智能产业园及配套工程等项目建设，已集聚人工智能企业200余家，助力智能制造产业发展。

依托香港科技大学霍英东研究院打造国际智能制造平台，吸引粤港澳重点高校高端人才参与，整合粤港澳三地科技创新资源，促进粤港澳三地在智能制造领域的合作互利，加速智能产业技术集聚。截至2023年1月，已推动国际智能制造平台完成中期建设目标，引进专家团队5个，推动孵化创业企业12家，推动平台与广州等企业达成65项服务或合作，举办工业大数据、智能模塑及智能装备等论坛活动，服务1385人次，与区内企业分享智能制造最新成果。

推进港澳科技成果转化。通过对香港科技大学等港澳高校科研成果产业化，相继成功孵化出广东晶科电子股份有限公司、广州码石信息科技有限公司、广州未山信息科技有限公司、广州材智新材料科技有限公司、扬帆科技有限公司等科技型企业。其中广东晶科电子股份有限公司是香港科技大学在广州孵化出的首家科技创新企业，已成为珠三角最大规模的专业大功率、高亮度LED芯片上游制造企业。

（七）人员交流

深化人才管理体制机制改革，集聚港澳专业人才。南沙作为全国人才管理改革试验区、粤港澳人才合作示范区，在人才体制机制改革和粤港澳人才协同发展等方面具有良好基础和独特优势，积极拓展在国际教育、人才双向流动和社会保障等重点领域的合作，加强与港澳青少年交流，营造与港澳相衔接的公共服务和社会管理环境。

1. 青少年交流平台建设

南沙已经建成广东省粤港澳青少年交流促进会、南沙区港澳青年“五乐”服务中心等多个港澳青年湾区交流交往平台，为港澳青年扎根在南沙创造条件，发挥涵盖153个港澳合作伙伴的资源优势，累计促成超过5.2万名港澳青年在南沙交流交往、交心交融。

于2022年设立的南沙区港澳青年“五乐”服务中心，围绕为促进粤港澳青少年交流融合发展的总目标，承接服务广东省粤港澳青少年交流促进会，衔接广东全省、连接港澳两地各项促进粤港澳青少年交流活动，服务港澳青少年来大湾区

（南沙）的求学成长、就业生活、创业发展等需求，为港澳青少年“乐创、乐业、乐学、乐游、乐居”提供全方位服务，助推港澳青少年参与大湾区建设、融入祖国发展大局，进一步加强港澳与内地青少年全面交流。

2. 港澳青年实习交流

自2016年南沙“百企千人”实习计划启动以来，截至2021年已有近2000名港澳青年在南沙参加实习。2021年，南沙区内政府部门、法定机构、金融机构、大型央企、港资企业、IAB企业等近100家实习单位大力支持“百企千人”实习计划，提供了超300个实习岗位，为港澳青年在大湾区发展创造更加便利的条件，并通过实习活动推动穗港澳青年交往交流、交心交融，使广大穗港澳青年更直观地感知和体会改革开放以来祖国的巨大成就，更系统地认识和了解粤港澳大湾区。

2020年，南沙区团委、青联创新性开展港澳应届毕业生“职场菁英”就业见习计划，在事业单位、法定机构、南沙区属国企试点开发超100个面向港澳青年的就业岗位，累计吸引超200名港澳青年报名参与，促成13名港澳青年在南沙就业。同时先行先试，定向招录15名港澳青年在政府部门、法定机构、南沙区属国企任职；协助实施“大湾区青年就业计划”，定向组织港资企业、南沙区属国企和驻点南沙央企等18家单位提供135个实习岗位，举办就业推介活动，吸引60名在穗高校港澳籍学生参与。

3. 粤港澳青少年人文交流活动

建设爱国爱港爱澳思想阵地——粤港澳青年三新讲学所，推动粤港澳青少年交往交流、交心交融，进一步筑牢相互理解的前提和基础。广东自贸区挂牌以来，已累计与76个爱国爱港爱澳的港澳青年社团、47个商协会、16个行业协会、14所重点院校达成长期战略合作关系。举办各类人文交流活动累计达764场次，覆盖青少年超5.2万人次。

（八）教育文化

1. 引进优质教育资源，弥补教育短板

积极引进教育文化资源，推动港澳教育文化交流与合作。广东自贸区挂牌以来，南沙教育整体办学水平不断提升，优质教育资源不断增多，引进省、市属优质教育品牌，加强与港澳学校的合作交流，打造与南沙发展定位相匹配的教育。“十四五”期间，根据人口规模和南沙区实际情况，为南沙区推进“三区一中心”建设营造优良的教育环境，建设“立足广州、服务湾区、面向世界”的优质均衡创新国际化教育高地，南沙区计划改扩建和新建一批基础教育、职业教育和高等教育建设项目，不断满足人民群众对优质教育学位的需求。

南沙以教育国际化为引领，积极推动教育多元特色发展，深入推进“全国基础教育国际化示范实验区”项目建设。香港科技大学（广州）落户南沙，由广州大学与香港科技大学合作筹备设立，是一所实施学历教育的、具有独立法人资格的内地与香港合作办学机构，致力于培养具有创新能力的国际化高端人才，服务于粤港澳大湾区科技创新、产业升级和高质量发展。进一步规范民办学校、培训机构和外籍人员子女学校审批管理。积极与港澳姊妹学校在办学模式、教育理念、课程建设、教师管理、校园文化建设等方面充分交流，累计缔结粤港澳姊妹校（园）30对。

2. 融合港澳元素，打造湾区文化“枢纽港”

南沙位于珠江入海口，“岭南文化”“水乡文化”的特征明显，形成了具有南沙气质的咸水歌、赛龙舟、麒麟舞、祭妈祖等传统文化。此外，南沙作为广州唯一的出海口，独具“海洋文化”特征，历史遗存众多，珠江口的虎门（南沙）要塞炮台群10座炮台中，有7座就在南沙区境内。这里是打响中国人民反抗外辱第一炮的地方，也是掀开中国近代史第一页的地方。

相近的地理、自然、人缘、乡俗、语言等条件为粤港澳文化交流融合提供了基础，港澳作为多元文化汇聚的大都市可以与南沙优势互补，南沙依托独特的岭南文化，作为粤港澳深化合作的核心区有着广阔的文化交流合作空间。迄今为止，南沙与港澳已经开展了一系列的文化交流活动，打造粤港澳三地文化交流、发展平台，发挥示范引领作用。

2017年以来，南沙连续两年成功举办大湾区艺术节，展出了张大千、吴冠中、林风眠等17位艺术家的共40组作品；部分作品以“关税保证保险”形式从香港进入南沙保税港区，打造了广东自贸区首单保税艺术品出区展示的成功案例。2020年初，南沙挂牌运作大湾区国际艺术品保税产业中心，价值超亿元的国内尺幅最大的毕加索作品首次通过南沙进入内地，为华南地区的文化艺术产业发展开辟了新路径。

2021年，南沙举办了文创大赛。南沙作为文化创意交流平台，汇聚粤港澳三地青年设计人才，加强南沙作为中华优秀传统文化传承地之一的建设，使其成为粤港澳三地优秀青年艺术人才的储备之地，成为设计产业链服务于湾区的传播之地，通过从文化交流创新到设计产品落地孵化的一系列青年设计人才培养措施，促进更多的青年成为设计产业链人才，让粤港澳三地人才走向世界，凸显国潮创新文化设计风采。打造立足湾区、协同港澳、面向世界的重大战略性平台，致力于以粤港澳三地文化创新为第一推动力、以引进人才创业为第一生产力，构建粤港澳三地重大“双创”机遇平台。

（九）金融投资

1. 金融投资政策扶持，打造一流营商环境

多项金融投资政策优惠，加快粤港澳金融投资融合。国家、省、市各层面多个部门出台了多个文件，涵盖跨境金融创新、特色金融发展、金融营商环境建设等诸多领域，为南沙金融业发展指明了努力方向、注入了强大动力、提供了政策保障，推动金融创新发展。南沙金融产业体系日益完善，重大金融机构相继落地，引进港澳资金融类企业数量大幅增加，建设南沙国际金融岛，促进跨境资金流动自由便利，深化粤港澳金融合作，进一步提升金融业对外开放水平。“十四五”期间，南沙对打造粤港澳大湾区国际金融枢纽核心节点、健全匹配实体经济发展的金融服务体系、创新发展现代金融业务、做强做优做大特色金融产业、优化完善金融发展空间布局、营造优质金融营商环境、提升地方金融风险防范效能七个方面的发展任务和措施做了详细规划。

表1.9　南沙区现有金融政策支持

南沙区现有金融政策
加强粤港澳金融合作，稳妥开展绿色金融业综合经营、外汇管理等金融改革创新试点，支持南沙新区在内地金融业逐步扩大对港澳开放的过程中先行先试
支持港澳金融机构根据CEPA优惠措施及相关法规规定，在南沙新区设立绿色专营机构和开展绿色金融业务
国家鼓励和支持在南沙新区新设金融机构，开办期货交易、信用保险、融资租赁、信托投资等业务
允许符合条件的港澳台机构在南沙新区设立合资证券公司、合资证券投资咨询公司和合资基金管理公司
鼓励港澳保险经纪公司在南沙新区设立独资保险代理公司

资料来源：《广州南沙新区发展规划》（国函［2012］128号）

2. 各类金融机构集聚，金融业务创新

金融产业跻身南沙五大重点产业。截至2020年末，全区累计落户金融企业6669家，其中落户外资企业（含港澳台）1752家，占比26%，其中港澳资企业1661家，占比25%。全区2209家融资租赁企业（含金融租赁）中，外资企业（含港澳）1553家，占比70%，其中港澳资企业1484家，占比67%，较“十三五”初期增长超9倍，集聚银行、证券、保险、融资租赁、私募基金等23种细分金融类企业。

表1.10　港澳企业在南沙投资案例

投资地区	签约项目案例	项目介绍
香港	捷安全球显示总部及高端研发制造基地项目	捷安实业计划集团总部整体落户南沙，整合集团内各业务板块的优势资源，在南沙建设集手机、平板、电脑、车载显示屏系列产品生产，OLED柔性显示屏生产及技术研发，铺设多规格全面屏、激光机等多条自动化产线，打造捷安集团总部及显示屏系列产品研发及生产基地项目
香港	骏德国际酒类及食材全产业链创新产业基地项目	该项目是香港骏德集团在广州南沙投资建造的寰球美酒美食超级综合体，占据粤港澳大湾区核心区位，拥有配套齐全的基础设施和全新现代化、智慧化的节能生态环保理念，将打造成为“一站式”全球美酒美食全产业链创新服务平台，建设集线上线下贸易、冷链物流、国际通关、期货交易与供应链金融服务于一体的进口酒类及食材全产业创新产业基地
澳门	印象澳门项目	印象澳门项目将会引进李家菜（澳门连续三年米芝莲推介餐厅）、李家宴（中国餐饮协会金马奖）、凤城老澳门饼家（澳门六十年老字号）等10多家具有文化代表性的澳门特色店，孵化衍生澳门特色周边产业，促进人气集聚，将南沙打造成具有澳门特色风情的高端商务集聚区和文化传播地
香港	南沙G-Rocket高诺国际科技文化加速基地	“南沙G-Rocket高诺国际加速器”是香港高锋集团旗下8个青创基地之一，随着基地的揭牌启用，将为港澳青年在南沙创新创业再添有力支持，也为港澳青年参与大湾区建设、融入国家发展提供良好的支撑
香港	香港新华集团产城融合项目	新华集团有限公司计划在南沙区展开多领域、多维度合作，一期拟投资25亿元，合作领域包括但不限于：信息科技、生物制药、教育（高等教育、职业教育、K12国际教育）、交通TOD建设、金融、医养/康养、文创、人工智能、高端制造平台、中口产业合作等领域，打造粤港澳大湾区的科技创新合作示范基地、港澳青年创业基地、教育培训示范区、农业食品科技研发基地

粤港澳大湾区首个“香港+保税港区”飞机跨境转租赁项目、全国首例中资银行境外分行不动产抵押项下跨境融资业务、全国首家混合所有制交易所、全国首单船舶租赁资产跨境保理业务等业务入选广东自贸试验区金融开放创新最佳案例。其中，落地全国首例中资银行境外分行不动产抵押项下跨境融资业务，成功引入境外低成本资金4000万元，并制定出台《南沙区不动产跨境抵押登记操作规范》，在全区范围内推广跨境融资项下不动产抵押登记业务；完成广东自贸试验区首单船舶租赁资产跨境保理业务，打通国内船舶租赁企业的境外业务融资通道，港澳居民可通过港澳地区银行贷款在南沙购房。

目前初步形成了跨境金融、航运金融、绿色金融、金融科技、融资租赁、商业保理、股权投资七大特色金融“名片”。开展跨境人民币双向贷款、跨境双向人民币资金池、跨境资产转让、境外机构人民币衍生产品等多项跨境人民币创新业务，跨境人民币结算金额累计超5000亿元；累计为46家跨境集团企业办理双向人民币资金池备案；设立跨境双向人民币资金池46个，涉及成员企业376家，累计资金收付超1815亿元。鼓励利用香港资本市场融资发展，目前累计6家南沙区内企业在香港交易所上市，市值超498.3亿港元。

3. 涉港重大金融平台建设

广州期货交易所落地南沙，实现广州国家级金融基础设施历史性跨越，并成为我国第一家混合所有制的交易所，境外机构（香港证券交易所）首次获准入股内地期货交易所。积极推进粤港澳大湾区国际商业银行、港澳保险服务中心等创新机构筹建工作。高水平推进国际金融论坛（IFF）、汇丰全球培训中心、国际风险投资中心等重大金融平台项目建设。

第二章

粤港澳合作发展环境和经验借鉴

一、发展机遇

《南沙方案》的发布为南沙深化粤港澳全面合作带来新的使命，同时也意味着新的国家力量的注入。如同星系的碰撞产生巨大能量、激发新的恒星创生，国家力量将为趋于稳态的大湾区格局带来变革性的机遇。南沙过去远离市中心，但现正逐渐显现出其扼守湾区内核、位于湾区几何中心的区位优势。南沙需把握粤港澳大湾区的特点和机遇，采取有针对性的策略，将优势条件兑现为自己发展的动力。

（一）平稳期下“一国两制三关税”提供条件

“一国两制三关税”构成了粤港澳大湾区制度环境的多元性和互补性，是粤港澳大湾区区别于国内其他城市群区域的独特之处。在“一国两制”下，粤港澳三地的政治制度、法律体系、行政体系和关税区具有较大差异。香港和澳门为单独关税区和自由港，具有一定的关税贸易权和对外交往权，在经济和政治上享有更大的自主权和决策权。

现阶段，香港正处于发展的关键时期，澳门经济适度多元发展加快推进，大湾区建设正开启新的发展篇章。在这一平稳期下，“一国两制三关税”将进一步促进港澳与南沙“硬联通”和“软对接”，推动大湾区资本、人才等要素高效便捷流通，为大湾区对接国际提供更灵活的制度安排。

在与港澳全面合作的“硬联通”上，南沙已初步构建轨道交通、高快速路和航运物流三位一体的直达“一国两制三关税”区域的基础设施。通过广深港高铁、南沙大桥和水上航班，区域内人才和货物可在一小时内来往于南沙和港澳之间。此外，南沙聚焦产业协同和科创合作，使“三关税”区域内的产业链互联互通。一方面，已有涵盖金融业、租赁和商务服务业、科学研究等的产业共近3000家港澳企业落户南沙，“天河二号”超算南沙分中心也累计为200余个港澳及海外科研团队提供超算服务。另一方面，南沙吸引了大量香港高校科研成果在南沙转化，成功孵化出晶科电子、码石信息科技等一批高成长性的科创企业。

在与港澳的“软对接”上，“一国两制三关税”的制度之利使南沙得以衔接国际规则并打造宜居宜业的粤港澳社区。首先，南沙在两地工商界人士的支持下成立了南沙与香港深度合作的机制平台——广州南沙粤港合作咨询委员会，并积极推进“三关税”区域间的职业资格互认和南沙国际仲裁中心运作机制的国际化探索。其次，借鉴香港国际化社区和学校发展模式，南沙逐步建设港人熟悉、国际一流的无界科创社区和港人子弟学校，吸引了近300个港澳青创团队以及近2000名港澳青年学生来南沙就业创业，率先在大湾区内形成港澳居民工作生活的集聚效应。

南沙需立足“一国”之本，善用“两制”之利，利用香港、澳门的国际开放性，为内地提供国际平台与接口；利用内地广阔的市场与发展空间，为香港、澳门社会经济持续稳定发展提供支撑；横向合作的推进也将极大地提升南沙粤港澳全面合作、共同参与全球竞争的实力和当量。

（二）纲领性文件出台指明方向

2022年6月6日，国务院印发《广州南沙深化面向世界的粤港澳全面合作总体方案》，支持南沙打造立足湾区、协同港澳、面向世界的重大战略性平台。《南沙方案》明确指出要加快推动南沙深化粤港澳全面合作。所谓全面合作，不仅涵盖港澳，而且覆盖经济社会发展的各个重点领域。基于此，方案聚焦科技创新、创新就业、对外开放、规则衔接、城市发展等重点工作，部署了两阶段目标、五大任务和四个方面保障，填补了此前在南沙粤港澳合作领域纲领性文件的空白。

《南沙方案》为南沙深化面向世界的粤港澳全面合作提出了两方面要求：一是“协同港澳”，这指明了南沙开发建设的路径方法；二是“面向世界”，这是粤港澳共同的目标取向。在深化面向世界的粤港澳全面合作中，南沙须坚持这两个方面，牢牢记住支持港澳融入国家发展大局、增进港澳同胞福祉、保持港澳长期繁荣稳定的重大使命，在推进粤港澳大湾区建设这一重大战略背景下进一步用好粤港合作咨询委员会等交流合作机制以及香港科技大学（广州）等重点合作平台，统筹基础设施“硬联通”和规则机制“软联通”。

（三）数字革命浪潮注入新动能

全球数字革命正在以前所未有的速度和规模重塑经济发展与生产生活方式。数据作为“新石油”，已经成为价值创造的新驱动要素。在增强大湾区联通性和打造宜居宜业生活圈上，技术和数据的运用显然是关键推动力。数字革命浪潮不仅将破除粤港澳区域内制度机制的协调屏障，而且将大幅提升大湾区城市宜居宜业水平。

面对数字革命浪潮隐藏的巨大机遇，南沙在与港澳合作初期便已积极布局“战略留白”。南沙拥有超前的城市规划视野，不仅在以广汽为代表的传统制造业周围预留了其产业数字化所需的土地，而且前瞻地规划了庆盛枢纽区块部分土地作为千亿级国际人工智能产业园区，为小马智行、科大讯飞等新兴数字企业提供数字产业化的空间。在近年国家、省市层面的重点支持以及本土积极的招商引资下，南沙如今已形成在粤港澳区域内少有的“后发优势”。通过立足“城市大脑”这一智慧中心，南沙初步完成了5G、城市物联网、智慧灯杆等基础设施建设，构建了“龙头集聚、技术前瞻”的数字经济产业生态，已为南沙建设数字政府和智慧城市奠定了坚实基础（如表2.1所示）。

在数字时代，政府作为重要的监管方、数据资源管理方、服务提供方和平台建设方，在构建数字政府和智慧城市的进程中发挥着日益重要的作用。通过建设

表2.1　南沙数字化水平指标体系表

类别	指标	2020年完成值	2025年目标值	指标属性
新型基础设施	重大科技基础设施/个	0	3	预期性
	数据中心机架（折合2.5千瓦标准机架）数量/个	21 000	80 000	预期性
	5G基站数量/个	2981	6000	预期性
	家庭固定宽带接入能力/Mbps	100	1000	约束性
	智慧灯杆数量/个	1500	5000	预期性
	车路协同智慧道路里程/千米	4.8	100	约束性
信息技术产业	互联网和相关服务业、软件和信息服务业云上企业数量/家	43	80	预期性
	互联网和相关服务业、软件和信息服务业年营业收入总和/亿元	84.3	150	预期性
	入库省人工智能、大数据骨干（培训）企业累计数量/家	1	5	预期性
	入库市人工智能和大数据企业累计数量/家	100	150	预期性
	重点企业上云数量/家	30	200	预期性
	数字经济产业增加值占地区生产总值比重/%	暂无	25	预期性
智慧城市	依申请政务服务和公共服务事项在线办理率/%	98	100	约束性
	视频监控覆盖密度/（个/平方千米）	25	30	预期性
	高点瞭望监控数量/个	2	8	预期性

资料来源：作者根据南沙“十四五”相关规划整理

数字政府和“国际数据传输枢纽”粤港澳大湾区广州南沙节点，南沙作为大湾区中心，将加强统筹协调粤港澳制度机制间的作用，提高政府履职和招商投资流程数字化、智能化水平，使大湾区内要素流动更便捷高效，破除港澳与南沙深化合作的障碍。

随着物联网、人工智能等新技术快速发展，市民对敏捷、智能城市服务的需求日益增长。《南沙方案》提出要稳步推进智慧城市建设，加快南沙智能电网、智能气网和智能供排水保障系统建设。通过智慧升级和数字化转型，南沙在深化面向世界的粤港澳全面合作中能进一步打造绿色智能、宜居宜业、人性化、可持续发展的城市社区，吸引港澳居民到南沙就学就业，让南沙区域内居民拥有更多获得感、幸福感和安全感，从而建立高质量城市发展标杆。

（四）“一带一路”倡议打通经络

实施“一带一路”倡议是南沙深化面向世界的粤港澳深度合作面临的历史机遇之一。作为“海上丝绸之路”在粤港澳地区的重要枢纽，南沙有条件也有能力利用“一带一路”海陆统筹优势，成为大湾区面向世界的“引进来”和“走出去”桥头堡。

一方面，南沙依托其国际枢纽大港优势，通过对接“一带一路”倡议与传统丝路通航港口城市建立联盟，将强化南沙作为“一带一路”门户的职能，使南沙建设成为全球航运、服务、贸易的枢纽。另一方面，南沙依托与内陆腹地的联通开设了港区直发中欧班列（南沙港铁路），使“丝绸之路经济带”和“21世纪海上丝绸之路”在南沙港内无缝连接。这不仅赋予了南沙在粤港澳区域内开展海铁联运的巨大优势，而且标志着粤港澳大湾区开启“国际班列+港口+园区+产业”对外开放新模式。

在“一带一路”倡议和新发展格局的战略机遇下，南沙对内可整合大湾区城市资源，辐射带动泛珠三角乃至内地更大范围，促进港澳融入国家发展大局；对外可发挥港澳“超级联系人”和粤港澳大湾区作为“‘一带一路’倡议巨型门户枢纽”的角色功能，链接国际高端资源要素，实现与RCEP、CPTPP等国际高水平自贸协定规则深度接轨，成为着眼国内、国际两个市场和两种资源“双向开放”的重要通道。

二、发展面临的挑战

（一）国际发展环境日趋复杂

逆全球化，即与全球化进程背道而驰，重新赋权于地方和国家层面的思潮。近年来，伴随着全球政治与经济形势的动荡，逆全球化已然在世界政治与经济领域成为一种趋势，并有愈演愈烈之势。逆全球化现阶段具体表现为反多边主义的出现、民族主义的抬头、极端政治倾向的加重以及贸易保护主义的兴起，以上种种均是南沙深化开展面向世界的粤港澳全面合作进程中隐形但强力的拦路虎。

逆全球化思潮盛行带来的不确定性因素明显增加，这将给南沙未来引进资本、人才和技术等高端要素带来严峻挑战，高水平对外开放合作的难度也将显著增加。

首先，表现为全球供应链方面的冲击带来的发展受制。包括南沙在内的粤港澳大湾区整体价值链分工都处于中低端的水平，由于核心技术的缺失，自主研发难度高，尤其是高端制造业对外依赖程度较大，以美国为首的发达国家加强技术封锁，将对粤港澳大湾区技术与产业升级造成限制，导致其面临国内产业链、供应链安全风险加大的问题，将连带影响南沙区高端制造业和高端生产性服务业的投资、布局与发展。

其次，表现为贸易保护主义对粤港澳大湾区及南沙产品出口竞争力的削弱。实行贸易保护主义的西方发达国家主要通过限制进口商品以保护本国商品在国内市场的发展。随着经济全球化的快速发展和逆全球化的兴起，如今的贸易保护主义显示出多样化和强制性，主要包括绿色壁垒、技术壁垒、贸易管理等。绿色壁垒和技术壁垒都是发达国家凭借着自身经济和技术优势制定的一系列高门槛的标准，旨在限制发展中国家进入相关市场，使其无法在市场上有所作为，以保护本国市场和工业。贸易管理则是政府通过对贸易活动进行干预，改变市场结构和环境来提高本国企业的竞争力，降低其他国家企业的竞争力。

最后，还表现为招商引资环境恶化，企业外迁趋势加强。随着逆全球化思潮的盛行和国际政经形势的不确定性加深，国际投资者的反应极其迅速，快速缩减了在中国的投资。南沙2020—2021年的吸引外资情况不容乐观。2020年合同利用外资52.73亿美元，下降82.4%；实际利用外资16.24亿美元，下降12.8%。2021年，南沙区实际利用外资15.33亿美元，同比下降5.6%。在逆全球化思潮下，为了规避外部不确定性带来的冲击，对外依赖程度较高的企业会倾向于缩减在中国的投资，甚至迁出中国。另外，疫情使各国开始意识到本土制造业的重要性以及对单一国家（尤其是中国）过度依赖的潜在危险，于是开始尝试将制造业回迁，降低对外部市场的依赖，这也成了企业外迁的催化剂，如日本计划由政府出资2200亿日元协助日本企业将生产线回迁国内。考虑到较大的外迁成本、疫情冲击下企业的投资欲望明显下降等因素，更多的企业会选择推迟、取消投资决策，或者调整供应链。

（二）体制障碍仍待破除

尽管发展得相当迅速，但与全球三大湾区内部高度互联相比，包括南沙在内的粤港澳大湾区内部的规模化协同效应尚未形成。其中最重要的原因是显而易见的“两制”差异存在协调屏障。“一国、两制、三关税区”，既是给粤港澳大湾区发展提供创新体制机制的基础，同时又是粤港澳大湾区融合发展必须跨过的障碍。粤港澳三地在法律体系、行政体制、经济制度和社会治理模式等方面，以及在市场开放程度、社会福利水平等维度都存在差距。面对“一国两制三法域”的复杂现状，无论是广东省还是香港、澳门特区政府都很难独立牵头开展有效的法律规则衔接。这是粤港澳大湾区融合发展、南沙深化面向世界的粤港澳全面合作必须解决的体制机制问题。

协调“两制”带来的“四制”尚有难度，这将限制大湾区之间的要素流动。四种具体制度为“关制”“币制”“税制”“法制”。具体而言，“关制”即海关依据本国（或地区）的法律、行政法规行使进出口监督管理职权的制度，是对自由贸易区的货物和人员流动进行监管的具体制度。“币制”是指一国（或地区）政府以法律形式确定的货币流通结构和组织形式，在自由贸易区的应用中，意味着跨境货币的结算、跨国公司总部外汇资金集中运营、本外币双向资金池等金融制度。“税制”不仅包括关税制度，还包括在自由贸易区内进行直接投资的企业所缴纳的相关税费、自由贸易区内的个人所得税等。“法制”建设的目的是规范和指引自由贸易区的全部经济活动，上至一个国家的宪法，下至自由贸易区内部的条例规范都是其内容。

粤港澳区域的“两制”差异，虽是突出特点和显著优势（见表2.2），但如果处理不好，导致要素无法高效便捷流动，其就会成为粤港澳大湾区进一步深化合作的屏障和阻碍，是制约大湾区建设的最大梗阻。就目前发展形势来看，在“一国两制”下，粤港澳社会制度不同、法律制度不同、分属于不同关税区域，市场互联互通水平有待进一步提升，生产要素高效便捷流动的良好局面尚未形成，三地合作开始进入深水区。港澳发展中诸多深层次问题需要通过区域“深度合作”来解决，但同时由于区域协调上的不畅通，粤港澳在某种程度上又较难摆脱各自打算、各谋发展的单打独斗的格局。“单打独斗”的模式导致了“大门开、小门不开”的非制度壁垒，是粤港澳大湾区要素流动不便的直接原因。消除这一壁垒，让粤港澳大湾区要素流动起来，是粤港澳大湾区建设、南沙深化面向世界的粤港澳全面合作的重大挑战之一。

表2.2 粤港澳三地制度差异及互补优势

制度	内地	香港	澳门	互补协同
投资	集中力量办大事	国际化营商规则	世界旅游休闲中心	促进现代服务业、先进制造业、高新技术产业进一步升级
贸易	决策执行力强	国际商业网络	中葡国家之间的商贸服务平台	维护贸易多边主义及推进全球化
金融	分业经营，结售汇制	混合经营，外汇管制开放	混合经营，外汇管制开放	提升金融对粤港澳大湾区实体经济的润滑剂作用
法律	社会主义法系（成文法系）	普通法系	大陆法系（成文法系）	区际司法协助
政治制度	社会主义	资本主义及高度自治	资本主义及高度自治	提高对外开放的质量水平
经济制度	政府主导	积极不干预	介于两者之间	充分利用境内外两个市场，合理配置资源，加快形成新的发展方式，推进经济结构的战略性调整
人才	前沿科技、基础科学人才	金融及航运人才	葡语国家、旅游及酒店管理人才	产学研合作高地
产业	先进制造及高新科技	金融科技及航运科技	旅游及博彩	产业多元化，融合新的经济增长点

资料来源：《粤港澳大湾区协同创新机制研究——基于自由贸易组合港模式》

制度方面的阻碍带来了各要素流通的障碍。在通关程序和入境的人才方面，还存在着一些不利于劳动要素自由流通的因素。目前港澳和南沙三个区域的财政税收制度还存在着一些差异，尤其在个人所得税优惠政策方面。要人才自由流动，得确保人才的收入不因为税制的差异有大幅变化。目前港澳和南沙的个人所得税税负差额的补贴优惠需要分别认定、境外高端人才和紧缺人才的认定标准也相差甚远，因此有必要进行相应的统一，这样才能产生积极的人才吸引效果。而人口流动之后，就会有享受公共服务的需求，但现时港澳和南沙在教育、社保、住房等方面同样具有较大的差异，公共服务的一体化程度有待进一步提高，例如社保、养老金中政府补贴的比例目前还存在较大的差异。以上种种将导致港澳人才流向南沙时考虑到公共服务的差异性后会更加慎重地做出选择。

与南沙区相比，港澳个税应税所得种类少，累进税率低，免税金额高，可扣除项目更多更细致，税负更低。因此港澳拥有更大的税收优势。虽然广东省陆续出台了一些税收优惠政策，以财政补贴的方式，变相实行“港人港税，澳人澳税”，但是优惠的对象只限于政府认定的高端人才和紧缺人才，受益面小。税负水平的明显差异将影响粤港澳大湾区生产要素的流动，南沙较高的个税税负可能会导致港澳居民不愿意在内地长时间工作和经营，不利于南沙以及大湾区经济的协调发展。同时，仅在个人所得税税收方面的差异还会带来诸如双重征税、偷税漏税问题。综上所述，缩小税制差异迫在眉睫。

表2.3　南沙与港澳个人所得税制度对比

对比项目	南沙区	香港	澳门
纳税人	居民纳税人和非居民纳税人	在香港任职、受雇而取得所得的个人（薪俸税）	在澳门取得工作收入、合法经营活动收入、合法租金收入的个人
应税所得	综合所得，经营所得，利息、股息、红利所得，财产租赁所得，财产转让所得，偶然所得和其他所得	纳税人产生或得自香港的雇佣所得，包括退休金、假期工资、股份等	工作收入征收职业税，个人合法经营活动收入征收补充所得税，个人合法租金收入征收房屋税
适用税率	3%—45%七级超额累进（综合所得）、5%—35%五级超额累进（经营所得），其他项目20%的税率	2%—17%四级超额累进或15%标准税率	7%—12%六级超额累进（职业税）、12%比例税率（补充所得税）、16%比例税率（房屋税）

（续表）

对比项目	南沙区	香港	澳门
免征额	5000元人民币	11 000港元（2018/2019课税年度）	144 000澳门元（职业税65岁以上员工或符合条件的残疾人免税额增加至198 000澳门元）、600 000澳门元（补充所得税）
可扣除项目	儿童教育（每个儿童每年12 000元）、继续教育（学术教育期间每月400元）、主要医疗费用（自付超过15 000元的部分年最高限额60 000元）、按揭利息（每月1000元）、租金（大城市每月1200元，人口超过100万的城市每月1000元，人口不到100万的城市每月800元）、照顾老年人（每年24 000元）	赚取此类所得所需的费用、自学费用（年最高限额100 000港元）、慈善捐赠（不超过应税收入减去支出和扣除额和折旧免税额的35%）、折旧（使用机械或设备取得收入）、强制性公积金或其他职业退休计划（年最高限额18 000港元）、房屋贷款利息（终身限额为20年，年最高限额100 000港元）、老年寄宿护理费用（年最高限额100 000港元）、津贴扣除（已婚人士、单亲父母和各种受抚养人）	退休金或抚恤金、退伍金等收入，私人退休计划及基金受益人收入，法定的强制性社会福利或保障制度所作扣除的返还及退还医疗、药物或住院开支的津贴，家庭津贴、结婚津贴及出生津贴、房屋津贴、租屋津贴、危险津贴、死亡津贴、丧葬津贴和遗体运送津贴，与危险津贴有相同特性的法定附带报酬和合约规定的同类报酬（年最高限额30 000澳门元），交际费、错算补助员工职务的非金钱收益、交通费、日津贴及启程津贴给付的款项、解雇赔偿
个人所得税优惠政策	对在大湾区工作的境外高端人才和紧缺人才，其在珠三角九市缴纳的个人所得税已缴税额超过其按应纳税所得额的15%计算的税额部分，由珠三角九市人民政府给予财政补贴，该补贴免征个人所得税。已缴税额包括以下几项所得按个税法规定缴纳的个税额：工资、薪金所得；劳务报酬所得；稿酬所得；特许权使用费所得；经营所得；入选人才工程或人才项目获得的补贴性所得	在香港，利得税税率（企业所得税）为16.5%，薪俸税（个人所得税）率最高为15%，属全球最低之列。另外，已婚人士、拥有子女或供养父母等，都能额外获得相应的免税额。香港企业首200万港元的利得税税率仅8.25%，超出部分的应评税税率仅16.5%，同时，简单的税制之下，没有销售税、增值税、预扣税、消费税等多项税务负担	免税额并不固定。行政长官的年度施政报告可能会建议根据通胀及其他因素调整免征税额

（续表）

对比项目	南沙区	香港	澳门
高端人才和紧缺人才认定标准	1. 香港、澳门永久性居民，取得香港入境计划（优才、专业人士及企业家）的香港居民，台湾地区居民，外国国籍人士，或取得国外长期居留权的回国留学人员和海外华侨； 2. 在珠三角九市工作，且在此依法纳税； 3. 遵守法律法规、科研伦理和科研诚信； 4. 国家、省、市重大人才工程入选者，取得广东省“人才优粤卡”、外国人工作许可证（A类）或外国高端人才确认函的人才，以及国家、省、市认定的其他境外高层次人才； 5. 国家、省、市重大创新平台的科研团队成员，高等院校、科研机构、医院等相关机构中的科研技术团队成员，在我省重点发展产业、重点领域就业创业的技术技能骨干和优秀管理人才，以及珠三角九市认定的其他具有特殊专长的紧缺急需人才	优秀人才入境计划每年限额约为1000个，计划的基本要求包括： 1. 年龄：18至50岁； 2. 经济能力：证明留港期间，能自行负担自己和受养人，不需公共援助； 3. 良好品行：没有任何犯罪或不良记录； 4. 语文能力：良好中文（普通话或粤语）或英文能力； 5. 基本学历：良好的教育背景，备有文件证明的学士学位，良好的技术资格、经证明的专业能力或备有文件证明的有关经验和成就，亦可获考虑	暂无
执行期	2019年1月1日至2023年12月31日	2006年2月23日公布，2015年第二季度正式实施	—

资料来源：课题组整理

除了税收制度方面的差异和其带来的负面影响尤为明显以外，由于南沙和港澳地区目前的汇率体系以及跨境资本流动管理方面存在较大差异，港澳金融机构在包含南沙在内的珠三角地区的业务范围也受到部分限制，阻碍了资本流动。而在商品货物流通方面，南沙与香港、澳门的口岸检查机制、标准计量和质量认可也有相当大的差异，如香港作为自由港，除四类应税产品——酒类、烟草、碳氢油和甲醇以外，物流进口或出口的货物无需缴纳进口关税，也没有关税限制或附加费。此外，没有增值税或一般服务税。有必要建立起新的、统一的标准。

表2.4　南沙与港澳汇率制度对比

对比项目	南沙区	香港	澳门
制度名称	以市场供求为基础、参考一篮子货币进行调节、有管理的浮动汇率制度	联系汇率制度	固定汇率制度
运作机制	参照一篮子货币、根据市场供求关系进行浮动。这里的“一篮子货币”是指按照我国对外经济发展的实际情况，选择若干种主要货币，赋予相应的权重，组成一个货币篮子。同时，根据国内外经济金融形势，以市场供求为基础，参考一篮子货币计算人民币多边汇率指数的变化，对人民币汇率进行管理和调节，维护人民币汇率在合理均衡水平上的基本稳定	在联系汇率制下，香港存在两个平行的外汇市场，即由外汇基金与发钞银行因发钞关系而形成的同业现钞外汇市场，相应地，存在官方固定汇率和市场汇率两种平行汇率。利用银行在上述市场的套利活动，使市场汇率贴近官方固定汇率。 金管局提供兑换保证，承诺在7.75港元兑1美元的强方兑换保证水平，按银行要求卖出港元，并在7.85港元兑1美元的弱方兑换保证水平，按银行要求买入港元	1977年4月以后，澳门货币与葡萄牙货币埃斯库多脱钩，转而盯住港元。汇率固定为103澳门元兑100港元，港元与美元挂钩，因此澳门货币与美元间接挂钩

资料来源：课题组整理

（三）区域规划存在限制

总的来说，粤港澳大湾区内部的跨境基础设施尚不完善，区域空间一体化也存在较大问题。湾区内社会、经济资源分布不均，与湾区内部的交通特别是快速轨道交通设施不完善有一定关系。

粤港澳大湾区内跨珠江口联系通道较少，区内联系不紧密，经济向西辐射带动作用不明显。湾区内机场、港口功能重叠，没有统一协调，同质竞争激烈。在国土资源和环境保护方面缺乏科学规划，各自为政，土地利用和环境污染问题日益严峻，不同城市对一流企业和人才的吸引力差异较大。

从南沙与港澳两地合作层面来看，南沙区是广州市市辖区之一，隶属于广州市；香港和澳门分别为独立的特别行政区。三地属于三个独立的行政规划，南沙与港澳的地理位置并不毗邻，天然存在交通运输障碍，尽管“十三五”期间南沙政府重点围绕打造粤港澳大湾区“半小时交通圈”，大力推动综合交通运输体系建设，不断加大交通基础设施投入，推动南沙大桥、国际邮轮母港等投入使用，但与港澳两地的便捷交通基础设施尚在建设当中，广珠澳高铁在《南沙方案》发布之后近期才将规划建设提上日程，而广珠澳高铁建成通车后，南沙方能通过高铁直达港澳两地，地理联通任重而道远。

地理方面的限制进一步地阻碍了粤港澳大湾区内部劳动力和资本等生产要素的流动，即目前还没有形成统一的大市场，最终加大了金融服务、法律服务、科技创新、服务贸易、投资便利化、技术引进和人才工作与生活便利化等方面的障碍。

（四）地区利益协调困难

地区间展开合作往往会面临同质竞争带来的利益协调困难等问题，南沙与港澳的全面合作也不例外，而这一点尤其体现在港口竞争上。粤港澳大湾区水网密布，大大小小的港口码头林立，这是大湾区建设自由贸易组合港的优势。但若港口间同质竞争，则会大大削弱现有优势，影响粤港澳大湾区自由贸易组合港的竞争实力。总结现有港口恶性竞争，包括为扩大市场份额故意压低市场价格，或者盲目投资，导致港口间货物运输结构趋同，甚至造成区域局部供过于求的局面。此外，部分港口城市为了取得暂时收益，政府加大财政补贴和行政干预力度。这些竞争手段不仅不会提高港口的效益，反而会影响区域整体的竞争实力。

就粤港澳大湾区港口群现有功能来看，伴随深圳港、南沙港迅速崛起，香港的航运业务势必受到两者分流影响。香港曾经是粤港澳大湾区最重要的贸易中转站，绝大多数中国内陆腹地企业都会选择香港作为货物中转港口。但近年来，一方面香港装卸成本，包括人力成本、土地成本等高于内地港口；另一方面，深圳、广州港口发展迅速，两地对接内陆经济腹地成本低，对接更加顺畅。因此，香港港口竞争实力大大削弱，其基本航运业务被分流已成必然。据香港海事局统计，2012—2016年近5年时间里，香港海运货物总量有4年是负增长。按集装箱吞吐量统计，香港在全球排名也从2012年的第3位下降到2016年的第5位，2018年已被上海、宁波舟山、广州、深圳超越。2018年，五大港口中上海港已经超越新加坡港成为集装箱吞吐量、货物吞吐量第一大港，远超广州、深圳、香港集装箱吞吐量，货物吞吐量也超越广州港。与此同时，珠三角地区各港口的航运物流存在此消彼长的关系，自广东自贸区建设以来，停靠香港的内地远洋轮船数量和总吨位都呈现下跌趋势。2016年停靠香港的远洋轮船中，有9.2%（535艘）来自内地，同比下降4.5%；净注册吨位有4.68%（535.6万吨）来自内地，同比下降14.8%。广东地区打造自由度和香港接近的自由贸易港，短时间内停靠香港的内地船舶数量和总吨位将可能继续被广东各港口分流，香港的基本航运服务业将不可避免地受到冲击。究其原因，从成本上来看，香港相比临近的内地港口并不占优势，其装卸成本高于内地，人力资源、土地成本等更加高昂。货代公司如果要从东南亚地区运货至珠三角地区，在香港港中转的成本远远高于直接挂靠广州南沙港；另外，随着内地港口贸易通关环境的便利化，其对国际贸易商的吸引力也在逐渐加强，香港的集装箱处理量多年来并未停滞不前，而是内地对手的进步更快。

然而与香港港和澳门港相比，南沙港存在的短板明显：南沙港信息化程度仍然较低；南沙港的国际航线主要以亚洲、非洲为主，欧美航线不足；南沙港吞吐能力虽然逐年提升，但因装箱的货物都是家电、家具等低附加值产品，货值远远比不过以高新技术产业为主的香港港、澳门港和深圳港；南沙港作为一个新港区，拖车、船代、货代等相关配套设施仍有待完善，港区航运市场还不够繁荣；保税燃油供应是南沙港建设国际航运枢纽的关键要素之一，而目前航运中心为国际航行的船舶提供免税油品供应是国际通行惯例，燃油供应是各班轮公司考虑是否挂港和装卸箱数目的重要参考因素，珠三角一些班轮公司为了能够得到及时的保税油补给，只能优先选择挂靠香港港、深圳港等港口；最后，南沙港作为广州冲刺国际航运枢纽的重要载体，与自由贸易港香港、新加坡相比，缺乏国际贸易和现代航运服务业人才。不过，竞争只是一面的。“基于各自的优势，分工协作做大做强”正在成为南沙港与其他港口之间的共识。

提高质量、加强创新是南沙深化面向世界的粤港澳全面合作的重要时代使命。另外，产业同质化现象成为粤港澳大湾区发展瓶颈，在此情况下，需要考虑的方向是产业链之间的整合。

三、与横琴、前海两个合作区体制机制的对比

（一）南沙背靠更大的经济纵深，但与港澳地理距离不占优势

前海合作区位于深圳西部蛇口半岛的西侧、珠江口的东岸，紧临香港国际机场和深圳机场两大空港。前海具有良好的海陆空交通条件和突出的综合交通优势，在粤港澳区域内具有重要战略地位。

横琴新区位于珠海市南部，珠江口西侧，毗邻港澳，与珠海西区一衣带水；东与澳门一桥相通，最近处相距不足200米，距香港41海里，处于“一国两制”的交汇点和“内外辐射”的结合部。横琴周边有香港、澳门、广州、深圳四大国际

机场和珠海、佛山两个国内机场，地理位置极为优越。

南沙区是区域性水、陆交通枢纽，水上运输通过珠江水系和珠江口通往国内外各大港口，海上距香港38海里，距澳门41海里，地处珠三角核心地带。区内有几大交通大轴线纵横贯穿，包括区内深水码头南沙港、中国三大造船基地之一的中船龙穴造船基地和广东省首个通过国家正式验收的保税港区广州南沙保税港区，广深港高速铁路、京港澳高速公路、广州地铁四号线等交通大轴线纵横贯穿。航空方面，周围有广州白云国际机场、香港国际机场、澳门国际机场等。

南沙合作区具有腹地优势，能够依托广州国家中心城市综合优势，联通港澳，服务内地。与前海合作区、横琴合作区相比，虽然南沙合作区没有直接毗邻港澳，但是其处于粤港澳大湾区城市群的几何中心，处于广佛经济圈和珠三角西翼城市通向海洋的必由之路；方圆100千米内覆盖整个珠三角城市群，是连接珠三角两岸城市群的枢纽性节点。统计资料显示，广东省集装箱生成量的95%以上集中在珠三角地区。世界上十分之一的消费品都在这里制造、加工。因此，珠三角拥有“世界制造中心”的美称。南沙距离广州市区70千米，距深圳、佛山、中山、东莞等大中城市制造基地不超过60千米，具有丰富的货源支撑，与货源生成地的加权平均经济距离最小，运输费用占有极大优势。

（二）空间优势明显，发展潜力更大

2021年，前海合作区总面积由14.92平方千米扩展至120.56平方千米，进一步扩展发展空间，面积是最初的8倍。现在包括蛇口及大小南山片区22.89平方千米；会展新城及海洋新城片区29.36平方千米；机场及周边片区30.07平方千米；宝安中心区及大铲湾片区23.32平方千米。前海合作区拥有大小南山、68千米海岸线、27条入海河道、4处红树林湿地、3个岛屿的生态资源；同时，前海还将拥有1个国际机场、2个铁路站、7个港口码头、5个对外开放口岸、1条城际、7条轨道交通线、4条高快速路、1条跨境通道交通资源。“扩区”后的前海，具备了空港枢纽、海港枢纽、会展商务、现代服务等国际湾区核心发展要素。

横琴粤澳深度合作区位于珠海市香洲区横琴岛，横琴岛属中国广东省珠海市横琴新区管辖，东邻澳门，为珠海市最大岛屿。横琴岛南北长8.6千米，东西宽7千米，海岛岸线长76千米，全部开发后将达106.46平方千米，是珠海市146个海岛中最大的岛屿，是澳门现有面积的3倍。

《南沙方案》实施范围为广州市南沙区全域，总面积约803平方千米，自由贸

易试验区广州南沙新区片区总面积60平方千米（含广州南沙保税港区7.06平方千米），共7个区块，分为中心板块、海港板块、庆盛板块三大板块。按照以点带面、循序渐进的建设时序，以中国（广东）自由贸易试验区南沙片区的南沙湾、庆盛枢纽、南沙枢纽3个区块作为先行启动区，总面积约23平方千米。

南沙区能够缓解港澳土地压力，因空间更大而具有更大竞争力。南沙区的地理面积约为前海深港合作区（扩容后）或横琴粤澳合作区面积的7倍，虽然方案中规划的先行启动区为总面积约23平方千米的南沙湾、庆盛枢纽、南沙枢纽3个区块，但以点带面、循序渐进的建设时序，无疑强化了南沙区的潜力空间，展现了富有想象力的发展空间和前景。南沙有空间优势，腹地广阔，可以在更大范围内布局现代产业、合作平台，可以支撑港澳发展先进制造等实体经济。南沙有港口等基础设施，可以作为“一带一路”建设的保障服务基地。南沙还有高端开放平台，如国际金融论坛，已经形成了一定的国际影响力。前海重点在于与港澳进行现代服务业的合作，横琴重点是支持澳门发展四类产业，并作为澳门产业、生活的可拓展空间。南沙则是面向世界的开放平台，是中国的南沙、世界的南沙，其重点在于如何做好高水平开放的文章，特别是在规则衔接、机制对接方面，如何培育形成一个代表中国最高开放水平的国际合作平台。

（三）南沙产业更加多元，优势产业不突出

前海合作区以金融业为重点，打造现代服务业产业集聚地。前海已成为全国最大的类金融机构集聚地，2020年底，累计注册金融企业44 060家，占前海自贸合作区企业总数的29.14%，金融业注册企业增加值占比达56.27%。稳步推进国际高端航运服务中心建设，西部港区优化资源配置推动产业升级，全面提升国际中转、高端航运服务及国际供应链管理等综合服务能力，建成华南地区唯一集“海、陆、空、铁”于一体的现代化国际邮轮母港。注册科技型企业23 644家，占前海自贸合作区企业总数的15.63%。金融、现代物流、信息服务、科技和专业服务四大主导产业增加值占全区的85.69%。

横琴合作区聚焦特色产业，推动科技创新、特色金融、医疗健康、跨境商贸、文旅会展、专业服务六大产业集聚发展。积极参与广深港澳科技创新走廊建设，与中国科学院合作共建先进智能计算平台，设立了澳门4所国家重点实验室横琴分部，累计设立高新技术企业319家、省级创新平台22个，189家医药企业入驻粤澳合作中医药科技产业园。20家澳门跨境金融机构入驻,实有金融和类金融企业

5620家，备案私募基金1373只，管理基金规模4021.89亿元。《横琴国际休闲旅游岛建设方案》获批，长隆国际海洋度假区累计接待游客超过8000万人次。

南沙合作区坚持创新驱动，推动先进制造业与现代服务业融合发展。积极推动汽车、半导体及先进装备制造业加速发展，集聚发展IAB（新一代信息技术、人工智能、生物医药）、NEM（新能源、新材料）等战略性新兴产业，累计设立高新技术企业475家，集聚200多家人工智能企业。金融和类金融机构稳步增加，落户金融和类金融企业6587家。国际航运枢纽功能持续提升，2020年累计开通114条国际班轮航线，南沙港集装箱吞吐量1721.68万标箱。商品车吞吐量达到116万辆，位列全国第二大平行汽车进口口岸。全国最大国际邮轮母港开港运营，邮轮出入境旅客量居全国第三。

南沙产业发展处于初级阶段，未来发展潜力巨大；前海合作区已经实现扩区，利用香港资源，金融业、服务业发展形成规模；横琴开发也开始初具雏形，依托澳门旅游业快速发展。南沙由于起步较晚，尚处于发展初期，工业和农业仍然占有较大比重，尚未形成突出领先的优势产业。南沙产业发展的优势是产业多元化布局，综合各重点功能片区资源禀赋、区位优势和产业基础，科学确定主体功能定位，明确主导产业和发展重点，形成横向错位发展、纵向分工协作的联动发展格局。突出抓好重点功能片区开发建设，打造各具特色、多点支撑、协同发展的高质量发展动力源和增长极，未来可期。

表 2.5　南沙各区块产业发展布局

区块	发展定位	重点发展产业
明珠湾起步区区块	金融商务发展试验区	重点发展总部经济、金融商务、科技创新等高端服务业
蕉门河中心区区块	境外投资综合服务区	重点发展商业服务产业、外贸新业态、中小企业总部等
海港区块	国际航运发展合作区	重点发展航运物流、保税仓储、大宗商品交易等产业
南沙湾区块	国际科技创新合作区	重点发展科技创新、文化创意、商务会展、邮轮游艇经济等产业
万顷沙保税港加工制造业区块	综合保税加工区和先进制造业发展引领区	重点发展智能装备、高端装备、新能源汽车、新一代信息技术等产业
庆盛枢纽区块	人工智能产业集聚区、现代服务业国际合作区	重点发展人工智能、资讯科技、自动驾驶研发等战略性新兴产业
南沙枢纽区块	粤港澳融合发展试验区	重点发展资讯科技、金融服务、科技成果转化、专业服务等产业

（续表）

区块	发展定位	重点发展产业
大岗先进制造业基地片区	粤港澳大湾区先进制造业基地	重点发展船舶及海洋工程装备、高端航空装备制造业、智能装备、节能环保等产业
广佛高质量发展融合试验区	自贸服务业与先进制造业融合发展示范区	重点发展智能制造装备、新能源装备、节能环保装备、智能家居制造、机器人制造等先进制造业，促进先进制造与自由贸易融合发展
黄阁汽车城片区	黄阁汽车城片区	重点发展汽车智能制造、汽车创新研发
龙穴岛北部片区	大科学装置集聚区	聚焦海洋、能源、空天、信息和生物等领域布局一批具有国际领先水平的重大科技基础设施
明珠科学园	粤港澳大湾区国际科创中心核心区	推动中国科学院各类创新机构、高端创新平台集聚，建成空间布局相对集中、科研资源共建共享、学科领域交叉融合、科研人才高度集聚的科教融合新城
万顷沙南部片区	国家健康旅游示范基地核心区	重点发展精准医疗、旅游休闲、都市农业等产业

资料来源：南沙政府网

（四）战略定位更加丰富，建设任务层次鲜明

《全面深化前海深港现代服务业合作区改革开放方案》（以下简称《前海方案》）主要聚焦“扩区”和“改革开放”两个重点，围绕现代服务业这一香港的优势产业，支持香港和深圳在前海深化合作，携手打造全面深化改革创新试验平台和高水平对外开放门户枢纽，为香港的经济发展进步拓展空间，也为深圳乃至内地的改革开放积累经验。

《横琴粤澳深度合作区建设总体方案》（以下简称《横琴方案》）主要围绕促进澳门经济适度多元发展的“初心”，立足服务澳门、推动琴澳一体化发展进行谋划设计，其战略定位主要有四个方面：一是促进澳门经济适度多元的新平台，二是便利澳门居民生活就业的新空间，三是丰富“一国两制”实践的新示范，四是推动粤港澳大湾区建设的新高地。

《南沙方案》突出“粤港澳全面合作”和“面向世界”这两个关键，特别强调与港澳协同，共同扩大对外开放。全面合作，指的是合作领域是全面的，包括产业、科创、生态、海洋、社会、文化等。面向世界，指的是合作对象不仅仅是港澳，还包括通过港澳扩展到世界其他国家，优先向港澳开放，取得经验之后，

再逐步向世界开放，既包括“引进来”，又包括“走出去”。这是由国际国内发展形势和南沙发展的基础共同作用的结果。

表2.6　三大合作区方案发展目标和主要任务对比

方案	发展目标	主要任务
《前海方案》	到2025年，建立健全更高层次的开放型经济新体制，初步形成具有全球竞争力的营商环境，高端要素集聚、辐射作用突出的现代服务业蓬勃发展，多轮驱动的创新体系成效突出，对粤港澳大湾区发展的引擎作用日益彰显。到2035年，高水平对外开放体制机制更加完善，营商环境达到世界一流水平，建立健全与港澳产业协同联动、市场互联互通、创新驱动支撑的发展模式，建成全球资源配置能力强、创新策源能力强、协同发展带动能力强的高质量发展引擎，改革创新经验得到广泛推广	打造全面深化改革创新试验平台 建设高水平对外开放门户枢纽
《横琴方案》	到2024年澳门回归祖国25周年时，粤澳共商共建共管共享体制机制运作顺畅，创新要素明显集聚，特色产业加快发展，公共服务和社会保障体系与澳门有序衔接，在合作区居住、就业的澳门居民大幅增加，琴澳一体化发展格局初步建立，促进澳门经济适度多元发展的支撑作用初步显现。到2029年澳门回归祖国30周年时，合作区与澳门经济高度协同、规则深度衔接的制度体系全面确立，各类要素跨境流动高效便捷，特色产业发展形成规模，公共服务和社会保障体系更加完善，琴澳一体化发展水平进一步提升，促进澳门经济适度多元发展取得显著成效。到2035年，“一国两制”强大生命力和优越性全面彰显，合作区经济实力和科技竞争力大幅提升，公共服务和社会保障体系高效运转，琴澳一体化发展体制机制更加完善，促进澳门经济适度多元发展的目标基本实现	发展促进澳门经济适度多元的新产业 建设便利澳门居民生活就业的新家园 构建与澳门一体化高水平开放的新体系 健全粤澳共商共建共管共享的新体制
《南沙方案》	到2025年，南沙粤港澳联合科技创新体制机制更加完善，产业合作不断深化，区域创新和产业转化体系初步构建；青年创业就业合作水平进一步提升，教育、医疗等优质公共资源加速集聚，成为港澳青年安居乐业的新家园；市场化法治化国际化营商环境基本形成，携手参与“一带一路”建设取得明显成效；绿色智慧节能低碳的园区建设运营模式基本确立，先行启动区建设取得重大进展。到2035年，南沙区域创新和产业转化体系更趋成熟，国际科技成果转移转化能力明显提升；生产生活环境日臻完善，公共服务达到世界先进水平，区域内港澳居民数量显著提升；国际一流的营商环境进一步完善，在粤港澳大湾区参与国际合作竞争中发挥引领作用，携手港澳建成高水平对外开放门户，成为粤港澳全面合作的重要平台	建设科技创新产业合作基地 创建青年创业就业合作平台 共建高水平对外开放门户 打造规则衔接机制对接高地 建立高质量城市发展标杆

南沙战略定位高于前海、横琴。横琴侧重于服务澳门，建设粤澳深度合作区，促进澳门产业多元化发展，拓展生活空间；前海着眼于支持香港，与香港现代服务业结合，利用香港的资源优势，并提供更多的发展空间；南沙是在协同港澳的同时，还提出了面向世界的要求，南沙的发展格局不仅仅局限于粤港澳，将会提升到世界层面。因此，南沙的站位更高，未来会成为粤港澳大湾区的中心，面向世界的重大战略性平台。

（五）与港澳合作处于起步阶段，与横琴、前海相比有差距

1. 前海深港合作取得丰富成果

实际使用港资占深圳总量近半。推动全国首家深港澳联营税务师事务所落户前海，累计实现香港注册建筑师、澳门核数师等14类港澳人才仅需备案即可执业，382人完成执业登记备案；加快深港产业融合，支持香港金融、会展、现代海洋、科技服务、数字创意等优势产业在前海发展，比照内企上浮20%享受扶持，并建设“两城六区一园一场六镇双港”，为港人港企融入大湾区提供空间；促进青年交往交融，实施前海港澳青年招聘计划，累计发布1362个岗位；建设前海深港青年梦工场、港澳台侨青年创新创业促进中心等平台，拓展青年创业空间至12万平方米，累计孵化创业团队共计549个，其中港澳台团队286个；深圳海关牵头打造粤港澳大湾区组合港，组合港航线达10条，进出口物流时长由过去5—7天压缩至2天，节省企业物流成本超30%；深化“六个跨境”改革，自由贸易账户落地以来，资金流动超过1314亿元，九成以上流向香港。

制度创新成果累计达685项。前海推动实施粤港澳新型研发机构支持计划，吸引了思谋科技、涂鸦科技、小马智行等一批创新型企业落户前海，新兴产业注册企业累计达3.15万家；“双15%”税收优惠政策延期，预计全年新增受惠企业1.2万户，减免税款增加约5亿元。

营商环境已接近世界一流水平。深圳市税务局发布《关于支持前海建设发展若干创新举措》，拟推出10项举措，突出粤港澳税收服务合作与服务能力提升，探索区块链技术在前海数据共享等领域运用建立，以及在精准跨境税务监管机制建设等领域不断开展机制创新；前海管理局还与香港中国企业协会、香港中华出入口商会、全港各区工商联签订合作备忘录，拟在金融、航运、贸易、科技、青年交流及专业服务等领域开展战略合作，拓宽对港招商引资渠道，进一步激发商协会融入国家发展大局的主动性和积极性，助力前海企业走向国际市场。至此，

前海基本实现港澳主要工商协会对接联通全覆盖。

2. 横琴粤澳合作取得突破性成就

共商共建共管共享新体制已建立并运行良好，“1+1+1+N”政策框架体系稳步构建。一项项配套政策在扎实地推动、落地，特别是个人所得税15%优惠政策，已于2021年1月1日开始实施，境内外高端人才和紧缺人才清单及管理办法等配套政策正抓紧制定；鼓励类产业目录、企业所得税优惠目录、放宽市场准入特别措施等重点政策制定顺利推进。“分线管理”政策即货物“一线”放开、“二线”管住，人员进出高度便利，目前正全力配合海关总署制定政策实施细则，加快建设“一线”口岸和“二线”通关基础设施，力争年底具备封关运作条件。

重大产业科技项目渐次布局。粤澳半导体基金项目、空客直升机中国总部项目、横琴中药新药技术创新中心等首批13个重点项目集中签约落户，形成合作区加快建设的示范效应。合作区推出商事登记跨境通办服务，澳门企业足不出户即可落户合作区，自揭牌以来新设立澳资企业253家，实有澳资企业4771家，澳资企业参与合作区建设热情高涨。合作区拥有各类国家级、省级科技创新平台达20家。

社会民生领域加快融合。“澳门新街坊”项目加快建设，可为澳门居民提供4000套住房。截至2021年底，合作区登记就业的澳门居民有503人，同比增长114%。全国首个港澳建筑工程和专业人士跨境备案系统正式启用，累计63家港澳企业和324名专业人士获跨境执业资格。澳门居民累计办理居住证8679人、购置各类物业7426套、签订门诊统筹424名，全年超5.3万人次澳门居民在横琴就医；澳门机动车入出横琴合作区配额总量增加至1万台；优质教育资源不断投入使用，新增各类学位4100个。

3. 南沙粤港澳合作成效初现

广州南沙正加快香港科技大学（广州）建设，目前一期工程核心建筑和配套建筑55栋主体结构已经投入使用，二期规划建设工程正在加速推进。加快港式国际化社区规划建设，在港式国际化社区内布局港人子弟学校、境外来粤居民办事中心、粤港澳双创产业园等港澳元素项目，为香港青年人提供“港人熟悉、国际一流”的国际化城市空间环境。加快“创享湾”青创基地建设，将其打造成为港澳青年湾区交流交往的新平台、创新创业的首选地、全面融入国家发展的始发站。

此外，广州南沙率先实现与港澳在工程建设管理、专业资格认可、法律仲裁服务等领域规则衔接，落户港澳企业近3000家、世界500强企业投资项目220多个。打造优质生活圈方面，出台最具竞争力的产业、人才和住房政策体系，创新创业成本优势明显，“创享湾”等平台集聚了300多个港澳青创团队。

与此同时，广州南沙还同步推进招商引资、营商环境、科技创新、金融合作、港澳青年创新创业、港澳便利政策等方面的工作，确保广州南沙粤港澳全面合作工作进一步走深做实。

在广东自贸区三城中，南沙起步最晚。虽然有开发区的底子，早在2012年已获批“国家级新区”，但一名熟悉珠三角地区招商引资情况的人士评价，相比前海与横琴，南沙的吸引力一般，基础配套暂时跟不上。从目前来看，相比前海与横琴两个片区，南沙区虽然并无先行优势，但是后劲潜力十足。就未来而言，南沙依托广州这个省会城市的经济体——经济总量大、市场化程度高、面积最大，从人流、物流、资金流等方面，都具备更丰富的硬件与软件条件，在粤港澳大湾区的风口下，南沙正迎来新的发展光景。

（六）对外开放程度更高，独具面向世界的发展使命

横琴合作区着力构建与澳门一体化高水平开放的新体系，实现货物“一线”放开，“二线”管住。除国家法律、行政法规明确规定不予免（保）税的货物及物品外，其他货物及物品免（保）税进入，人员进出高度便利，创新跨境金融管理，建立高度便利的市场准入制度，促进国际互联网数据跨境安全有序流动，实现与澳门人流、物流、资金流、信息流等高效便捷流动。从以前的“一线”放宽到现在的“一线”放开，横琴的对外开放水平有了进一步提升，有利于构建与澳门一体化高水平开放的新体系。

前海合作区聚焦深港合作，坚持依托香港、服务内地、面向世界。前海充分释放“扩区”的强大规模效应、乘数效应，努力打造“双区”建设“新引擎”，立足各片区资源禀赋、发展条件，进一步优化产业空间、重点平台、重大项目布局，全面提升前海发展能级，加快打造国际化城市新中心，聚焦改革开放，加快建设全面深化改革创新试验平台和高水平对外开放门户枢纽，努力打造引领制度创新的“策源地”，提供世界一流水平的营商环境，建设我国金融业对外开放试验示范窗口、世界服务贸易重要基地和国际性枢纽港。

南沙加快建设高水平对外开放门户和规则衔接机制对接高地，共建高水平对外开放门户。到2025年，市场化法治化国际化营商环境将基本形成，携手参与

"一带一路"建设取得明显成效。到2035年，国际一流的营商环境将进一步完善，在粤港澳大湾区参与国际合作竞争中发挥引领作用，携手港澳建成高水平对外开放门户，成为粤港澳全面合作的重要平台。

南沙对外开放水平更高，对外开放领域更加全面。横琴与前海对外开放的着力点主要在港澳两地，《南沙方案》的发布为南沙对外开放打开新的篇章。南沙区将唯新、唯实、唯精，携手港澳，深入对接"一带一路"沿线国家和地区发展需要，深化对外经贸合作，助力企业参与国际产业链合作，完善外经贸政策服务体系；高水平建设南沙综合保税区、国家进口贸易促进创新示范区，加强与全球主要自贸区、国际港口、商协会和国际性组织的务实交流，搭建国际经贸合作平台；加快南沙港区四期工程等重大项目建设，打造规模大、种类全的综合性港区，深化航运物流、金融等领域合作，推动大湾区内航运服务资源跨境跨区域整合，全面构建多式联运体系；同时也将围绕构建新发展格局，着眼国内国际两个市场、两种资源，积极融入国际市场，实现高质量"引进来"和高水平"走出去"，推动内联外通。

（七）政策优惠各具特色，总体力度基本持平

1. 企业所得税

《横琴方案》给予在横琴粤澳深度合作区内设立的企业全面的企业所得税优惠政策，包括对设在合作区符合条件的产业企业减按15%的税率征收企业所得税、对在合作区设立的特定鼓励产业企业新增境外直接投资取得的所得免征企业所得税、固定资产加速折旧等政策。实施范围在横琴合作区全域，优惠产业目录包含9大类150项。

2021年5月下发的《关于延续深圳前海深港现代服务业合作区企业所得税优惠政策的通知》对设在前海深港现代服务业合作区的符合条件的企业减按15%的税率征收企业所得税，对现代服务业的产业优惠目录进行了一定的扩展，优惠产业目录包含5大类30项，实施范围仅限于由双界河、月亮湾大道、保安大道和西部岸线合围而成的14.92平方千米，暂不适用于《前海方案》所确定的扩区区域。

《南沙方案》提及两项优惠政策，一是对在南沙3个先行启动区（包括南沙湾、庆盛枢纽和南沙枢纽，总面积约23平方千米）内设立的鼓励类产业企业减按15%的税率征收企业所得税；二是对南沙全区有关高新技术重点行业企业进一步延长亏损结转年限。优惠产业目录包含8大类140项，不仅涵盖了《南沙方案》中提

及的重点产业领域，衔接了《南沙方案》的方向并进一步予以细化，同时还加入了生物医药、新能源与新材料两大类重点产业发展方向，具体政策红利覆盖面相应扩展。

企业所得税三大合作区优惠基本一致，针对具体发展产业的优惠产业目录有所区别。横琴粤澳合作区的企业所得税优惠政策适用区域大、优惠政策全面，相关政策可看齐海南自贸港；前海深港合作区仍主要延续以往针对现代服务业15%的优惠税率，且优惠税率适用的区域范围尚未扩大到整个合作区；南沙的企业所得税主要是对先行启动区符合条件的鼓励类产业企业减按15%的税率征收企业所得税。

2. 个人所得税

个人所得税优惠力度从前海、横琴到南沙逐步增大。前海合作区对境外高端和紧缺人才，免征其个人所得税税负超过15%的部分。南沙合作区与横琴合作区的个人所得税政策优惠基本一致，在对境外高端和紧缺人才免征其个人所得税税负超过15%的部分的基础上，横琴合作区对澳门居民免征其个人所得税税负超过澳门税负的部分，南沙合作区则是进一步将上述优惠也适用于香港居民。相比之下，南沙的个人所得税优惠力度更大。总体来看，南沙对香港居民的吸引力更大，这也提高了南沙在引进香港人才方面的竞争力，拉近与前海合作区的差距。

3. 融资便利性

南沙在融资便利性方面有独特的优势。立足南沙快速发展支出需求，为高质量建设南沙提供资金保障。为支持南沙加快建设发展，财政部2022—2024年每年安排南沙100亿元新增地方政府债务限额，重点围绕南沙五大建设任务，选择预期收益和发展前景好、具有较大示范带动效应的重大项目予以支持。同时，结合地方财力、债务风险情况以及项目融资需求，广东省在分配有关财政资金和新增地方政府债券额度方面对南沙予以倾斜支持，相关资金用于南沙基础设施和公共服务设施建设。

总体来看，南沙起步较晚，但其有前海和横琴的发展经验，且国家给予了南沙相对更大的财税优惠，即在前海和横琴的基础上，结合南沙自身状况，进一步提升优惠力度，但是整体优惠程度持平。税收优惠落地，将有利于企业的引入，企业的引入将会促进人口的流入以及提供更多的就业岗位，弥补南沙产业、人口不足等短板，使其追平与横琴、前海的差距。南沙未来仍需扩大税收优惠覆盖范围，进一步发挥空间优势，增强整体竞争力。

第三章

合作重点任务 I：建设科技创新产业合作基地

一、强化粤港澳科技联合创新

（一）联合科创

《南沙方案》的提出，推动粤港澳科研机构联合组织实施一批科技创新项目，共同开展关键核心技术攻关，强化基础研究、应用研发及产业化的联动发展，完善知识产权信息公共服务。结合目前南沙参与粤港澳联合科创情况，提出以下重点建设任务：

1. 推动粤港澳科研机构联合组织实施一批科技创新项目

大力发挥好香港科技大学霍英东研究院、粤港澳院士专家创新创业联盟作用，加强与港澳在新一代信息技术、人工智能、生命健康、海洋科技、新材料等科技前沿领域合作。加快建设香港科技大学（广州）、南沙科学城和庆盛科技创新产业基地，推动重大科技设施共享使用，与港澳共建创新发展示范区。加快引进港澳国际一流高校、科研机构，在南沙联合实施一批投资额大、产业关联度高、带动力强的科技创新项目，跨部门协作制定粤港澳联合科创重点项目清单。建立健全重大战略重大规划重要举措的项目转化机制，合理安排联合科创项目建设时序，分年实施推动，形成“投产一批、建设一批、开工一批、储备一批”的粤港澳联合科创滚动发展格局。集中优势资源并向粤港澳重点科创项目倾斜，推动“资金和要素跟着项目走”，在审批服务、筹建服务、政策兑现服务、资金安排、用地、用林、用海和环境容量等方面优先保障。支持举办粤港澳科创大赛，集聚一批科创人才，吸引科创人才、团队和项目落地南沙。

目前，南沙联合香港科技大学、中国科学院、国家超算广州中心南沙分中心等粤港澳科研机构联合开展了一批科技创新项目，包括冷泉生态系统观测与模拟大科学装置、智能化动态宽域高超声速风洞、极端海洋动态过程多尺度自主观测科考等重大科创项目。此外，南沙已连续八年举办香港科大百万奖金（国际）创业大赛广州赛，从创赛中脱颖而出的超百个粤港澳联合项目已落地南沙。但是，现有联合科创项目主要由粤港联合开展，澳门的参与度较低。其中，粤港联合科创项目主要由香港科技大学牵头。

2. 推进粤港澳科研机构共同开展关键核心技术攻关

把原始创新能力提升摆在粤港澳联合科创更加突出的位置，落实新型举国体制和科技强国行动纲要，鼓励粤港澳科研机构联合参与国家战略性科学计划和科学工程，支持新一代信息技术、智能网联新能源汽车、生物医药与健康、海洋经济、航空航天等关键领域核心技术研发，创造更多“从0到1”原创成果。瞄准先进制造、海洋生物、生命健康等产业主攻方向和新兴前沿领域，推动港澳国际一流高校、科研机构与在粤科研机构联合建设一批运行机制灵活、研发活动自主、创新要素集成的新型研发机构，实施一批重大关键技术攻关及产业化项目。加快建设产业技术创新重大平台，推动建设南沙科学城、明珠科学院、南方海洋科学与工程广东省实验室（广州）等高端创新平台，谋划新建国家级和省级技术创新中心、产业创新中心、制造业创新中心等重大创新平台，超前谋划布局影响未来格局的创新活动，攻克转化一批产业前沿和共性关键技术。加快突破人工智能关键核心技术，建成新一代信息技术和人工智能产业创新策源地。积极落实《广州南沙新区支持科技创新的十条措施》，加快完善《广州南沙新区支持科技创新的十条措施实施细则》（公开征求意见稿），为粤港澳共同开展原始创新、技术攻关提供全方位支撑。

目前南沙主要与香港共同开展关键核心技术攻关，依托香港科技大学（广州）、南方海洋科学与工程广东省实验室（广州）、粤港澳大湾区精准医学研究院（广州）等机构在香港的兄弟科研机构，致力于解决海洋科技、生物科技等领域的关键技术“卡脖子”问题。此外，南沙每年安排1亿元对区内各类创新主体开展核心关键技术攻关、产业共性技术研发、企业技术难题揭榜等研发活动给予专项支持。但是，现阶段粤港澳科研机构在南沙共同开展的关键核心技术攻关项目无论在数量上还是在质量上仍有较大提升空间。

结合《南沙方案》、南沙“十四五”规划和南沙产业发展现状，关键核心技术及其攻关方向如下表：

表3.1　关键核心技术及其攻关方向

关键核心技术	攻关方向
关键海区地声特征及其与水声作用机制	聚焦“海底地声特征及其对水声传播的影响”基础科学问题，以南海西北部陆架重点水声应用海域为关键海区，研究建立海底宽频地声信息获取方法，探明海底地声特征并建立数据库，建立适用于关键海区的宽频分层地声模型，揭示地声特征对水声传播的作用机理，创建海底地声参数—水声耦合模型，研究地声—水声信息联合观测方法，构建观测系统并示范应用
海洋生物与生态研究	聚焦海洋生态文明建设和海洋命运共同体构建国家战略，面向海洋生物多样性学科发展国际前沿，针对海洋生物多样性保护、海洋污染防治和海洋资源开发利用等国家需求，开展海洋生物多样性演变与濒危物种保护、物种适应演化与濒危机理、全球变化及人类干扰下海洋生物适应—响应机理和海洋生物资源研究开发等相关研究，推动南海海洋国家公园建立和国际生物多样性履约，推进海洋生物资源相关食品、医药产业发展，服务于南海生态安全、生物多样性保护与可持续利用

（续表）

关键核心技术	攻关方向
天然气水合物勘查开发	攻克高精度勘查和原位探测技术及矿体精细刻画和甜点识别技术，提升水合物勘查能力和效率；攻克高效开发模拟技术，建立不同赋存条件下的水合物资源开发工程方案的理论指导；攻克高效、持续开发技术与装备，实现水合物储层开发过程中“精确钻进、有效改造、合理防砂、高效举升”；攻克“大气、海水、海底、井下”四位一体智能化实时监测所需的先进设备，实现安全绿色开发
航空航天领域	重点开展空天科技及相关材料、结构、控制等领域或专业的技术研发、装备建设，着力推动空天飞行器产业化
智能无人系统领域	面向智能无人系统领域前沿科学技术，开展智能无人系统相关的基础科学研究、高技术攻关、关键部件研制、系统集成与测试、应用示范、成果转移转化、小批量试制及产业化等方面的研究，打造智能无人系统装备研发及产业发展高地
先进制造与自动化领域	基于云端管控系统的全流程混合制造产线智能管控服务平台和多产线智能管控系统，研究多任务生产、多回路耦合的智能调度决策与协同优化关键技术，通过跨域上下游装备的动态协同调控与智能联动运行，实现定制需求下的多产线、多产品的精益化管控制造
精准医学领域	围绕生命科学、基础医学、生物医学工程、公共卫生与预防医学等学科，开展精准医学、生物医药、生命健康相关基础研究、应用研究、关键共性技术研发、核心仪器部件研制、医疗器械研发、生物大数据研发应用、系统集成与软件开发、科研成果转移转化与产业化

3. 强化基础研究、应用研发及产业化的联动发展

推动形成以市场为导向、需求为引导、跨区域、跨主体的粤港澳科创联动发展体系，围绕南沙高新技术产业布局，对接国家基础研究重大布局，遴选技术特点强、社会效益高、展示效果好、成果可期待的企业技术需求，依托香港科技大学（广州）、南沙科学城、中国科学院明珠科学园等重大科技创新平台，促进粤港澳地区高校、科研院所、技术成果转化单位等技术资源与企业需求充分对接，解决重点产业企业发展“卡脖子”技术难题。推动粤港澳创新链与产业链融合发展，建立科研成果产业化机制，支持新产业新业态的发展。积极布局国家基础学科研究中心，打造成为大湾区基础研究原始创新策源地，集聚一批基础研究、应用研发及产业化联动发展的应用场景。深入开展源头创新，强化南沙区基础性、前沿性研究能力。加大财政基础研究投入，完善基础研究投入多元化机制，逐步提高基础研究经费支出占全社会研发经费支出比重。

目前南沙依托高新技术产业和区内科研院所，初步实现粤港澳基础研究、应用研发及产业化的联动发展。通过实施《广州南沙关于推动创新链产业链资金链人才链深度融合的若干措施》，南沙为粤港澳基础研究、应用研发及产业化的联

动发展提供了强而有力的扶持奖励。2022年8月17—19日，南沙举行粤港澳大湾区第一届量子科技与产业应用研讨会，协同开展量子关键核心技术攻关，为强化基础研究、应用研发及产业化的联动发展提供了一个交流平台。

4. 完善知识产权信息公共服务

健全知识产权运营服务体系，鼓励知识产权服务机构开展专利高端服务，推动形成国际通行的知识产权保护和纠纷处理机制，深化知识产权创造、运用、保护、管理、服务全链条，促进知识产权行政裁决、调解、仲裁、诉讼等纠纷解决途径的有效衔接。加强粤港澳知识产权交流，探索建立粤港澳大湾区知识产权案件跨境协作机制，加大与国际知识产权组织协作。

加强知识产权行政执法队伍建设，强化执法能力，完善行政执法程序的证据规则，降低维权难度，全面公开知识产权行政执法信息。

实行包容审慎监管，加快建设知识产权运营服务平台，加强知识产权服务品牌机构培育，完善知识产权综合保护体系，打造粤港澳大湾区知识产权服务高地。深入实施《广州南沙新区（自贸片区）知识产权促进和保护办法》，尽快出台相关政策落实“港澳知识产权专业人士通过特殊机制安排实现在规定区域内按照规定范围提供专业服务”。

南沙多措并举促知识产权高质量发展：推出“南沙知识产权工作80条”；设立“南沙知识产权综合服务大厅”，集聚商标受理、专利检索分析、香港知识产权问询等国家级、省级公共服务；建设粤港澳大湾区知识产权运营服务集聚平台，集聚15 000多项专利成果和50多家专业机构。近年来，南沙在知识产权信息发展上颇有建树，2021年南沙累计有效注册商标116 790件，对比“十三五”同期增长超20倍，质押融资年均增长160%，知识产权保险取得突破，知识产权金融和转移转化不断创新。截至2022年8月，南沙已公开发布《2021年南沙知识产权发展白皮书》《广州南沙新区（自贸片区）知识产权促进和保护办法》《广州市南沙区知识产权发展资金管理办法（试行）》等系列文件，完善知识产权信息公共服务。

（二）合作机制

《南沙方案》提出，创新科技合作机制，落实好支持科技创新进口税收政策，鼓励相关科研设备进口，允许港澳科研机构因科研、测试、认证检查所需的产品和样品免于办理强制性产品认证。结合目前南沙在港澳科技创新进口上的便利水平，提出以下重点建设任务：

1. 创新粤港澳科技合作机制

推动南沙深度融入粤港澳大湾区科技创新合作，高水平推进粤港深度合作园建设，加快打造粤港澳全面合作示范区，探索规划建设粤澳合作葡语国家产业园，打造粤港澳大湾区创新发展全球开放合作枢纽。

发挥高等院校、科研院所主力军和企业生力军作用，鼓励粤港澳科研协作创新，鼓励粤港澳高校、科研院所互设相应机构，支持粤港澳高水平研究型大学和科研院所共建杰出青年人才培养基地，组建研究团队，联合培养硕士和博士研究生，互派交流学者和访问学者，加强学术合作与交流，共享科研数据资源。

推进粤港澳协同实施重大科技专项，加强与港澳在新一代信息技术、人工智能、生命健康、海洋科技、新材料等高新技术前沿领域合作。

加快推动区财政科研资金跨境使用，推动区科技计划项目进一步向港澳开放，深化财政科研资金跨境使用，加快推动科研项目资金直接拨付至港澳两地牵头或参与单位，加强对跨境财政科研资金的使用监管。推动建立大湾区重大科研基础设施和大型科研仪器共享使用机制，争取更多国家重大科技基础设施落户南沙区。

协同港澳共建国家级科技成果孵化基地和科技企业孵化器，探索离岸双向孵化，推动科技人才跨境流动、科研资金跨境使用、创新成果跨境转化，集聚全球高端科技创新资源，发展离岸创新创业，打造“一带一路”科技合作“桥头堡”。

南沙已初步建立粤港澳科技合作机制。与相关单位顺利合作共建的广州南沙资讯科技园、粤港深度合作园、香港科技大学（广州）、广州市香港科大霍英东研究院等科技合作平台，集聚了一批高新技术产业企业和高端专家团队。粤港澳（国际）青年创新工场和“创汇谷”粤港澳青年文创社区两大港澳青年创新创业平台持续发展，持续接收入驻团队。以晶科电子为代表的一大批港澳优质企业扎根南沙，为南沙与港澳在产业化的深度合作奠定了良好的基础。但是，南沙构建的粤港澳科技合作机制主要为粤港合作，粤澳科技合作机制仍欠缺。

2. 推动科技创新通关便利

贯彻落实支持科技创新进口税收政策，依照《关于“十四五”期间支持科技创新进口税收政策的通知》《关于“十四五”期间支持科技创新进口税收政策管理办法的通知》和《关于核定“十四五”期间享受支持科技创新进口税收政策的科技类民办非企业单位性质社会研发机构名单的实施办法》建立政策跨部门协商工作机制，细化明确政策的具体操作规程，制定政策宣传解读方案。推动科研仪器设备和生物样品通关便利，简化科研设备、科研样本样品进出口等手续，对符合政策规定的科技研发设备入境免征关税并免于强制性产品认证。支持华南生物材料出入境公共服务平台设立南沙分平台，依法支持用于粤港澳合作研究的相关生物物质资源跨境到港澳使用。

南沙现根据《关于“十四五”期间支持科技创新进口税收政策的通知》《关于“十四五”期间支持科技创新进口税收政策管理办法的通知》和《关于核定“十四五”期间享受支持科技创新进口税收政策的科技类民办非企业单位性质社会研发机构名单的实施办法》提供科技创新通关便利。

（三）技术转移

《南沙方案》提出，加强华南（广州）技术转移中心、香港科技大学科创成果内地转移转化总部基地等项目建设，积极承接香港电子工程、计算机科学、海洋科学、人工智能和智慧城市等领域创新成果转移转化，建设华南科技成果转移转化高地。结合目前南沙参与粤港澳科创成果技术转移情况，提出以下重点建设任务：

1. 加强华南（广州）技术转移中心、香港科技大学科创成果内地转移转化总部基地等项目建设

大力支持华南（广州）技术转移中心做大做强，充分发挥华南（广州）技术转移中心作为粤港澳区域开放式公共创新平台的功能，建设面向国内外的技术交易服务体系。

从三方面加强华南（广州）技术转移中心建设，一是完善华转网线上总平台功能。搭筑孵化器运营赋能、高校科研机构成果托管、知识产权价值分析认定、科研仪器设备共享等九大服务平台，服务创新驱动与经济高质量发展，打造立足南沙、面向粤港澳大湾区、辐射华南的创新成果转移转化高地。二是持续提升科技成果转化服务水平。构建高质量线上与线下相结合、专业化、市场化的技术交易网络平台，建立以企业为主体的科技成果转化中试熟化基地。进一步扩大南沙区科研机构科技成果转移转化试点覆盖范围，深入挖掘分析企业技术需求，从技术重现性、成熟度、经济和社会效益等方面强化对技术成果的分析评估，利用创交会、精准对接会等平台促进供需双方精准对接。为粤港澳科技企业提供检验检测、研发支持、技术培训等全链条科技服务，为粤港澳大湾区发展提供科技服务支撑。鼓励华南（广州）技术转移中心利用香港创新成果库、澳门产学研配对计划对接平台等自主研发平台集聚一批粤港澳科技成果，服务粤港澳科技成果高质

量转移转化。三是构建技术转移转化生态系统。融合技术研发、科技金融、知识产权、检验检测、创业孵化等科技服务资源，构建技术转移转化生态系统，推动形成一批专业化、社会化的联合创新平台和技术资源库。配套出台科技成果转化的专项政策，细化完善合作模式和工作机制，培育发展平台经济、共享经济、体验经济等新业态，多措并举加快提升科技成果转移转化能力。

加快建设香港科技大学科创成果内地转移转化总部基地，推进与香港科技大学就该项目进行协商，加快建立跨部门协商工作机制，集中优势资源向香港科技大学科创成果内地转移转化总部基地建设倾斜，在审批服务、筹建服务、政策兑现服务、资金安排、用地和环境容量等方面优先保障。支持申报建设香港科技大学科技园。鼓励香港科技大学提高教师创新成果产业化的知识产权份额，探索给予相应政策支持和财政扶持。

南沙在华南（广州）技术转移中心建设和发展上取得较大进展。截至2022年5月，华南（广州）技术转移中心依托自主研发的“华转网”集聚了来自全球各地的4081名高端科研人才，提供针对企业技术需求的解决方案累计达1753项，共有1172项关键技术成果对接转化，实现技术交易额超过4亿元。

相比之下，香港科技大学科创成果内地转移转化总部基地建设进展缓慢，尚无明确的设计规划和实体建设，目前主要依托广州市香港科大霍英东研究院开展港澳科创成果在内地转化。香港科技大学（佛山）科技成果转化中心于2022年3月30日正式揭幕，且已有三批科创项目签约入驻。

2. 高质量建设华南科技成果转移转化高地

打造市场化科技成果转移转化区域高地。创建国家技术转移区域中心，以华南（广州）技术转移中心为科技成果转化主阵地，充分利用香港科技大学（广州）、香港科学园南沙孵化基地等科研资源，加强南沙科学城公共技术服务平台建设，引进和发展技术评估、质量检测等国际高端科技服务机构，推动国际技术交易市场建设，构建跨境科技成果转移转化生态系统。

推动高等院校、科研机构与企业加强联合，建设一批面向全球的国家级众创空间、孵化器、加速器、小试基地、中试基地等成果转化平台，培育发展一批技术转移机构和技术经理人，聚焦产业发展需求，推动更多粤港澳原始创新成果“从1到100”的成果产业化。

积极承接香港电子工程、计算机科学、海洋科学、人工智能和智慧城市等领域创新成果转移转化，依托华南（广州）技术转移中心、香港科技大学科创成果内地转移转化总部基地、香港科学园南沙孵化基地等平台积极推动香港科技大学技术成果落地大湾区内地城市，持续将一批技术含量高、有明确产业化前景的港澳科技型初创企业引入到南沙来。

建立和完善南沙—香港、南沙—澳门双向创新资源信息库，为港澳高校、科研机构的成果转移转化提供平台和服务。建设南沙科技成果转化基地，实行开放式的共建共享运行机制，多元联动推进周边高校、科研院所科技成果转化和产业化，建设集研究开发、中试生产、高新技术企业孵化和人才培养于一体的创新服务链条，推动海洋科技、空天科技、新一代信息技术、人工智能、生物医药、新材料、食品营养健康、智慧城市、高端装备制造、新能源等领域的高水平科技成果在南沙实现转化和产业化。加强华南（广州）技术转移中心建设。

完善科技成果转移转化服务体系。实施科技服务优化工程，强化政策引领，构建“政产学研金介用”的科技服务全链条，培育建设一批国家级和省级技术转移转化服务机构。壮大技术转移机构和技术经纪人队伍，深挖技术合同登记潜力，通过建立排行榜等方式提升数据知晓度和影响力，推动技术合同成交额稳步增长、量质齐升。

创新促进科技成果转移转化机制。健全科技成果转化政策，做好区内粤港澳科技成果转化的顶层设计。推动高校和科研院所建立健全科技成果转移转化管埋与激励制度，深化科技成果使用权、处置权和收益权改革，探索允许赋予科技人员职务科技成果所有权或长期使用权。推动高校和科研院所建立健全尽职免责制度和风险防控机制，进一步明确科技成果转化过程中尽职免责范围。

目前华南科技成果转移转化高地仍处于建设初期阶段，初步建成科技成果转移转化平台、服务体系和机制。作为科技成果转化主阵地的华南（广州）技术转移中心已实现高质高速发展，南沙科技成果转化基地、香港科学园南沙孵化基地、香港科技大学科创成果内地转移转化总部基地等平台正在建设中。现阶段南沙主要依托广州南沙科技成果转化联盟和广州南沙粤港澳科技创新团体标准服务平台，开展华南科技成果转移转化高地建设。广州南沙科技成果转化联盟由华南（广州）技术转移中心、粤港澳大湾区精准医学研究院（广州）、广州中国科学院工业技术研究院、广州市香港科大霍英东研究院、广州云从人工智能技术有限公司、广东医谷产业园投资管理股份有限公司等单位于2022年3月共同发起成立，旨在集聚整合优质资源、对接信息、促进科技成果转化。广州南沙粤港澳科技创新团体标准服务平台由南沙区市场监督管理局携手中国标准化研究院、广州市标准化研究院共同建设，通过粤港澳三地联合制定与发布的团体标准促进科技资源的标准化和协调性，推动联通粤港澳科技创新与成果转化。

（四）科技成果产权安排

《南沙方案》提出，开展赋予科研人员职务科技成果所有权或长期使用权试点。结合目前南沙科技成果产权安排，提出以下重点建设任务：

大力支持香港科技大学（广州）、中国科学院在南沙研究机构、南方海洋科学与工程广东省实验室（广州）等南沙区高等院校和科研机构向科技部等九部门申请赋予科研人员职务科技成果所有权或长期使用权试点，建立省、市、区多级协商工作机制，提供政策支持和财政奖励。健全赋予科研人员职务科技成果所有权或长期使用权试点的相关政策措施和法律法规，参考《赋予科研人员职务科技成果所有权或长期使用权试点实施方案》《关于减轻科研人员负担激发创新活力的若干措施》和40个试点单位的经验做法，建立跨部门协商工作机制，充分赋予区内试点单位管理科技成果自主权、建立尽职免责机制、做好科技成果转化管理和服务。做好顶层设计，细化明确试点单位和科研人员享受该政策的具体操作规程，制定政策宣传解读方案，统筹推进试点工作，形成可复制、可推广的经验和做法。推动区内高校和科研院所建立健全科技成果转移转化管理与激励制度，深化科技成果使用权、处置权和收益权改革，加快推进赋予科技人员职务科技成果所有权或长期使用权。推动区内高校和科研院所建立健全职务科技成果转化尽职免责制度和风险防控机制，进一步明确科技成果转化过程中尽职免责范围。

按照2023年6月7日颁布的《广州南沙科学城总体发展规划（2022—2035年）》的要求，南沙科学城要严格落实并完善科研人员职务发明成果权益分享机制，开展赋予科研人员职务科技成果所有权或长期使用权试点，激发科研人员创新动力。

（五）金融＋科技＋产业

《南沙方案》提出，推动金融与科技、产业深度融合，探索创新科技金融服务新业务新模式，为在南沙的港澳科研机构和创新载体提供更多资金支持。结合目前南沙科技金融服务情况，提出以下重点建设任务：

1. 深化金融科技产业融合创新

加强金融科技深度融合发展。健全科技金融深度融合发展机制，构建较完善的“创、投、贷、融”生态圈。推动培育发展科创金融组织体系，围绕产业转型升级和企业创新发展的融资需求新特点，支持有条件的南沙港澳企业和金融机构在南沙发起设立科创银行以及服务科技创新的专营机构。鼓励在南沙的港澳科技公司与金融机构开展金融科技合作，设立金融科技公司和研发中心，依托国家金融与发展实验室广州基地金融科技研究中心，加强底层关键技术和前沿技术研发，加快培育金融科技龙头企业，完善金融科技产业链。

2. 推动科技金融服务创新

集成打造科技金融“智慧大脑”，推行“投贷联动”等科技金融服务模式，开展科技金融工作站、科技金融特派员试点，优化科技型中小企业信贷风险损失补偿资金池运营管理机制，打通科技金融服务“最后一公里”。促进科创金融产品和服务创新发展，鼓励银行机构为粤港澳科创企业、科研机构及其项目团队提供知识产权质押、股权质押、科研设备抵押等全链条贷款产品，鼓励金融机构拓展知识产权质押融资、知识产权资产证券化等新型业务，支持粤港澳科创企业在境内外资本市场上市挂牌。建立金融科技服务创新发展的应用试点协同推进机制，整合各类金融服务应用平台，构筑线上线下相融合的科创金融服务体系。依托明珠金融创新服务集聚区搭建区内金融机构与科技企业关系网，精准对接服务不同金融机构技术需求，支持银行、保理公司探索开展供应链金融、消费金融等场景化嵌入的综合金融产品服务，实现数字化转型。

3. 构建面向港澳科研载体的高效资金支持体系

健全政府引导、市场主导的创新投入体系，推动“政产学研金”深度融合，提高创业投资引导基金效能，重点发展风投、创投和私募股权基金，积极引导金融机构、风险投资、创业投资和社会资本在南沙的港澳科研机构和创新载体配置。支持在南沙的港澳科技型企业上市挂牌融资，探索联合上海证券交易所南方中心、深圳证券交易所广州服务基地、新三板华南基地、广东股权交易中心等机构推动企业对接上海证券交易所科创板、深圳证券交易所创业板、新三板创新层、广东股权交易中心“科技创新专板”。支持在南沙的港澳科技企业在银行间市场、交易所市场、机构间私募产品报价与服务系统等平台发行债券。

目前南沙金融科技产业集聚，创新引领效应逐步凸显。南沙已构建全方位政策体系促进金融科技发展，依据修订的《关于优化提升广州南沙新区（自贸片区）促进金融服务业发展扶持办法》加大扶持力度。南沙多项金融科技试点获批，如碧江供应链金融（广州）有限公司纳入广东省第一批供应链金融“监管沙盒”试点，云从科技集团股份有限公司等4家金融科技企业分别入选人民银行广州分行第一、二批广州市金融科技创新监管试点应用项目。总体上，南沙金融科技生态圈基本形成，国家金融与发展实验室广州基地金融科技研究中心落地南沙，广州国际金融+产业创新中心挂牌启动，正加快建设以明珠金融创新服务集聚区为主阵地的金融科技专业园区。

（六）港资进港企

《南沙方案》提出，支持符合条件的香港私募基金参与在南沙的港资创新型科技企业融资。结合目前南沙港资创新型科技企业融资情况，提出以下重点建设任务：完善香港私募基金参与南沙科创港企融资相关政策法规。

建立跨部门协商工作机制，细化明确香港私募基金需要具备的条件以及在南沙的港资创新型科技企业的界定标准，制定相关政策法规、具体操作规程和政策宣传解读方案。加快推动香港私募基金在南沙蓬勃发展，促进以风险投资为主的各类香港私募基金投资机构、金融人才成规模集聚。配合化解重点领域金融风险，协助规范香港私募股权投资行业秩序，联合防控互联网金融领域风险，严厉打击非法金融活动。

截至2022年7月底，南沙区内累计有超170家组织注册地在南沙区内并已在中国证券基金业协会登记备案的私募基金管理机构，其中港澳私募基金占比较少且参与南沙企业融资受限。按照《南沙方案》，香港私募基金目前只能参与在南沙的港资创新型科技企业融资，未来可稳健放宽香港私募基金参与的业务范围。

二、打造重大科技创新平台

（一）建设南沙科学城

《南沙方案》提出，高水平建设南沙科学城，布局前沿交叉研究平台，建设世界一流研究型大学和研究机构，增强原始创新能力。结合目前南沙前沿交叉研究平台布局情况，该领域重点建设任务为高水平建设南沙科学城，主要从四个方面开展工作：

一是加快加强顶层规划布局。根据《广州南沙科学城总体发展规划（2022—2023 年）》的布署，立足建设百年科学城、国际一流科学城，优化空间布局，聚焦海洋、能源、空天、信息等前沿领域，系统布局建设重大科技基础设施、前沿交叉研究平台和高层次科研机构，打造粤港澳大湾区综合性国家科学中心主要承载区。高标准建设中国科学院明珠科学园，为中国科学院新增重大科技基础设施和项目提供承载空间，持续引入中国科学院等各类创新资源，提高科技创新资源集聚与承载能力。协同中新广州知识城，错位互补发展，串联人工智能与数字经济试验区等关键节点，推动规划建设快速通道，完善配套服务设施，合力打造广州科技创新轴。面向海洋强国建设战略需求，加强海洋科学与工程创新网络和能力建设，建设全球海洋科学与工程创新中心。

二是积极布局前沿交叉研究平台。依托庆盛科技创新产业基地、自动驾驶与智慧交通示范区、黄阁汽车产业基地、灵山科学岛、横沥金融岛、慧谷全球海洋工程创新中心、龙穴岛重大科技基础设施集聚区、万顷沙战略性未来新兴产业集聚地等优势资源，面向深海、深空、深地，聚焦海洋、能源、空天、信息等领域布局建设重大科技基础设施集群、前沿交叉研究平台和高层次科研机构。加快建设冷泉模拟测试和载人原位观测平台、南海多尺度海洋观测网络、空天往返和临近空间超高速飞行关键技术研发平台、退役新能源器件循环利用研发平台，高质量发展国际超级计算广州中心南沙分中心。

三是大力支持建设世界一流研究型大学和研究机构。在《支持南沙科学城建设粤港澳大湾区综合性国家科学中心主要承载区若干政策措施》基础上，加大财政和政策力度支持区内高校、科研机构与中国科学院及其附属机构、香港大学、香港中文大学、香港科技大学、澳门大学和澳门科技大学等知名高校、科研院所合作，共同组建世界一流研究型大学、联合研究中心、粤港澳联合实验室、国际合作实验室。推动区内学校管理制度与国际接轨，学科设置与重大科技基础设施紧密相关。

四是强化原始创新能力。依托布局建设的重大科技基础设施集群、前沿交叉研究平台和高层次科研机构，加强原始创新前瞻布局，增强科技创新源头供给。对具备原始创新的重大科创项目实行“揭榜挂帅”制，培育一批具备原始创新能力的人才队伍。

2019年5月，广州市政府与中国科学院签署了共建广州南沙科学城协议，规划面积99平方千米。南沙科学城面向深海、深空、深地，聚焦海洋、能源、空天、信息等领域，按照“一体两翼三支点”空间布局思路规划建设，包括大湾区明珠科学与创新园、全球海洋科学与工程创新中心核心区、重大科技基础设施集聚区、明珠湾高端科学和金融服务区、南沙枢纽粤港澳创新创业深度合作区等发展园区。目前，南沙科学城启动建设的重点项目包括中国科学院大学广州学院、中国科学院广州分院、南海海洋研究所、华南植物园等十余家中国科学院系科研机构，已落户冷泉生态系统、高超声速风洞、识海工程三个重大科学基础设施，正完善建设香港科技大学（广州）、南方海洋科学与工程广东省实验室（广州）。

虽然南沙科学城被广东省纳入大湾区综合性国家科学中心主要承载区，但受多方因素影响，北部组团和中部组团建设滞后，整体而言启动步伐慢于深圳光明科学城和东莞松山湖科学城，重大科技基础设施多处于前期投资建设期，尚未对整体科技创新形成强力支撑。

（二）建设中国科学院明珠科学园

《南沙方案》提出，加快中国科学院明珠科学园建设，整合中国科学院在广州研究所、全国重点实验室等科技创新资源，打造具有竞争力的中试和应用推广基地。结合目前南沙中国科学院建设情况和中国科学院现状，该领域重点建设任务为高标准建设中国科学院明珠科学园，主要从三个方面开展工作：

加快建设中国科学院明珠科学园。加快加强建设中国科学院沈阳自动化所广东智能无人系统研究院、中国科学院力学所广东空天科技研究院、中国科学院大学广州学院等新建中国科学院系科研院所，提升中国科学院广州分院、南海海洋研究所、华南植物园等迁建科研院所的建设水平，积极推进中国科学院大学广州学院及相关配套设施的建设，在财政和政策上促进中国科学院明珠科学园一期首批项目尽快投入使用。加快推进冷泉生态系统、高超声速风洞、极端海洋科考设施、大洋钻探船等重大科学装置建设，在园区内形成设施先进、学科交叉的国家级重大科技基础设施集群。推进建设拟入驻明珠科学园的中国科学院项目，依托中国科学院明珠科学园建设工作协调小组，加快前瞻谋划布局中国科学院明珠科学园一期第二批项目以及中国科学院明珠科学园二期。集中南沙区优势资源向中国科学院明珠园建设倾斜，在项目审批服务、筹建服务、政策兑现服务、资金安排、用地和环境容量等方面优先保障。

加强中国科学院资源整合。聚焦南沙高新技术产业和前沿科技领域，聚合优化中国科学院在广州、全国重点实验室等科研院所的科创资源，推动中国科学院各类创新机构、高端创新平台在南沙集聚发展，积极打造具有全球影响力的前沿科学研究和技术创新高地。全方位保障中国科学院在广州、全国重点实验室等科研院所整体搬迁至南沙或于南沙新建，加大资金、用地、政策奖励等支持力度，为中国科学院新增重大科技基础设施和项目提供承载空间，持续引入中国科学院等各类创新资源，提高科技创新资源集聚与承载能力。协同入驻中新广州知识城的中国科学院系科研院所，错位互补发展。

加强建设具有竞争力的中试和应用推广基地。支持一流高等院校、研究开发机构、行业龙头企业依托中国科学院科技创新资源，鼓励在中国科学院明珠科学园区建设通用性或行业性中试基地，集聚一批由优势企业或科研机构牵头建设的科技成果中试熟化与产业化基地，面向社会提供中试服务，积极打造具有竞争力的中试和应用推广基地。支持对绩效评价良好以上的中试基地优先推荐申报省级中试示范基地，给予相应资金奖励。

中国科学院明珠科学园是南沙科学城核心区域，已列入“十四五”时期广东自贸试验区重点投资项目清单。园区总规划面积约 309.2万平方米，其中启动区约120.13万平方米，预留发展用地约189.07万平方米。明珠科学园启动区已于2020年11月全面开工，截至2023年1月，已入驻和拟入驻明珠科学园建设的项目共15个，包括中国科学院在穗的6个机构整体搬迁项目以及中国科学院9个新建项目。

中国科学院明珠科学园一期首批项目已于2022年1月全面封顶，正进入结构和内部装修阶段，计划2023年投入使用。（中国科学院明珠科学园一期首批项目包括：力学所南方中心、沈自所智能院等新建科研院所；中国科学院广州分院、南海海洋研究所、华南植物园等迁建科研院所；中国科学院大学广州学院以及人才产权住房、市政基础设施相关配套）

（三）集聚海洋科技创新

《南沙方案》提出，推动海洋科技力量集聚，加快与中国科学院、香港科技大学共建南方海洋科学与工程广东省实验室（广州），加快冷泉生态系统观测与模拟大科学装置、广州海洋地质调查局深海科技创新中心、南海生态环境创新工程研究院、新一代潜航器项目等重大创新平台建设，打造我国南方海洋科技创新中心。结合南沙海洋科技发展现状，提出以下重点建设任务：

1. 加快共建南方海洋科学与工程广东省实验室（广州）

对标国家实验室，全方位支持南方海洋科学与工程广东省实验室（广州）建设，打造国家级海洋科学领域研究基地。加强在南方海洋科学与工程广东省实验室（广州）组织下的中国科学院、香港科技大学、南方科技大学等共建单位的协作创新，加大资金支持，推动共建单位联合开展一批海洋科学重大科创项目。着力推动实验平台和科研楼建设等工作，围绕“立足湾区，深耕南海，跨越深蓝”使命定位，聚焦“南海边缘海形成演化及其资源环境效应”核心科学问题，着力解决大湾区岛屿和岛礁可持续开发、资源可持续利用、生态可持续发展等关键核心科技难题。加快实验室按照“8+7+6+5”的格局布局，专注8大海洋科学前沿基础研究方向，发展7大海洋高新技术研发方向，建设6大创新支撑平台，打造5个产业孵化中心。推动国家海岛礁保护与利用技术创新中心、深海生态资源效应国家重点实验室等国家科研平台落户南沙，争取进入国家实验室体系。推进建设南方海洋科学与工程广东省实验室深圳、香港分部，以高质量源头供给支撑构建现代化海洋产业体系。集中南沙区优势资源向南方海洋科学与工程广东省实验室（广州）建设倾斜，在项目审批服务、筹建服务、政策兑现服务、资金安排、用地和环境容量等方面优先保障。

南方海洋科学与工程广东省实验室（广州）成立于2018年11月，由中国科学院南海生态环境工程创新研究院和广州海洋地质调查局牵头，协同香港科技大学、南方科技大学等优势力量共建。目前，该实验室聚焦“南海边缘海形成演化及其资源环境效应”核心科学问题，开展六大主题方向研究，包括：海洋能源与资源、海洋地质演变与地质灾害防治、海洋环境与全球变化、海洋生物与生态、海洋技术与海工装备、智慧海洋与综合利用。截至2022年5月，实验室已初步建成，各项工作顺利推进：吸引高端人才团队——已汇聚55个海洋领域高层次科研队伍，其中院士团队16个，核心团队39个，固定及流动科研人员超过1000人；积极争取国家、省级科技资源，服务国家海洋科技需求；攻克核心技术，推动“可燃冰”产业化进程；香港、深圳2个高水平实验室分部汇聚粤港澳大湾区创新资源，推动海洋科技力量实质性合作。

2. 加快建设一批海洋科技重大创新平台

大力发挥好南方海洋科学与工程广东省实验室（广州）、冷泉生态系统研究装置、广州海洋地质调查局深海科创中心等区内海洋科技创新平台作用，引进国际一流高校、科研机构、海洋龙头企业，与区内科研机构和龙头企业联合建设一批投资额大、产业关联度高、带动力强的海洋科技重大创新平台。加快在政府引导、市场主导下协作制定海洋科技重大创新平台建设清单。重点加快加强建设冷泉生态系统观测与模拟大科学装置、广州海洋地质调查局深海科技创新中心、南海生态环境创新工程研究院、新一代潜航器项目重大创新平台。支持南海岛礁国家技术创新中心、深海生态资源效应全国重点实验室和风暴潮生态环境安全研究装置申报国家级海洋平台建设。建立健全重大战略重大规划重要举措的平台项目转化机制，合理安排联合海洋科技重大创新平台建设时序，分年实施推动，形成“投产一批、建设一批、开工一批、储备一批”的海洋科技重大创新平台滚动发展格局。集中优势资源向海洋科技重大创新平台建设倾斜，推动“资金和要素跟着项目走”，在审批服务、筹建服务、政策兑现服务、资金安排、用地、用林、用海和环境容量等方面优先保障。

目前南沙海洋科技重大创新平台建设有南方海洋科学与工程广东省实验室（广州）、中国科学院南海海洋研究所、冷泉生态系统观测与模拟大科学装置，启动建设天然气水合物勘查开发国家工程研究中心，正推动建设极端海洋动态过程多尺度自主观测科考设施、南海岛礁国家技术创新中心、深海生态资源效应全国重点实验室和风暴潮生态环境安全研究装置。

3. 打造我国南方海洋科技创新中心

加快加强顶层规划布局。加快高起点编制、出台、实施南方海洋科技创新中心总体发展规划，优化空间布局，聚焦海洋环境立体观测技术、海洋生物资源开发与利用等海洋科技重点领域，系统布局建设重大科技基础设施、重大科创平台和高层次科研机构，明确具体海洋科技创新项目和任务，打造我国南方海洋科技创新中心。协同广州其他行政区发展海洋科技，重点建设以南沙区为核心的海洋科技创新核，错位互补，完善配套服务设施。

集聚多方力量加强布局。集聚国家面向南海战略科技力量，以全球海洋科学与工程创新中心核心区为主阵地，充分利用以南方海洋科学与工程广东省实验室（广州）为代表的海洋科技科研院所和以冷泉生态系统研究装置为代表的海洋科技基础设施资源优势，加快建设一批联系国家战略、聚焦前沿、服务产业发展的重大海洋科技创新项目和科研院所，依托优势平台和优势项目引进国际一流海洋科创人才和专家团队。加快新型地球物理综合科考船、天然气水合物钻采船（大洋钻探船）、新一代潜航器等设施建设，推进冷泉生态系统研究装置、动态宽域高超声速风洞、极端海洋动态过程多尺度自主观测科考设施等重大科学装置建设，推动南方海洋科学与工程广东省实验室（广州）创建国家实验室。集中优势资源服务南方海洋科技创新中心建设，在审批服务、筹建服务、政策兑现服务、资金安排、用地、用林、用海和环境容量等方面优先保障。

目前南沙在打造我国南方海洋科技创新中心上进展缓慢，未有明确的规划文件，现主要依托全球海洋科学与工程创新中心核心区和南方海洋科学与工程广东省实验室（广州）创建国家实验室等科创机构开展建设，已经落地、正在规划一批海洋科技重大创新平台、海洋科技基础设施。

（四）科技成果交易

《南沙方案》提出，健全科技成果交易平台，完善科技成果公开交易体系。结合目前南沙科技成果交易情况，该领域重点建设任务为健全科技成果交易体系，主要从两个方面开展工作：

加强科技成果交易平台建设。推进南沙科技成果交易平台建设，充分利用区内金融机构和高新技术企业资源，引导民营资本和技术交易网络运营商建设新型科技成果交易服务平台，打造政府引导、市场主导的核心交易体系，依法组织技术成果及技术交易服务，并提供一站式交易结算与交易鉴证服务，形成创新资源聚集效应，推动科技成果自由流动。探索建立粤港澳科技成果交易平台，衔接粤港澳三地科技成果交易规则与体系，依托各地产业特色和资源禀赋优势，打破区域障碍，以多维度互联互通为手段，提高技术交易撮合效率、降低交易综合成本，提升粤港澳跨区域科技实体经济发展，推进技术要素市场化配置。鼓励高等院校、科研机构、医疗卫生机构的科技成果和知识产权通过技术交易市场或知识产权交易市场进行挂牌交易；通过协议定价的，鼓励在技术交易市场或知识产权交易市场公示相关交易信息；相关交易凭证可作为事业单位和国有企业科技成果和知识产权定价的依据。推动广州国际技术交易服务中心、大湾区科技成果转化板、广州技术产权交易中心、广州知识产权交易中心等交易服务机构在南沙建设分支机构，鼓励引进国内外知名科技交易平台在南沙落地，打造集技术、产业、资本、孵化载体为一体的国际技术交易及服务生态体系。

完善科技成果公开交易体系。逐步建立机制透明、运行稳健、服务高效、线上与线下相结合的技术交易服务平台，开展技术交易、技术定价、信息发布、在线服务、竞价拍卖、技术投融资、转化咨询等专业化服务。根据《广东省促进科技成果转化条例》《广东省人民政府办公厅关于进一步促进科技成果转移转化的实施意见》和《广州市促进科技成果转化实施办法》，允许通过在技术交易市场挂牌交易、拍卖方式进行转化的科技成果采取公开询价的方式确定挂牌交易、拍卖前的基准价格。

目前南沙未建有成熟的科技成果交易平台和科技成果公开交易体系，仍主要依托广州技术产权交易中心、广州知识产权交易中心、中国创新创业成果交易会以及南沙政府主导的产业企业与科研院所相互对接的科技成果交易会交易科技成果，交易效率和透明程度有较大提升空间。

三、培育发展高新科技产业

（一）智能制造

《南沙方案》提出，发展智能制造，加快建设一批智能制造平台，打造“智能制造+智能服务”产业链。结合南沙智能制造产业现状，提出以下重点建设任务：

1. 加强发展智能制造

集聚一批智能制造平台、企业、科研院所，依托现有南沙智能制造总部园区、南沙大岗穗港制造基地、南沙海工装备制造基地、广州市香港科大霍英东研究院国际智能制造平台，引导优秀智能制造要素资源聚集，构建智能制造产业集群，共享优质资源、技术和信息，常态提供咨询服务，促进企业生态合作，推进智能制造高质量建设。加强对已取得广东省智能制造公共技术支撑平台、国家和省智能制造试点示范项目依托单位、国家智能制造试点示范工厂揭榜单位和优秀场景依托单位、国家智能制造综合标准化与新模式应用项目牵头单位、省级大数据/人工智能骨干（培育）企业、工业互联网产业生态供给资源池企业、智能制造领域省级以上制造业创新中心中任意一项资质的企业、平台和科研院所的相关配套扶持政策措施，提供智能制造政策资讯、公共平台、技术、供需对接、展会、人才、金融等资源支撑，对此类企业、平台和科研院所的优质资源、经验做法、先进技术等通过网络平台、媒体等渠道进行推广宣传。吸引粤港澳重点高校高端人才参与，整合粤港澳三地科技创新资源，促进粤港澳三地在智能制造领域的合作互利，打造珠三角乃至全国智能制造关键设备、技术供应和研发创新中心。

目前南沙智能制造产业已初现雏形，建有南沙智能制造总部园区、南沙大岗穗港制造基地、南沙海工装备制造基地、广州市香港科大霍英东研究院国际智能制造平台，广汽丰田四线项目建成投产，新智能、联芯智能等项目完成一期投产，广丰五线整车项目、智能网联汽车产业园、中科空间飞行科技产业化基地、集成电路产业园等全面动工。此外，南沙以华为（南沙）人工智能创新中心为载体，以华为云平台为依托，助力南沙智能制造建设，服务了广东芬尼克兹节能设备有限公司、广船国际有限公司等制造企业的智能化转型。2022年8月12日，粤港澳大湾区（南沙）智能制造高峰论坛成功举办，探讨制造企业智能升级路径，搭建产业平台，加快南沙区智能制造发展。

2. 加快建设一批智能制造平台

加快加强电装二期、北斗系统智能装备基地、广东智能无人系统研究院龙穴岛总装试验基地等智能制造平台建设，推进北京精雕高端数控机床研发生产基地、空天飞行科技产业基地等智能制造平台开展建设，完善建设现有南沙智能制造总部园区、南沙大岗穗港制造基地、南沙海工装备制造基地、广州市香港科大霍英东研究院国际智能制造平台。依托华为（南沙）人工智能创新中心加快建设一批智能制造平台。明确一批智能制造平台建设计划及预备计划，及时跟踪项目进展情况，摸清摸透项目要素，保障落实条件，制定项目关键节点计划和具体工作措施。合理安排智能制造平台建设时序，科学合理分析项目开工投产时间和年度计划投资规模，分年实施推动，形成“投产一批、建设一批、开工一批、储备一批”的智能制造平台滚动建设格局。集中优势资源向智能制造平台建设倾斜，在审批服务、筹建服务、政策兑现服务、资金安排、用地、用林、用海和环境容量等方面优先保障。

南沙智能制造平台建设颇具规模（如表3.2所示），建有南沙智能制造总部园区、南沙大岗先进制造业基地、南沙海工装备制造基地、中科空天飞行科技产业化基地、广州市香港科大霍英东研究院国际智能制造平台。电装二期、广东智能无人系统研究院龙穴岛总装试验基地等智能制造平台正在建设中，未来将加快建设北斗系统智能装备基地、北京精雕高端数控机床研发生产基地等一批智能制造平台。

表3.2　南沙智能制造平台建设情况

序号	平台名称	建设阶段
1	广州市香港科大霍英东研究院国际智能制造平台	竣工
2	广汽丰田年产20万辆“新能源汽车”产能扩建项目（五线）	竣工
3	中科空天飞行科技产业化基地项目	竣工
4	美的南沙空调工厂	竣工
5	华为（南沙）人工智能创新中心	竣工
6	庆盛智能制造总部园区	续建
7	大岗先进制造业基地	续建
8	南沙海工装备制造基地	续建
9	黄阁先进制造平台	续建
10	广东智能无人系统研究院龙穴岛总装试验基地	续建
11	广东智能无人系统研究院一期科研基地	续建
12	北京精雕高端数控机床研发生产基地	续建
13	电装二期	新开工
14	北斗系统智能装备基地	待建

资料来源：作者整理（注：上表中“建设阶段”的统计日期为2022年10月）

3. 打造“智能制造＋智能服务”产业链

一是推进智能制造与智能服务深度融合衔接。鼓励企业联合科研院所共同探索“智能制造+智能服务”应用场景，加快建设一批“智能制造+智能服务”新模式示范项目，总结推广经验做法。推动智能制造和智能服务相互延伸拓展，强化智能服务业对制造业渗透支撑。

二是聚焦打造高质量发展的“智能制造+智能服务”产业链。推进成立跨部门协调工作小组对“智能制造+智能服务”产业链进行统筹规划，以打通产业链循环，构建完整的产业链和产业生态为主线，协调招商引资、项目建设、人才引进、技术创新、政策扶持等工作，推动实现“智能制造+智能服务”的建链、补链、强链、延链。鼓励引导龙头企业加大对“智能制造+智能服务”产业链上下游整合力度，加快导入上下游配套资源。对“智能制造+智能服务”中基础较弱领域，通过产业链招商、精准招商等多种方式，加快引入一批龙头企业，补齐龙头企业短板。

目前南沙在智能制造和智能服务两个产业发展分别取得一定成果，布局了一批相关平台和龙头企业。但是，南沙在智能制造与智能服务的融合上进展相对落后，只在广汽丰田以及依托华为（南沙）人工智能创新中心在芬尼克兹等的个别企业内，建成“智能制造+智能服务”的智能工厂雏形，仍未形成规模化的“智能制造+智能服务”产业链。

（二）智能网联汽车

《南沙方案》提出，加快建设智能网联汽车产业园，推进智能纯电动汽车研发和产业化，加强智能网联汽车测试示范，打造智能网联汽车产业链和智慧交通产业集群。结合南沙智能网联汽车产业现状，提出以下重点建设任务：

1. 加快建设智能网联汽车产业园

加快加强智能网联汽车产业园顶层规划布局，协同南沙现有汽车产业布局（黄阁国际汽车城、大岗汽车产业园片区、万顷沙智能网联汽车产业园片区、庆盛国家级车联网先导区、明珠湾智能网联汽车创新片区和沙仔岛国际汽车展销贸易中心），加快高起点编制、出台、实施智能网联汽车产业园总体发展规划，明确具体任务和建设时序，全力将智能网联新能源汽车打造成为南沙新兴支柱产业。依托万顷沙保税港加工制造业区块，在汽车电子领域全方位布局，聚焦动力电池、汽车电子和智能网联决策系统，重点发展智能网联新能源汽车零部件产业（含汽车整车研发制造），规划建设万顷沙智能网联汽车产业园（万顷沙保税港加工制造业区块）及零部件试验检测基地。加快引进动力电池领域龙头企业，大力支持引入日本松下等国际锂电龙头企业研发及生产基地，重点培育纳诺新材料科技、巨湾技研等高新技术企业，引入高镍低钴正极材料、人工石墨负极材料等高附加值企业。加快引进电机控制系统领域龙头企业，力争引入英飞凌等电机相关核心零部件企业。加快引进变速器系统领域龙头企业，重点布局自动变速器/无级变速器、液压控制系统企业。重点引进车载芯片制造及封测企业，加快建设联晶智能LED车灯模组研发和生产基地、芯聚能新能源汽车第三代半导体研发和生产基地，积极推动与华为、中芯国际等国内领先企业开展制造项目合作，共同构建以新能源汽车应用为牵引的第三代半导体产业创新发展高地。推动检验检测产业集聚，统筹汽车及零部件的检验及测试需求，支持国家新能源汽车质量监督检验分中心、国家智能汽车零部件质量监督检测分中心落户智能网联汽车产业园。率先在智能网联汽车产业园园区内建设部署基于5G网络的工业互联网和智能化车间，打造智能制造新模式样板工程。

目前南沙区将万顷沙智能网联汽车产业园布局于万顷沙保税港加工制造业区块内，在《南沙区汽车产业发展“十四五”专项规划》中初步规划了万顷沙智能网联汽车产业园的定位和布局建设。园区内规划有整车制造区、汽车电子零部件项目、出口加工区以及相关配套设施，目前正在建设融捷电池、中科汇珠、联晶智能等项目。但是，智能网联汽车产业园现阶段仍处于建设初期，未有明确细致规划出台，导致建设进展缓慢。

2. 推进智能纯电动汽车研发和产业化

一是加快推进创新能力突破工程。集中力量开展重点领域核心关键技术攻关，以纯电动汽车为主要技术路线，整车企业以动力电池与管理系统、驱动电机与电力电子、网联化与智能化技术为重点，零部件企业以智能化制造系统、高性能自动监测为重点。加强颠覆性技术前瞻研发，加强动力电池、燃料电池、石墨烯电池等电池技术研发，推动燃料电池商业化运用，加快脑控车技术、可视化技术研发。重点围绕动力电池与电池管理系统、电机驱动与电力电子总成、汽车智能化技术、汽车网联化技术、混合动力系统、燃料电池动力系统6个创新链，开展市场化创新孵化。

二是加强研发成果产业化部署。依托万顷沙智能网联汽车产业园和黄阁国际汽车城，聚焦智能纯电动汽车整车、核心零部件、汽车材料等领域，与南沙区内广汽丰田、合创汽车、小马智行等龙头企业合作，开展新产品研发和产业化部署。充分发挥华南技术转移中心作用，拓宽智能纯电动车企与高校、科研院所的科技对接渠道，持续开展院地、校院合作，促进技术成果在产业领域的规模化应用。强化奖励激励政策，对具有自主研发实力并申请技术专利的智能纯电动汽车整车或零部件制造企业给予市场推广奖励。

目前，南沙依托其汽车产业优势深耕于智能纯电动汽车研发和产业化。在研发上，南沙一方面以广汽集团为主阵地，加速建设芯聚能电动车第三代半导体模块研发与生产基地、联晶智能LED车灯模组研发生产基地，逐渐形成从芯片设计到模块封装的汽车电子产业链群；另一方面以小马智行、合创汽车为依托，引领自动驾驶、车载软件等智能网联领域高速发展。2017年10月全球自动驾驶领先企业小马智行的总部及研发基地落户南沙，并与广汽集团、丰田等企业在自动驾驶技术研发应用和无人驾驶（网约车）示范运营等领域展开合作。在产业化上，广汽丰田年产20万辆“新能源汽车”产能扩建项目（五线）已于2022年6月投产，将生产全新EV平台SUVA、MPVB、SUVC等纯电动新能源汽车。但是，南沙智能纯电动汽车发展也存在自主创新能力较弱的问题，其核心原材料、零部件及技术对外依赖程度较高，例如汽车产业以合资引进技术为主，相关关键零部件及配套供给体系还需完善。

3. 加强智能网联汽车测试示范

推进出台支持南沙先行先试扩大自动驾驶测试道路开放区域、探索开展自动驾驶汽车商业出行服务、放宽自动驾驶地理信息采集要求、有条件地允许完全无人化的道路测试、支持探索开展短途智能无人车商业应用服务等政策。依托庆盛国家级自动驾驶及智慧示范区和明珠湾起步区智慧道路，围绕智能网联汽车制造、智能出行龙头企业，探索驾驶位无人、自动驾驶商业化运营新模式。推进分批对测试道路进行车路协同改造，依托智慧灯杆建设，结合车路协同发展阶段，凸显远程测试、无人化运营和“城市大脑”特色，试点建设智慧交通管控区、单车智能应用测试区、车路协同应用区。完善智能网联汽车测试管理实施细则，在认可其他地区测试结果、典型场景功能测试（含远程测试、编组测试、高快速路测试等）方面优化管理机制。加快建设符合智能网联汽车远程测试、编组测试要求的5G专网。推进开展自动驾驶多场景应用，在蕉门河中心区、明珠湾起步区、南沙湾等区域进行远程载客场景应用，在龙穴岛及周边快速路等路段逐步扩大自动驾驶卡车编组货运场景应用，在灵山岛尖开展自动零售场景、智能驾驶清扫服务场景应用。推进开展自动驾驶商业化运营试点，建立智能网联模式下新型出行服务和货运服务模式，公众可申请以支付基本成本的方式试乘自动驾驶汽车，支持完成三级道路测试、符合相关条件的南沙注册企业申报出租车、网约车、货运营运许可，推进有关企业与电商、物流等行业企业合作开展自动驾驶货运试点。

目前，南沙在智能网联汽车测试示范上走在全国前列，已获批广州市首批智能网联汽车测试先行试点区和广州市首个智能网联汽车混行试点区，建有庆盛国家级自动驾驶及智慧示范区和明珠湾起步区智慧道路，已全域开放智能网联汽车测试道路（截至2020年7月，南沙区智能网联汽车测试道路总里程全市最长，占广州市总里程的近70%）。作为南沙区智能网联汽车龙头企业和全球自动驾驶领先企业，小马智行将总部及研发基地落户南沙，已在南沙投入约100辆自动驾驶出租车提供区内全域出行服务，是国内首个获得出租车经营许可的自动驾驶企业。2022年6月30日，小马智行获得广州出租车及物流车示范运营资格，率先正式开启收费运营商业化。

南沙正继续完善建设庆盛国家级自动驾驶及智慧示范区（如表3.3所示）和明珠湾起步区智慧道路，积极推进南沙区智慧公交监管服务平台及示范线项目、智能网联汽车测试道路基础设施升级改造项目，未来将推进建设基于可计算数字化路网的“交通大脑”，以及符合智能网联汽车远程测试、编组测试要求的5G专网。根据2022年6月28日通过的《广州市南沙区智能网联汽车混行试点区及特殊运营场景混行试点总体方案》，南沙区计划到2025年，将分四个阶段投放总计不超过2000台智能网联汽车示范运营，开展不同混行比例、车路协同不同参与度以及多种新型出行服务的大规模城市交通试验。

南沙现有相关政策主要有《广州市南沙区智能网联汽车混行试点区及特殊运营场景混行试点总体方案》《广州南沙新区（自贸片区）促进新一代信息技术产业发展扶持办法》《关于支持智能网联汽车产业进一步发展的若干意见（试行）》《南沙区智能网联汽车道路测试先行试点区建设方案》以及《南沙区智能网联汽车道路测试实施细则（试行）》。

表3.3 南沙国家级自动驾驶及智慧交通示范区概况

南沙国家级自动驾驶及智慧交通示范区
目前该项目已完成立项，正完善实施方案，规划412亩土地，打造集设计、研发、测试、服务和生产于一体的国家级自动驾驶测试与智慧交通示范区。自动驾驶测试基地建设内容包括测试道路、测试设施设备、测试数据中心、实验楼、模拟仿真空间、综合管理楼、规划展示平台、体验中心等；智慧交通创新产业园区重点引进与交通信息化、交通智能化、自动驾驶相关的汽车、电子、通信等高新技术企业以及科研单位和知名院校研究机构

资料来源：作者基于《广州市南沙区战略性新兴产业发展“十四五”规划》整理

4. 高质量打造智能网联汽车产业链

建立“链长+链主”的智能网联汽车产业“链长制”工作推进体系，发挥广汽丰田引领辐射作用，瞄准产业链上下游关键环节，引进和培育更多优势配套企业，带动区域内零部件企业集聚发展，构建新型整零协同发展体系，形成整机和零部件企业相互促进、大中小企业融通发展的良好局面。加快摸查南沙区智能网联汽车产业链供应商及产品服务情况，在政府引导、市场主导下组织产业链供应商与广汽、小鹏等智能网联汽车整车生产企业进行供需对接，促进产业链上下游协同发展和大中小企业融通发展。实施“强链”工程，以小马智行和合创汽车为重要依托，在自动驾驶算法及车载操作系统领域积极引入华为、中兴、Mobileye 等车载计算头部企业，瞄准汽车电子的薄弱环节，发挥本地外资及合资企业的技术优势，培育和引进一批与车身电子稳定系统（ESP）、制动防抱死系统（ABS）、牵引控制系统（TCS）等相关的自主品牌企业。实施“补链”工程，围绕广汽丰田、小马智行和合创汽车等企业自动驾驶配套需求，补足车载感知系统、车联网通信终端、车载芯片及半导体元器件等产业链环节，建立重点零部件配套体系。实施“延链”工程，抓紧布局新产业生态和新商业模式，推动软件服务业与智能网联汽车系统和整车企业对接，加快实现基础数据支持（如高精地图、交通场景数据库等）、车端应用软件（如智能仪表、驾驶舱娱乐等）、远程服务软件（如路径引导、共享出行、救援维修等）等产品装车应用。推进粤港澳大湾区汽车产业协同发展，在产业链条优势环节加强合作，在产业链条薄弱环节率先布局，发展壮大智能网联汽车产业链，鼓励整车企业与新一代信息技术、新能源等领域企业合作，全力支持培育和引进关键零部件领域企业。推动传统汽车零部件产业转型升级，推动汽车零部件产业从单一的燃油车零部件产品研发生产向智能网联汽车产品多元化发展。做强做大现代汽车服务业，提升汽车金融服务水平，加快动力电池回收利用等发展。

作为广州新能源汽车重要生产基地之一，南沙依托“一核四区一窗口”的汽车产业空间布局，以广汽丰田整车项目为龙头，新能源汽车项目为扩展，智能网联汽车为发展方向，形成了“整车—新能源汽车研发制造—汽车零部件基地—智能网联汽车”完整产业生态链。目前，南沙入驻有广汽丰田龙头企业，引进广州樱泰、爱德克斯等40余家汽车研发设计、整车制造、零部件生产重点企业，拥有143家省级以上新型研发机构、工程中心、企业技术中心、实验室等，配套电机和电控系统生产项目、南沙动力电池项目等研发和生产基地，以及出海码头、汽车乐园、汽车后市场等后端服务环节，形成较为完善的汽车全产业链。2022年7月，广汽丰田新能源车产能扩建项目二期投产，将推动广汽丰田南沙的年生产能力突破100万辆。

但是，南沙智能网联汽车产业的供应链安全问题日益突出。一方面，汽车零部件产业规模较小，与整车产业规模不相匹配，零部件产业对汽车产业集群的支撑能力有待提升。另一方面，供应链基础不牢，如车载芯片、电子系统等的部分关键零部件和技术对外依存度高，自主品牌零部件企业较为缺乏。

5. 高标准打造智慧交通产业集群

加强智能交通管理车联网示范区和城市社区智能交通信息示范区建设，以智能公交专线建设为切入点，提高智能网联汽车和智慧交通产业发展氛围，实现南沙在自动驾驶商用领域的突破，吸引带动一批智能汽车、高性能芯片、新一代传感器、智慧交通等上下游厂商集聚于南沙。依托庆盛国家级自动驾驶及智慧交通示范区、明珠湾起步区智慧道路以及方纬科技等重点企业，重点布局自动驾驶测试、智慧交通物联感知硬件、智慧交通信息平台等领域，通过加快智慧交通硬件和软件的建设，引进一批高新技术企业以及科研单位和知名院校研究机构入驻。加快推进在庆盛区块建设集聚测试道路、测试设施设备、车路协同设施、高精定位设施、监控设施、通信设施、测试数据中心、实验室群、规划展示平台、体验中心、测试运营企业和车辆等，打造全场景、一站式、一体化的国家级综合自动驾驶测试区和产业集聚区，满足产业界多类型、多场景的综合示范应用需求。

南沙在智慧交通建设上处于全国领先水平，是交通运输部批准的“智能交通管理车联网示范区”、住建部批准的“城市社区智能交通信息示范区”，也是广州市“四个出新出彩”里的“智能交通管理示范区”。目前，南沙依托国家级自动驾驶与智慧交通示范区，已形成了以广汽丰田为龙头的智能交通产业集群，广汽蔚来、合创汽车总部等相继落户，同时集聚了小马智行、小马慧行、云从信息、蓝胖子机器人、暗物智能等近200家人工智能企业，智能交通产业生态体系初步形成。截至2022年9月，南沙区内建有三条常态化营运的智慧公交线路（配备有L3级和L4级自动驾驶公交车），全球自动驾驶领军企业小马智行与广州市公安局南沙区分局合作探索在自动驾驶车辆和常规车辆混行政策下智能交通与智慧城市协同发展的形式和管理机制。接下来南沙将有序推进智慧交通运营管理服务体系建设工程和智能网联汽车管控公共服务平台建设工程。

（三）专业化机器人

《南沙方案》提出，推进专业化机器人创新中心建设，大力发展工业机器人和服务机器人，推进无人机、无人艇等无人系统产业发展。结合南沙专业化机器人产业现状，提出以下重点建设任务：

1. 推进专业化机器人创新中心建设

加快加强顶层规划布局，加快高起点编制、出台、实施南沙专业化机器人创新中心总体发展规划，建立以科研院所、企业为主体，产业链联动、产学研用相结合的新型创新平台，聚焦专业化机器人产业的基础研究、应用研究和关键共性技术研究，突出机器人的“专业化”，系统布局建设重大科技基础设施、国际一流研究平台和高层次科研机构。依托中国科学院沈阳自动化所广东智能无人系统研究院、广州工业智能研究院、香港科技大学（广州）、中山大学、华南理工大学，协同科大讯飞、小马智行、蓝胖子机器人、美的机器人等国内机器人，以及人工智能与智能制造龙头企业，突破机器视觉、人机交互、自主决策等关键技术，推动智能识别、自主操作、群智开放、智能执行、深度学习等机器人研发和产业化。大力支持引进中国电科、国机智能、哈工智能、美的等国内外机器人龙头企业研发及生产基地，支持引进广东省机器人创新中心落地南沙，持续引入国内外各类创新资源，提高专业化机器人创新资源集聚与承载能力。集中优势资源向专业化机器人创新中心建设倾斜，在审批服务、筹建服务、政策兑现服务、资金安排、用地、用林和环境容量等方面优先保障。推进在专业化机器人领域建设一批重点检测平台和认证中心，积极发展检验检测认证服务，推进检验检测机构市场化运营，鼓励检验检测技术服务机构由提供单一认证型服务向提供综合检测服务延伸。

目前，南沙有蓝胖子移动科技、宝乐机器人等机器人制造企业，有小马智行、暗物智能等近200家人工智能企业，有广汽丰田汽车生产线、南沙港码头、美的南沙工业园等专业化机器人应用场景，有广东智能无人系统研究院、广州工业智能研究院、香港科技大学（广州）等科研院所。未来南沙可依托现有机器人资源优势，集聚一批专业化机器人创新企业、科研院所、重大创新项目，高质量建设专业化机器人创新中心。

2. 大力发展工业机器人和服务机器人

依托南方海洋科学与工程广东省实验室（广州）、广东智能无人系统研究院、香港科技大学（广州）等创新平台，重点突破工业机器人、服务机器人、水下机器人、特种机器人等领域关键核心技术，推动机器人自动化生产线、数字化车间、智能工厂建设。大力支持区内蓝胖子移动科技、科大讯飞、小马智行等机器人软硬件制造企业高水平发展，在审批服务、筹建服务、政策兑现服务、资金安排、用地、用林和环境容量等方面优先保障。围绕工业机器人和服务机器人智能硬件应用需求，加大精准招商引资力度，重点发展智能传感器，发展基于MEMS的压力传感器、红外探测器、触觉传感器、惯性传感器等多种类工业和消费领域智能传感器的研发制造。加快基础领域产业链构建，重点发展核心敏感元器件，发展热敏、声敏、气敏、光敏等各种高端敏感元器件的研发制造。重点研发生产多关节弧焊机器人、真空（洁净）机器人、全自主编程智能工业机器人、人机协作机器人、双臂机器人、重载AGV等工业机器人，发展焊接、装配、喷涂、搬运、检测等智能工业机器人。推进工业机器人和服务机器人在多产业领域的示范应用，加强区内重点制造业和重点服务业企业的数字化、智能化、机器化转型，在广汽丰田、合创汽车、南沙港码头、小马智行、美的南沙工业园等重点企业率先建设形成一批工业机器人和服务机器人的示范应用。

目前，南沙仍处于工业机器人和服务机器人产业发展的初期阶段，主要从事机器人制造的零部件生产以及软件开发。芯聚能、芯粤能等机器人零部件制造企业落地南沙，小马智行、科大讯飞等人工智能企业引领区内机器人软件开发，广汽丰田、南沙港码头、美的南沙产业园等企业平台提供了一批良好的示范应用场景。区内也有蓝胖子移动科技、科大讯飞、宝乐机器人等少量的机器人整体制造企业。相较于工业机器人的广泛应用和研发，南沙在服务机器人的发展上相对落后，主要依托宝乐机器人聚焦智能家居机器人。广东宝乐机器人股份有限公司专注于自动擦窗机器人、智能拖地机器人等新品类的研发，通过设立省级工程试验中心、博士后创新实践基地等科研配套，在南沙建设高水准的机器人研发设计中心和智能化数字工厂。

3. 推进无人系统产业发展

加快推进智能无人系统领域研发和产业化，依托广东智能无人系统研究院、广州工业智能研究院、香港科技大学（广州）等科研院所，协同科大讯飞、小马智行等国内外无人系统产业龙头企业，面向智能无人系统领域前沿科学技术，开展智能无人系统相关的基础科学研究、高技术攻关、关键部件研制、系统集成与测试、应用示范、成果转移转化、小批量试制及产业化等方面的研究，打造智能无人系统装备研发及产业发展高地。围绕南沙区经济社会的多个领域，搭建区级人工智能平台，创建一批无人工厂、智能车间、无人零售、无人码头、无人智能物流等应用示范标杆项目，加快探索形成一批行业标准和典型产品，探索建立人工智能复杂场景下规则体系。重点支持无人机、无人车和无人艇产业发展，大力支持引进这三个产业龙头企业设立研发和生产基地，集聚产业上下游资源，打造无人机、无人车和无人艇产业链。加快加强推进无人机产业发展，大力支持引进大疆、亿航等无人机龙头企业设立研发和生产基地，打造无人机产业链。有序推进无人车产业发展，依托庆盛国家级自动驾驶及智慧示范区和明珠湾起步区，围绕广汽集团、小马智行、文远知行等智能出行龙头企业，对接本地智能网联汽车应用需求，加大精准招商引资力度，重点发展高精度毫米波雷达、摄像头、激光雷达、夜视传感器、超声波雷达等车载传感器的研发制造，超前布局4D（距离、速度、方位角、仰角）成像车载雷达等先进车载传感器研发设计，助力实现最高L4级无人驾驶的应用，探索驾驶位无人、自动驾驶商业化运营新模式，有限允许完全无人化的道路测试，支持探索开展短途智能无人车商业应用服务等政策。加快推进无人艇产业发展，以中船龙穴造船基地、广东智能无人系统研究院为核心，以区内龙头企业和新型地球物理综合科学考察船、新一代潜航器、天然气水合物钻采船等重大项目为支撑，充分发挥南沙的地理优势，重点研究大深度海洋水下机器人、无人艇关键技术，进一步提升全国最大无人潜航器总装基地及全尺度综合科考船科考能力，构建基于“无人科考平台+智能科学载荷”的具有强生存、长航时、移动精细观测能力的极端海洋环境综合科考系统。

目前，南沙无人车、无人艇产业发展处于全国领先地位。自2017年全球自动驾驶领先企业小马智行在广州南沙设立无人驾驶研发中心及总部基地以来，无人车产业在南沙飞速发展，小马智行重卡、文远知行、星河智联、融捷电池、芯聚能等一批无人车软硬件研发及生产企业集聚南沙。依托庆盛国家级自动驾驶及智慧示范区和明珠湾起步区智慧道路，南沙已全域开放智能网联汽车测试道路，正测试无人车商业化营运模式。依托极端海洋动态过程多尺度自主观测科考重大科创项目和广州工业智能研究院，南沙在无人艇发展上取得多项成果。封锡盛院士（中国水下机器人事业的功勋人物）与广州工业智能研究院合作设立院士专家工作站，共同负责了一批无人艇相关重大科研课题，比如广东省省级科技计划国际科技合作领域项目“面向水质采样及监测任务的无人艇—无人机协作系统研究”、广东省重点领域研发计划项目“面向粤港澳大湾区重点航道灾后监测的无人艇—机跨域协同装备研制及应用示范”等。此外，封锡盛院士（中国水下机器人事业的功勋人物）与广州工业智能研究院共同完成的“鲑鱼”系列水面无人艇获得2020中国创新创业成果交易会上最具投资价值科技成果奖。南沙无人艇产品被不断地应用在水质测量、紧急救援、海洋测绘等多个场景，助推中国民用海洋机器人行业进入全新的发展阶段。相比之下，南沙在无人机产业发展上相对落后，暂无成规模、成链条的产业企业布局。

（四）数字产业

《南沙方案》提出，发展数字产业，加快下一代互联网国家工程中心粤港澳大湾区创新中心建设，推进互联网协议第六版（IPv6）行业应用示范、下一代互联网算力服务等业务发展。结合南沙数字产业现状，提出以下重点建设任务：

1. 高质量发展数字产业

一是加快布局数字基础设施。加快布局建设一批5G网络、工业互联网、物联网、北斗、数据中心等数字基础设施（如表3.4所示）。加快推进国际IPv6根服务器、IPv6离岸大数据中心等项目。优化升级网络基础设施，加快宽带网络和无线网络建设，建设高水平全光网，推进千兆宽带进住宅小区、商务楼宇和各类园区。提升窄带物联网（NB-IoT）基站密度和覆盖面，广泛建设多功能杆、柱、桩等新兴智慧型基站。推进5G通信基站、社会塔（杆）等资源共建共享，实现5G网络全覆盖。前瞻布局量子通信网、卫星互联网等未来网络，加快量子安全通信示范网建设。推动数据中心向规模化、一体化、绿色化、智能化方向发展。

表3.4　南沙数字新基建重点项目计划

序号	数字新基建重点项目
1	广州云谷二期数据中心
2	广州南沙国际数据自贸港
3	南沙国家级自动驾驶与智慧交通示范区项目
4	南沙智慧产业园
5	5G交互中心
6	第三代化合物半导体研发总部和生产基地项目
7	碳化硅单晶材料与晶片生产项目
8	第三代半导体封装功率模块研发与生产基地项目
9	LED车灯模组研发与生产基地项目

资料来源：南沙“十四五”规划

二是全力发展数字经济核心产业。发展壮大人工智能、半导体与集成电路、下一代通信、工业互联网、区块链等数字产业规模。推进人工智能技术产业化，聚焦智能传感器、人工智能芯片、智能机器人、人工智能软件等领域，加快建设南沙人工智能价值创新园等重点平台，积极培育人工智能创新产品和服务。推进第三代半导体产业发展，从上游芯片设计、中游芯片制造、下游模组封装的全产业链联动发展产业体系，构建以新能源汽车应用为牵引的第三代半导体产业创新发展高地。完善IPv6骨干网互联互通，加快建设全球IPv6测试中心广州实验室，打造新一代信息枢纽。开展“5G+”应用场景试点，加快引进5G龙头企业，完善以5G为核心的信息通信产业链。加快工业互联网创新应用，打造一批具备行业影响力的“工业互联网+”综合服务平台，形成高效协同、弹性安全、绿色可持续的智慧供应链网络。大力发展区块链产业，搭建区块链产业创新平台，重点开展技术研发、产业孵化、应用测试、教育培训和资格认证等服务。

三是促进产业数字化转型升级。加快推动互联网、大数据、人工智能、区块链等“赋能”制造业、服务业、农业。推进企业“上云用数赋智”，支持传统龙头企业、互联网企业建设产业互联网平台，形成产业链上下游和跨行业融合的数字化生态体系。建设“数字+制造”升级平台，推进“5G+”智能制造，打造数字车间和智能工厂。依托广州港南沙港区建设，打造粤港澳大湾区首个全自动化码头和5G应用示范基地。推动服务业数字化，支持数字金融、数字文化、数字旅游等加快发展。大力发展智慧农业，扩大产业规模，积极引领数字农业风向标。

四是推动数字要素高效配置和流通。探索在南沙实行穗港澳三地数据跨境开放共享，依托国际IPv6根服务器，重点在数据资源产权、交易流通、跨境传输和安全保护等方面先行先试。破除数据资源流通开发壁垒，制定资源整合保护、开发利用、交易市场创建等相关制度。完善数据市场交易体系，优化数据资源交易服务机制。探索开展国际数据资源服务交易，推进数据资源证券化，打造新一代信息枢纽。扩大基础公共信息数据开放共享，推动数据资源开发利用，建设政企信息共享服务平台，促进数据要素政企流通融合。对数字经济采用包容、审慎、开放的监管模式，加强数据安全和个人信息保护，提升全民数字技能。

目前，南沙数字产业呈稳步增长发展态势。近年来，南沙抢抓数字经济发展机遇，大力推进数字经济基础设施建设，深化数字技术研发应用，推动数字产业化和产业数字化。

南沙区先后出台了《广州南沙新区（自贸片区）促进人工智能产业发展扶持办法》《广州南沙人工智能产业发展三年行动计划》《广州南沙新区（自贸片区）促进新一代信息技术产业发展扶持办法》《关于智能网联汽车道路测试有

关工作的指导意见》《广州市南沙区加快数字新基建发展三年行动计划（2020—2022年）》《广州南沙新区（自贸片区）支持自动驾驶汽车行业创新发展的若干意见（试行）》等系列产业政策，全方位扶持推动数字产业发展。

在产业政策的推动下，南沙区已聚集了小马智行、云从科技、暗物智能等约300家人工智能企业，引进了科大讯飞智能语音国家人工智能开放平台、认知智能国家重点实验室等一批国家标准人工智能实验室，初步建立起较完善的数字产业生态体系。

同时，南沙区依托中国科学院系科研院所、高校等科研资源，促进产学研深度融合和数字产业创新，推进建设了南沙国际人工智能价值创新园、华为（南沙）人工智能创新中心等人工智能创新载体，搭建了广州南沙国际人工智能产业研究院、广州智能软件产业研究院、科大讯飞华南人工智能研究院、云从人工智能视觉图像创新中心四大人工智能产业研发平台，以数字创新赋能实体产业。

从打造“城市大脑”平台、推进部署国际IPv6根服务器，到建设“数字政府”，南沙着力发展人工智能、下一代通信、区块链等数字经济核心产业，不断扩大数字产业集群规模。根据南沙“十四五”规划，南沙数字经济产业增加值占地区生产总值比重在“十四五”期间将达25%。

2. 加快下一代互联网国家工程中心粤港澳大湾区创新中心建设

加快加强顶层规划布局，加快高起点编制、出台、实施下一代互联网国家工程中心粤港澳大湾区创新中心总体发展规划，建立以科研院所、企业为主体，产业链联动、产学研用相结合的新型创新平台，聚焦建设实施IPv6系列重大项目，包括国际IPv6根域名服务体系创新试验、下一代互联网算力服务、IPv6行业应用示范等业务，全面打造粤港澳下一代互联网产业集群，建设具有实体孵化能力的国际性IPv6创新服务综合性平台。依托南沙区 IPv6根节点、全球IPv6测试中心广州实验室、广州南沙新区纯IPv6示范基地、澳门科技大学下一代互联网国际研究院南沙分院、香港科技大学（广州）等科研院所，协同小马智行、云从科技、中国联通研究院等粤港澳互联网领先企业，结合政产学研用，加快探索产业创新合作与IPv6大规模部署应用的重要尝试，加快开展下一代互联网技术跨界融合应用、提供IPv6新型基础设施服务和IPv6技术国际创新合作等工作，实现IPv6成果落地，支撑大湾区数字经济发展。大力支持引进下一代互联网技术国内外一流人才和领军团队，大力支持IPv6应用场景相关国内外企业建立研发和生产基地。集中优势资源向下一代互联网国家工程中心粤港澳大湾区创新中心建设倾斜，在审批服务、筹建服务、政策兑现服务、资金安排、用地、用林和环境容量等方面优先保障。有序推进以IPv6技术为基础的大湾区科研专网建设和相关跨境数据的规则和技术研究工作。

目前，下一代互联网国家工程中心粤港澳大湾区创新中心已初步建成，正进入高水平建设阶段。2019年，下一代互联网国家工程中心粤港澳大湾区创新中心落地南沙香江国际科创中心，为南沙引入建设全球25台之一、华南唯一的IPv6根服务器系统，并推出首个针对IPv6安全认证的产业标准。依托下一代互联网国家工程中心粤港澳大湾区创新中心，南沙已启动了澳门科技大学大湾区科研专网试点项目和香港科技大学科研专线建设。此外，下一代互联网国家工程中心粤港澳大湾区创新中心在南沙建设的全球IPv6测试中心广州实验室，目前正开展基于IPv6互联网的国际第三方测试认证业务，测试智能机器人、网络摄像头、手机App等各类硬软件是否支持接入IPv6，以推动全球网络互联互通建设。

3. 推进互联网协议第六版（IPv6）行业应用示范、下一代互联网算力服务等业务发展

依托南沙区IPv6根节点、全球IPv6测试中心广州实验室、广州南沙新区纯IPv6示范基地、下一代互联网国家工程中心粤港澳大湾区创新中心、澳门科技大学下一代互联网国际研究院南沙分院等科研院所，协同广汽丰田、小马智行、云从科技等南沙龙头企业，加快推进互联网协议第六版（IPv6）行业应用示范业务布局，建设一批应用示范标杆项目，加快探索形成一批行业标准和典型产品。推动开展IPv6技术跨界融合应用，加快布局IPv6在物联网、智慧城市、区块链等新兴技术领域的新型应用研究，积极推动应用成果落地。加快推动下一代互联网算力服务业务发展，支持依托华为在多样算力上的研发成果，构建下一代互联网算力服务框架。探索开展基于下一代互联网技术和IPv6的系列新业务，积极布局IPv6下一代互联网相关标准的制定，加强与国际技术标准组织的合作。

目前，下一代互联网国家工程中心粤港澳大湾区创新中心正依托云从科技、华为等科技企业，建设实施IPv6系列重大项目，包括国际IPv6根域名服务体系创新试验、下一代互联网算力服务、IPv6行业应用示范等业务。南沙已启动了澳门科技大学大湾区科研专网试点项目和香港科技大学科研专线建设。

（五）物联网

《南沙方案》提出，发挥国家物联网公共标识管理服务平台作用，促进物联网、

云计算等新兴产业集聚发展。结合南沙物联网产业现状，提出以下重点建设任务：

1. 发挥国家物联网公共标识管理服务平台作用

加快摸查南沙区物联网产业链企业和需要应用物联网技术的企业情况，明确企业在物联网应用上的“痛点”和“难点”，在政府引导、市场主导下组织国家物联网公共标识管理服务平台与此类企业进行供需对接，解决物联网应用碎片化的难题。积极发挥国家物联网公共标识管理服务平台的重大支撑作用，借助南沙智能汽车、5G 与人工智能等产业的应用需求，加大推进重大项目落地和高层次人才引进，加快构建完整的物联网产业链和产业生态。积极发挥国家物联网公共标识管理服务平台的深厚科研能力，联合香港科技大学（广州）、中国科学院在穗机构、广州中国科学院计算机网络信息中心等科研院所，把握南沙（粤港澳）数据服务试验区建设契机，着眼于全球物联网协议体系发展，积极开展核心关键技术研究，加快标识解析体系等相关技术标准的制定，加速掌握国际标准话语权。加快推动国家物联网公共标识管理服务平台的科研成果转移转化应用，推动异构解析、异构标识统一服务技术、数据存储技术等成果在物联网各行业快速落地，在全生命周期溯源、智慧城市、数据共享、智慧农业、工业物联网等领域建设一批基于标识服务的应用示范。探索建设粤港澳统一的全生命周期溯源体系，依托国家物联网公共标识管理服务平台的“异构标识统一服务技术”等核心技术以及物联网应用推广经验，协调建立跨区域跨部门工作小组，以“一物一码”为载体，给每一个产品设立独特的“身份证号码”，建立“原材料—生产加工—产品—物流—销售”的粤港澳全过程追溯体系，实现粤港澳大湾区内物与端之间精准交互与连接，为粤港澳物联网产业发展提供大数据支持。集中优势资源向国家物联网公共标识管理服务平台建设倾斜，在审批服务、筹建服务、政策兑现服务、资金安排、用地和环境容量等方面优先保障。

国家物联网标识管理公共服务平台是国家发展改革委正式批复、由中国科学院计算机网络信息中心牵头，于2013年5月27日建立的全国唯一物联网标识管理公共服务平台（如图3.1所示）。目前，国家物联网标识管理公共服务平台已完成国家发展改革委的项目竣工验收，并于2014年10月将其主节点落户南沙。南沙与中国科学院计算机网络信息中心共建了广州中国科学院计算机网络信息中心，与国家物联网标识管理公共服务平台共同建设了广州物联网研究院，构建了异构标识兼容互通管理体系，可实现Handle、Ecode、OID、ISLI、CSTR、MA码等主流标识体系的互联互通。截至2021年8月，国物标识平台的标识注册量已达879亿条，累计解析物联网标识量达117亿次。作为中国科学院在粤港澳大湾区的重要部署，国家物联网标识管理公共服务平台未来将积极打造粤港澳大湾区科学数据中心，推进《面向大湾区的跨境商品信息大数据服务平台研发与应用推广》专项，将南沙打造成全球物联网标识的中心，为政府和企业提供大数据分析及智能决策，建立开放共赢的生态圈。

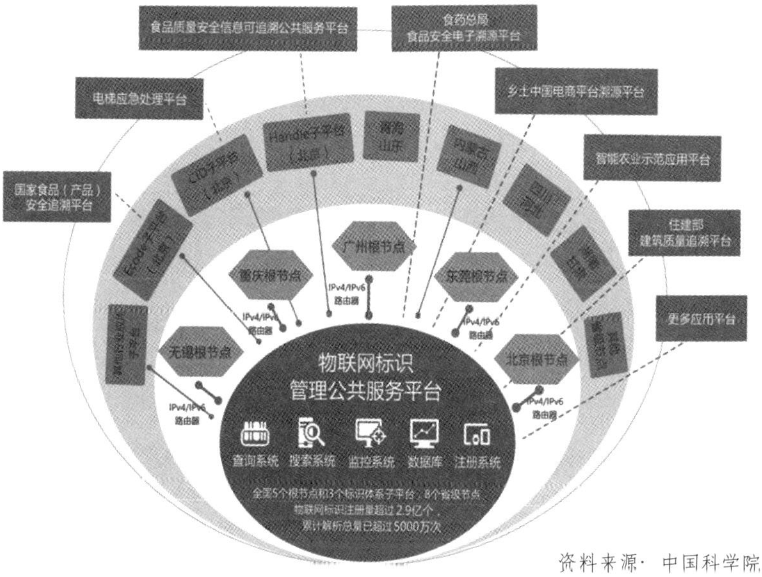

资料来源：中国科学院网信工作网

图3.1　国家物联网标识管理公共服务平台建设概况

2. 集聚发展物联网、云计算等新兴产业

依托国家物联网标识管理公共服务平台、广州中国科学院计算机网络信息中心、华为（南沙）人工智能创新中心等新兴技术科研院所，加大产业链招商力度，狠抓新兴产业投资增长，着力引进一批投资额大、产业关联度高、带动力强的物联网、云计算等新兴产业重大项目和平台，协同企业开展“卡脖子”关键核心技术攻关，提高新兴产业的原始创新能力。围绕南沙（粤港澳）数据服务试验区、下一代互联网国家工程中心粤港澳大湾区创新中心等重大平台和项目建设，大力支持引进一批如阿里、腾讯等物联网和云计算龙头企业建设研发和生产总部基地，建设一批物联网、云计算等新兴产业等应用示范，提高南沙物联网、云计算等新兴产业集聚发展的水平。依托美的集团等龙头企业，支持物联网、云计算等新兴技术在家电产品中的应用，集聚一批智能家电软硬件企业，探索智能家居中央控制管理系统，构建智能家电生态圈。加强建设移动物联网网络，结合南沙区5G基站建设，重点提升行政中心区、人流密集生活区、商贸发展核心区、工业集聚发展区、交通枢纽地区、重大平台、重大项目、重点企业单位的移动物联网网络建设水平。推进物联网、云计算的应用和本地采购倾斜政策，鼓励支持区内企业和建设项目采用本地物联网和云计算企业的产品及服务。建立国家、省、市、区共建机制，争取国家、省、市与南沙区共建集成电路与物联网产业基地，并积极争取上级政府在学科建设（微电子工程、集成电路设计等）、高层次人才引进、重大公共服务平台（人才培养和职业认证、检测认证等）、国家级物联网创新中心、产投基金、重大项目导入等方面对南沙的倾斜力度。集中优势资源向物联网、云计算等新兴产业集聚倾斜，规划“连片成区”土地给物联网、云计算等新兴产业建设，在审批服务、筹建服务、资金安排、用地、用林、用海和环境容量等方面优先保障。

目前，南沙集聚了一批物联网、云计算、集成电路等新兴产业的高科技企业，物联网、云计算等新兴产业建设初成规模。区内有立昂旗云、天地合科技、华为、科大讯飞、云从科技等云计算领先企业，有通则康威、华为、美的等物联网领先企业。此外，南沙建有广州物联网研究院、国家物联网标识管理公共服务平台、广州中国科学院计算机网络信息中心、华为（南沙）人工智能创新中心等新兴产业研究院，正加快建设集成电路与物联网产业基地。根据南沙“十四五”规划，“十四五”期间南沙战略性新兴产业增加值占地区生产总值比重将达35%。

（六）数据服务

《南沙方案》提出，加快建设南沙（粤港澳）数据服务试验区，建设国际光缆登陆站。结合目前南沙数据光缆发展情况，提出以下重点建设任务：

1. 加快建设南沙（粤港澳）数据服务试验区

加快加强顶层规划布局，加快高起点编制、出台、实施南沙（粤港澳）数据服务试验区总体发展规划，聚焦数据跨境服务和国际互联网转接业务，协同粤港澳大湾区国家大数据综合试验区，建立以科研院所、企业为主体，产业链联动、产学研用相结合的数据要素高效流通体系，推动数字贸易快速发展。依托“国际数据传输枢纽”南沙节点、广州超算中心南沙分中心、南沙区IPv6根节点和广州数据交易有限公司，协同中航云电信、华为、中国科学院等高科技龙头企业，围绕跨境贸易、离岸金融、人工智能、物联网、云计算、大数据等相关业务领域，引进大型跨国企业区域总部及创新中心落户南沙，培育一批数据服务骨干企业，打造一批数据服务产品，培养一批数据服务一流人才，建设有特色、可示范的跨区域数据服务试验区。加快建设下一代互联网国家工程中心粤港澳大湾区创新中心、南沙国际数据自贸港、广州数据交易有限公司等南沙（粤港澳）数据服务试验区重点项目，协调各有关部门制定项目建设时序表，优先给予资金支持、用地优惠、人才引进等保障。建立健全重大战略重大规划重要举措的项目转化机制，合理安排南沙（粤港澳）数据服务试验区项目建设时序，分年实施推动，形成“投产一批、建设一批、开工一批、储备一批”的滚动发展格局。加快制定粤港澳数据流动监管规范，加快统一粤港澳三地数据服务的口径和产品体系。集中优势资源向南沙（粤港澳）数据服务试验区建设倾斜，在审批服务、筹建服务、政策兑现服务、资金安排、用地、用林和环境容量等方面优先保障。在控制好试点风险以及保障国家安全、网络安全、数据安全和个人隐私保护的基础上，支持南沙（粤港澳）数据服务试验区内政府部门、科研院所和企业进行大胆探索、创新发展。

目前，南沙（粤港澳）数据服务试验区仍处于建设初期，虽然建有中航云电信“国际数据传输枢纽”粤港澳大湾区广州南沙节点、南沙国际数据自贸港项目、广州超算中心南沙分中心和广州数据交易有限公司，但无南沙（粤港澳）数据服务试验区总体规划。“国际数据传输枢纽”粤港澳大湾区广州南沙节点建设已列入“十四五”时期广东自贸试验区重点投资项目清单，南沙国际数据自贸港项目也已纳入广东省重点建设项目计划和工业和信息化部“十四五”规划重大项目。其中，中航云电信“国际数据传输枢纽”粤港澳大湾区广州南沙节点交付暨南沙国际数据自贸港项目战略合作协议签约活动于2022年1月6日举行，项目已全面动工建设，预计2025年底前投产。南沙国际数据自贸港项目则将依托中航云跨境大数据中心和数据要素跨境流通应用等方面的资源优势，围绕跨境数字经济和跨境数字服务贸易，建设一个跨境基础设施基地和一个国际数字经济和服务贸易园区。南沙国际数据自贸港项目建设期约5年，落成后预计年总产值超1000亿元，其中项目直接产出约300亿元，间接带动产业产值400亿至700亿元，将有效增加南沙生产总值并带动相关科技创新、跨境金融及电商物流产业发展，吸引海内外上下游相关产业聚集，带动近5000名复合型人才就业。

2. 推进国际光缆登陆站高水平建设

加快加强顶层规划布局，加快高起点编制、出台、实施国际光缆登陆站总体建设规划，对标国际一流光缆登陆站，采用最前沿技术和行业最高标准，协同多方推进建设高水平国际光缆登陆站，搭建跨境光缆和粤港澳国际数据专用通道，打造国际数据“保税区”和亚太地区数据新枢纽。依托“国际数据传输枢纽”南沙节点、广州超算中心南沙分中心和南沙区IPv6根节点，加强建设国际光缆登陆站软硬件配套设施，集聚一批相关龙头企业。围绕国际光缆登陆站建设，引进大型跨国企业区域总部及创新中心落户南沙，培育带动科技创新型企业项目落地，加强跨境通信数据中心、国际大数据产业园区、粤港澳大湾区电信产业研究院和实验室等设施建设。集中优势资源向国际光缆登陆站建设倾斜，在审批服务、筹建服务、政策兑现服务、资金安排、用地、用林、用海和环境容量等方面优先保障。加强保障国际光缆登陆站安全，协同军方以及其他相关机构建立跨部门工作小组，定期维护管辖范围内的光缆，并会根据故障记录、渔业活动等信息，对海底光缆做安全风险评估，制定发生故障后的应急维护预案。

目前，南沙暂时未开展国际光缆登陆站建设，也无相关总体规划。作为中国和世界交换信息的重要媒介，国际光缆登陆站在中国主要建设在上海、香港和汕头，而且以海底光缆登陆站为主。若南沙国际光缆登陆站建成，将大幅提高南沙的国际通信互联互通水平，为南沙带动粤港澳大湾区参与世界的数字经济和信息技术等合作提供网络基础设施支撑。

（七）科技兴海

《南沙方案》提出，建设好国家科技兴海产业示范基地，推动可燃冰、海洋生物资源综合开发技术研发和应用，推动海洋能发电装备、先进储能技术等能源技术产业化。结合南沙科技兴海发展现状，提出以下重点建设任务：

1. 高水平建设国家科技兴海产业示范基地

加快加强顶层规划布局，加快高起点编制、出台、实施国家科技兴海产业示范基地总体发展规划，深入实施科技兴海战略，打造南方海洋科技新城。依托极端海洋动态过程多尺度自主观测科考设施、冷泉生态系统研究装置、南方海洋科学与工程广东省实验室（广州）、天然气水合物勘查开发国家工程研究中心、中国科学院南海海洋研究所、广州深海科技创新中心等海洋科研机构与高等院校集聚优势，加快推进科技兴海示范基地建设，通过推动和拓展技术单位集聚，加快取得海洋高端工程装备研制等海洋产业核心技术。提高海洋资源综合开发利用水平和海洋产业基础创新能力，以南方海洋科学与工程广东省实验室（广州）

为龙头，布局海洋重大科技基础设施，打造具有全球影响力的海洋科学与工程研究高地。发挥海洋龙头企业和科研机构创新源头作用，围绕海洋装备与精密仪器、海洋新能源新材料、海洋生物医药、海洋食品、海水化学资源提取等领域，开展关键共性技术攻关与产业化研究，形成一批具有自主知识产权的高水平科技成果。推进海洋科技成果转移转化，建设一批海洋技术转移中心和科技成果转化服务示范基地，探索建立异地孵化器和国际技术转移中心，推动各类科技兴海成果在南沙交易落地。依托科技兴海（深蓝智谷）孵化器，加快推动技术实现产业化。建立资源联动机制，支持建设科技兴海（深蓝智谷）孵化器，利用科技兴海示范基地内海洋科研机构和龙头企业资源优势，加大力度培育高成长性中小微涉海企业，推动其成为细分行业领域的“专精特新”企业。支持发展海洋领域绿色金融，重点扶持海洋新兴产业核心技术研发和科技成果转化与产业化，探索成立科技兴海示范基地产业基金。集中优势资源向国家科技兴海产业示范基地建设倾斜，在审批服务、筹建服务、资金安排、用地、用林、用海和环境容量等方面优先保障。及时总结国家科技兴海产业示范基地建设经验、措施和成果，形成一套有特色、可示范、成体系的科技兴海产业示范基地建设模式。

南沙国家科技兴海产业示范基地于2014年12月经国家海洋局批复，成为全国首批12个获得授牌的国家科技兴海产业示范基地之一。该基地按照“一核四区”的布局（“一核”是深蓝智谷，“四区”分别是海洋高新技术产业集聚区、海洋科技人才汇集区、海洋科技创新平台、海洋科技服务综合平台），以公共服务为核心，重点围绕海洋高端工程装备制造、海洋生物育种、海洋医药和生物制品、现代海洋服务四个产业，打造广东省海洋经济综合实验区科技集聚平台。

目前，南沙国家科技兴海产业示范基地正稳步推进建设。广州南沙新区科技兴海产业示范基地双创园地项目（由广州南沙资产经营集团有限公司与广州中国科学院工业技术研究院合作）已于2017年4月开工建设，广州南沙新区科技兴海产业示范基地·深蓝智谷项目暨科技兴海孵化器（由广州南沙资产经营集团有限公司委托广州市乾信经济发展有限公司运营）已完成建设，正在推进建设科技兴海孵化器二期项目以及招商。2021年4月13日，广州南沙新区科技兴海产业示范基地·深蓝智谷项目推介会暨企业交流会在南沙滨海会展中心召开，会上介绍了广州南沙新区科技兴海产业示范基地·深蓝智谷项目的整体规划和发展目标，广州南沙资产经营集团与华南农业大学海洋学院、华南（广州）技术转移中心现场签订战略合作框架协议，共同为南沙区海洋经济建设出谋献策。此外，国家科技兴海产业示范基地依托其培训中心举行了系列海洋专业人才培训班和专业研讨论坛。

2. 推动可燃冰、海洋生物资源综合开发技术研发和应用

大力支持南沙海洋科研机构、高等院校和企业参与国家战略性科学计划和科学工程，开展可燃冰、海洋生物资源综合开发技术研发，创造更多“从0到1”的原创成果。依托极端海洋动态过程多尺度自主观测科考设施、冷泉生态系统研究装置、南方海洋科学与工程广东省实验室（广州）、天然气水合物勘查开发国家工程研究中心、中国科学院南海海洋研究所、广州深海科技创新中心等海洋科研平台，加快推进可燃冰勘查开发、勘探装备、勘查开采、井底钻采等一系列关键核心技术攻关，加快建设冷泉生态系统研究装置，着力打造国家级天然气水合物科研及产业化总部基地建设。支持天然气水合物钻采船（大洋钻探船）建造，推动天然气水合物钻采船码头、龙穴岛钻探岩心库等一批重大产业化项目建设，开展天然气水合物勘探开采、核心技术、装备研发等关键工程技术攻关。稳步推进可燃冰、海洋生物资源综合开发产业化，以加快天然气水合物钻采船建设为主要抓手，支持可燃冰、海洋生物资源综合开发总部基地、服务基地、技术研发基地、集成配套基地及总装基地等基础设施建设，推进海洋生物资源相关食品、医药产业发展，完善产业链体系。推进建立南沙可燃冰产业集群，以龙穴岛为中心，构建集运输、储存、科研、设备维修、后勤、贸易、金融于一体的水合物产业体系。依托南方海洋科学与工程广东省实验室（广州）、华南（广州）技术转移中心和广州深海科技创新中心，积极开展可燃冰、海洋生物资源综合开发技术转移转化，加强科研院所与有技术需求的企业对接。鼓励社会资本建立可燃冰、海洋生物资源综合开发产业发展基金，支持设立可燃冰、海洋生物资源综合开发产业金融租赁或融资租赁公司。

目前，南沙海域可燃冰资源极度丰富、前景可期，但是可燃冰、海洋生物资源综合开发技术仍处于研发阶段且较少推广到产业应用，相关科研基础设施和平台也仍在建设中。南沙建有一批可燃冰、海洋生物资源综合开发技术的科研院所和科创平台（如表3.5所示），其中冷泉生态系统研究装置、广州深海科技创新中心、天然气水合物勘查开发国家工程研究中心、天然气水合物钻采船（大洋钻探船）和龙穴岛深水科考码头及岩心库是可燃冰、海洋生物资源综合开发技术研发和应用的重点平台。2021年12月，我国可燃冰试采领域主力军——广州海洋地质调查局南沙科研基地一期工程已完工，迎来了首批科研人员入驻。

表3.5　南沙可燃冰、海洋生物资源综合开发相关平台及其建设情况

序号	平台名称	建设情况
1	南方海洋科学与工程广东省实验室（广州）	竣工
2	中国科学院南海海洋研究所	续建
3	广州海洋地质调查局南沙科研基地	续建
4	极端海洋动态过程多尺度自主观测科考设施	建设中
5	广州深海科技创新中心	建设中
6	广州海洋地质调查局南沙科研基地	建设中
7	天然气水合物勘查开发国家工程研究中心	建设中
8	天然气水合物钻采船（大洋钻探船）	建设中
9	龙穴岛深水科考码头及岩心库	建设中

资料来源：作者整理（注：上表中“建设阶段”的统计日期为2022年10月）

3. 推动海洋能发电装备、先进储能技术等能源技术产业化

推动制定海洋能产业中长期发展战略，建立海洋能综合管理协调机制，培育海洋能发电装备、先进储能技术等能源技术产业体系。依托南方海洋科学与工程广东省实验室（广州）、华南（广州）技术转移中心和广州深海科技创新中心，积极开展海洋能发电装备、先进储能技术等能源技术转移转化，加强科研院所与技术需求的企业对接。完善海洋能配套法律法规，主要内容包括总量目标制度、配额制度、财政补贴、税收优惠、专项基金支持、低息贷款等。完善海洋能发电装备、先进储能技术等能源技术产业化项目许可流程及标准框架，环保、海洋、审批等主管部门牵头制定专门的海洋能许可流程，缩短及优化海洋能许可时间。完善海洋能发电装备、先进储能技术等能源技术产业化资金支撑体系，采取降低海洋能企业增值税、减免企业所得税、对海洋能企业的研发和开发行为实施税收减免等措施。给予优惠，加强海洋能发电装备、先进储能技术等能源技术产业化跨境投资合作，协助企业突破国际市场壁垒，布局国际海洋能市场。鼓励新能源汽车电池生产企业探索研发适用于海洋能源的先进储能技术，推进交叉学科在产业层面融合。

目前，南沙海洋能发电装备、先进储能技术等能源技术产业化进展相对较缓慢且相关公开资料较少，能源技术产业化主要发生在新能源汽车领域，海洋能源以可燃冰和海上风电为主。根据南沙“十四五”规划，南沙海洋能源产业重点发展天然气水合物、海上风电领域，打造可燃冰开发总部基地、服务基地、技术研发基地、集成配套基地及总装基地。

（八）高新企业亏损结转年限优惠

《南沙方案》提出，对南沙有关高新技术重点行业企业进一步延长亏损结转年限。结合目前南沙企业亏损结转规定，提出以下重点建设任务：

根据《南沙方案》，在广东省财政厅和广东省税务局的指导下，加快建立南沙有关高新技术重点行业企业亏损结转年限优惠政策跨部门协商工作机制，加快制定享受延长企业亏损结转年限优惠的高新技术重点行业目录和认定渠道，明确亏损结转年限延长的具体年限。加快细化明确南沙有关高新技术重点行业企业亏损结转年限优惠政策的具体操作规程，依情况调整“高新技术企业优惠情况及明细表”等申报表。制定优惠政策宣传解读方案，最大程度方便南沙有关高新技术重点行业企业申报办理，为企业的科技创新进一步松绑。政策执行中及时总结评估，广州市财政局、广州市税务局、南沙区财政局、南沙区税务局向广东省财政厅、广东省税务局书面报送政策运行及评估情况报告。

目前，南沙在高新企业亏损结转年限上享受与广州市其他区相同的优惠规定。根据《财政部　税务总局关于延长高新技术企业和科技型中小企业亏损结转年限的通知》（财税〔2018〕76号），南沙区内当年具备高新技术企业或科技型中小企业资格的企业，其具备资格年度之前5个年度发生的尚未弥补完的亏损，准予结转以后年度弥补，最长结转年限由5年延长至10年。高新技术企业是按《科技部　财政部　国家税务总局关于修订印发〈高新技术企业认定管理办法〉的通知》（国科发火〔2016〕32号）认定的高新技术企业。此外，根据《财政部　税务总局　发展改革委　工业和信息化部关于促进集成电路产业和软件产业高质量发展企业所得税政策的公告》（2020年第45号）第二条规定，南沙区内国家鼓励的线宽小于130纳米（含）的集成电路生产企业，属于国家鼓励的集成电路生产企业清单年度之前5个纳税年度发生的尚未弥补完的亏损，准予向以后年度结转，总结转年限最长不得超过10年。

（九）产业税赋优惠

《南沙方案》提出，对先行启动区鼓励类产业企业减按15%的税率征收企业所得税，并已推出《广州南沙企业所得税优惠目录（2022版）》。结合目前南沙企业税赋规定，提出以下重点建设任务：推进落实先行启动区鼓励类产业企业享受税收优惠。

根据《南沙方案》，在广东省财政厅和广东省税务局的指导下，迅速建立南沙先行启动区鼓励类产业企业税收优惠政策跨部门协商工作机制。推进广东省协同广州市、南沙区研究提出享受企业所得税15%优惠税率的产业目录，报省政府审定后，呈报财政部会相关部委审批。根据财政部和税务总局颁布的有关《南沙方案》中税收优惠的具体相关配套政策，细化南沙先行启动区鼓励类产业企业优惠税收政策的具体操作规程。制定优惠政策宣传解读方案，最大程度方便先行启动区鼓励类产业企业申报办理。政策执行中及时总结评估，广州市财政局、广州市税务局、南沙区财政局、南沙区税务局向广东省财政厅、广东省税务局书面报送政策运行及评估情况报告。

大湾区内南沙区、前海深港现代服务业合作区和横琴粤澳深度合作区均已出台相关的政策（如表3.6所示），对符合条件的企业按照15%的标准税率征收企业所得税。根据《南沙方案》，设在南沙先行启动区且符合条件的鼓励产业可减按15%的税率征收企业所得税。对于企业（特别是盈利能力强的企业）来说，有效降低税负成本是一个重大利好。在横琴、前海之后，南沙成为粤港澳大湾区第三个实施15%优惠税率的地区。

表3.6　南沙、前海与横琴企业所得税优惠情况

区域	企业所得税优惠
南沙	1. 先行启动区鼓励类企业减按15%的税率征收企业所得税。 2. 《广州南沙企业所得税优惠目录（2022版）》包含8大类共140项产业
前海	1. 至2025年12月31日，对设在前海深港现代服务业合作区的符合条件的企业减按15%的税率征收企业所得税。 2. 《前海深港现代服务业合作区企业所得税优惠目录（2021版）》包含5大类共30项产业
横琴	1. 对设在横琴粤澳深度合作区符合条件的产业企业，减按15%的税率征收企业所得税。 2. 《横琴粤澳深度合作区企业所得税优惠目录（2021版）》包含9大类共150项产业

资料来源：作者整理

四、推动国际化高端人才集聚

（一）港澳人才政策创新

《南沙方案》提到，创新人才政策体系，实施面向港澳人才的特殊支持措施，在人才引进、股权激励、技术入股、职称评价、职业资格认可、子女教育、商业医疗保险等方面率先取得突破。结合目前南沙人才政策情况，提出以下重点建设任务：

1. 在健全的基础上创新人才政策体系

加大人才服务保障政策力度和广度，优化整合广东省人才优粤卡、广州市人才绿卡和南沙人才卡提供的服务保障，纳入南沙人才政策体系。减少“享受人才服务需要协商协调”的人才服务保障兑现情况，明确不同种类人才在子女入学学校、就医医院等服务中享有的保障标准。加强在南沙有关部门间协调、普及人才政策的保障支持，确保人才能真正享受到如免费乘坐交通工具、免费享受文化娱乐服务、优先就医等便利。加强人才政策线上咨询宣传工作，充分发挥南沙区人才服务热线电话、智能问答平台、电子邮箱、单位微信联络群等咨询渠道的作用，以及南沙区人才网站、微信、抖音等线上宣传平台功能，通过线上会议、云端宣讲等人才“云服务”形式帮助用人单位和人才了解政策，强化线上咨询和政策宣传工作。

目前南沙初步形成包括人才奖励补贴、安居保障、服务保障的人才政策体系。但是，现有人才政策以奖金补贴为主，民生服务保障政策的占比和保障力度很小（如图3.2所示）。因此，需积极提高政策体系中民生服务保障政策的占比和

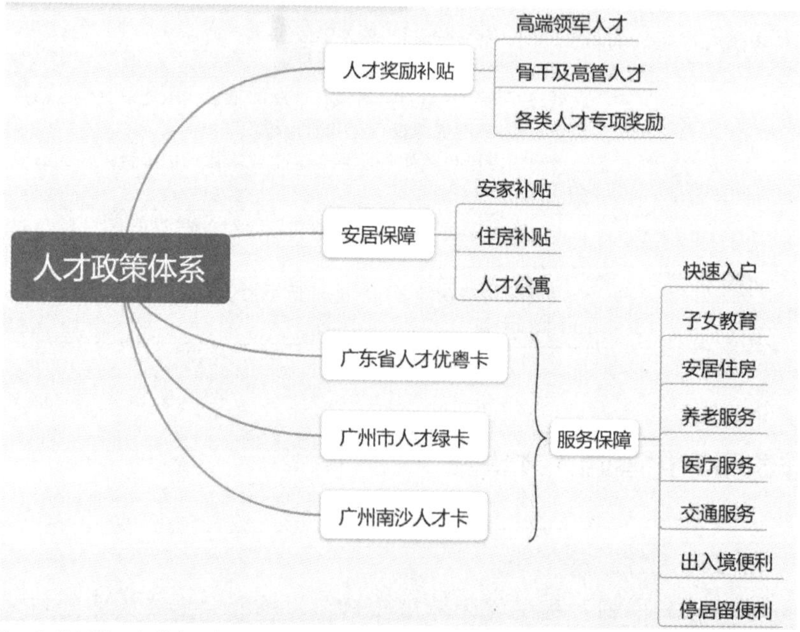

资料来源：作者根据《广州南沙新区（自贸片区）集聚人才创新发展若干措施实施细则》等系列文件整理

图3.2　南沙人才政策体系

保障力度，实现“引进来，留得住”。

2. 加快落实《广州南沙新区创建国际化人才特区实施方案》

在从《广州南沙新区创建国际化人才特区实施方案》分解细化形成的85项任务中，加快目前取得阶段性进展的11项任务落地与全面实施，积极推进其余74项任务。

现阶段《广州南沙新区创建国际化人才特区实施方案》实施进度较慢，后续任务量较大。

3. 实施面向港澳人才的特殊支持措施

在现有人才政策体系中区分港澳人才与外籍人才，优化政策设置，加大对港澳人才的政策支持力度。在《支持港澳青年在粤港澳大湾区就业创业的实施细则》系列政策的基础上，实施港澳人才专项计划，加快出台相关方案与实施细则，填补空白。南沙可从便利港澳人才在南沙就业、创业和生活三方面为港澳人才提供特殊支持。

在就业方面，鼓励南沙企业招聘录用港澳人才，对符合条件的港澳人才及招聘录用的企业按照政策给予补贴；制定政策，允许首次在南沙购买住房并符合条件的港澳人才享受相应优惠待遇。

在创业方面，将在南沙创业的法定劳动年龄内的港澳居民纳入自主创业人员范围，享受现行各项创业补贴及创业扶持政策；设立支持包括港澳青年在内的港澳人才在南沙创业的基金，并对符合条件的创新创业项目以股权投资形式给予支持。

在生活方面，统筹安排足量的人才住房房源，定向配租给经有关部门认可的港澳人才创新创业基地运营机构，解决符合条件的港澳人才的住房困难问题；进一步完善在南沙区就业和生活的港澳人员参加社会保险有关政策，贯彻落实国家关于持有居住证的港澳居民参加城乡居民养老保险、医疗保险政策；在大湾区国际人才一站式服务窗口和大湾区（广东）国际人才驿站的基础上，单独开辟服务窗口、驿站或安排专门服务人员，提供港澳人才“一站式”综合服务；在南沙区统一的电子政务平台设立港澳人才专栏等。

现有港澳人才特殊支持措施主要集中在港澳青年创业就业方面，非青年的港澳人才的相关支持措施较少，且政策支持大多与外籍人才相同。

4. 探索实施人才引进、股权激励、技术入股、职称评价、职业资格认可、子女教育、商业医疗保险等方面人才政策

探索结合重点产业发展需求制定实施差异化人才引进政策。探索技术入股、

股权期权激励、分红奖励等激励政策以及收益分配政策，允许高校、科研院所和国有企业的科研人员、高技能人才参与技术入股。优化专业技术人才职称公共服务，提升职称评审系统信息化服务职能，进一步精简申报材料。大力推广在线面谈答辩，提升参加职称评审的便利度。推动南沙与港澳职业资格、职称评价和行业标准互认，在《关于推进粤港澳大湾区职称评价和职业资格认可的实施方案》的基础上逐步实现港澳人才全专业领域在大湾区的便利执业，加快出台除建筑和交通工程以外全专业的港澳人才在内地申报职称的规范性文件，完善港澳专业人才职称评审机制，实现专业技术人才申报材料就近提交。明确不同层次人才子女入学标准，避免现有“协商协调”等模糊不清的情况。“外引内培”，加强南沙国际化基础教育配套，依托国际教育园引进国际优质中小学教育资源及师资力量，探索在公办学校设立招收国际学生的国际部，试点开展双语教学，为高层次人才子女入读幼儿园、义务教育阶段公办学校提供保障。在市属三甲医院探索实施国际医疗保险结算服务。

目前，南沙人才引进、职称评价、职业资格认可、子女教育相关人才政策均已实行，但股权激励、技术入股和商业医疗保险等相关人才政策欠缺。然而，现行政策体系中已实行的人才政策仍相对落后，不能满足现阶段发展需要。

（二）港澳个税免征

《南沙方案》提到，对在南沙工作的港澳居民，免征其个人所得税税负超过港澳税负的部分。结合目前南沙港澳居民的个税情况，提出以下重点建设任务：制定个人所得税优惠政策实施细则。

根据《财政部税务总局关于广州南沙个人所得税优惠政策的通知》和《2022年度广州市南沙区港澳居民个人所得税优惠政策申报指南（征求意见稿）》，建立港澳居民个人所得税优惠政策跨部门协商工作机制，细化明确港澳居民享受个人所得税优惠政策的具体操作规程，制定优惠政策宣传解读方案，最大程度方便港澳居民申报办理。根据意见反馈调整征求意见稿。2022年11月，广州市财政局、国家税务总局广州税务局联合印发《广州南沙个人所得税优惠政策实施办法》。政策执行中及时总结评估，每年度个人所得税汇算清缴结束后，30个工作日内广州市财政局、广州市税务局、南沙区财政局、南沙区税务局向广东省财政厅、广东省税务局书面报送政策运行及评估情况报告。推动按年度调整完善申报指南，在兼顾申报简便和贴近还原港澳税负原则下，不断提高税收征管服务水平。

在《南沙方案》出台前，在广州市行政区域范围内工作的境外高端人才和境外紧缺人才，其在广州市缴纳的有关个人所得税已缴税额超过其按应纳税所得额的15%计算的税额部分，已经可以根据粤港澳大湾区个人所得税补贴的优惠政策申请免税财政补贴。此次个税优惠政策的提出标志着优惠政策将在广州市现行补贴政策的基础上进一步惠及在南沙工作且未被纳入高端人才和紧缺人才的港澳居民。大湾区内广东省的九个城市适用的是境外高端和紧缺人才可享15%税负差额补贴的政策，而非免税政策。横琴的个税政策与澳门趋同，南沙的政策则是同时与港澳趋同。这标志着南沙将建造与港澳趋同的个人所得税税负环境，为港澳居民到南沙就业创业、生活居住提供更多的便利条件，这也有利于进一步推动国际化高端人才在南沙集聚和粤港澳大湾区融合发展。

2022年11月，广州市财政局、国家税务总局广州税务局联合印发《广州南沙个人所得税优惠政策实施办法》，明确了南沙个人所得税减免条件、范围和征收管理等方面的实施细则。2023年起，在南沙区工作、取得来源于南沙所得的香港、澳门特别行政区居民可采用自行办理或委托办理方式进行申报享受个人所得税优惠。

（三）高端人才引进

《南沙方案》提出，支持南沙实行更大力度的国际高端人才引进政策，对国际高端人才给予入境、停居留便利。结合目前南沙高端人才引进情况，提出以下重点建设任务：

1. 提高国际高端人才引进政策的深度和广度

为实行更大力度的国际高端人才引进政策，一是要提高国际高端人才引进的奖励、补贴和科研资助金额，明确政策兑现细则，重点做好国际高端人才特定待遇政策落地服务。二是要拓展国际高端人才的来源渠道，集聚重点岗位需求以面向全球大力招揽高端人才，在人才奖励补贴、项目资助、政府引导基金等方面予以一事一议重点支持。

实施人才引进重点工程计划。围绕南沙重点发展的新一代信息技术、人工智能、海洋科学与工程、生物医药、新能源和新材料等产业领域，实施全球高层次人才精准引进计划，引进顶尖科学家和具有颠覆性技术的创新创业团队。

此外，在《广州南沙国际化人才特区集聚人才若干措施（征求意见稿）》审批同意后，加快落实其中的“顶尖人才领航计划”“高端人才倍增计划”“海外人才集聚计划”“人才贡献奖励计划”“人才引育伯乐计划”和“人才无忧服务计划”。

目前，南沙国际高端人才引进政策以奖励补贴为主，服务保障政策则以广东省人才优粤卡、广州市人才绿卡和广州南沙人才卡提供的服务为主。其中，部分人才奖励补贴的兑现政策不明确。此外，现有公示名单显示，目前国际高端人才主要来自事业单位、企业和社会组织，高校和科研院所占比少。

2. 提高国际高端人才出入境便利化水平

一是简化办理出入境签证的流程和申请材料要求。缩短办理签证时间至3个工作日，放宽所需的纳税额、社保缴纳期限等要求，提高人才流动便利化。无论是往来港澳商务签注或是一般出入境签证，现行的人才签证办理流程虽然略微简化了申请材料和纳税社保等要求，但办理时长仍较长，需多个部门层层审批，详见《广州南沙新区（自贸片区）集聚人才创新发展若干措施实施细则》第一百五十四条和第一百五十七条。

二是延长出入境签证的有效期并增加来往次数。对南沙区内高校、科研院所、重点企事业单位邀请的外籍知名专家学者，以及来南沙商务访问的企业境外分支机构外籍高端人才，换发入境有效期超过5年的多次入境有效访问签证。在南沙区内推广普及现阶段的试点工作（对高校、科研机构、医院、企业的教学及科技等高端人才按需办理往来港澳多次商务签注），同时明确“按需办理”的具体情况。

三是探索在南沙设立口岸签证机构，开展口岸签证业务。目前国际高端人才出入境政策主要依照《广州南沙新区（自贸片区）集聚人才创新发展若干措施实施细则》第六章第三节“出入境便利化”实施。总体上，南沙现行出入境政策中缺乏对国际高端人才的特殊支持政策，他们仍面临纳税额、社保缴纳期限、签证次数、签证有效期等方面的限制，而且签证办理流程有简化空间。

3. 提高国际高端人才停居留便利化水平

一是试点外籍高端人才享受与港澳人才相同的停居留条件。拓展在华永久居留申请的评价体系，推动国际人才停居留条件“去籍化”。允许在国内外高水平大学取得硕士及以上学历的优秀外国留学生和外国人在南沙就业、创业和居留。

二是允许在南沙就业创业的港澳及外籍高端人才聘雇外籍家政服务人员。允许外籍家政服务人员申请办理私人事务类居留许可，制定申请条件和申请流程。

三是开展技术移民试点。探索建立涵盖外籍高层次人才认定、外籍技术人才积分、外籍创业人才积分等多种渠道的技术移民体系，搭建移民交流互动综合平台，为外国人提供政策咨询、居留旅行、法律援助、语言文化培训等服务。目前，国际高端人才停居留政策主要依照《广州南沙新区（自贸片区）集聚人才创新发展若干措施实施细则》第六章第三节“出入境便利化”实施。南沙国际高端人才虽然可以通过“自贸片区管委会推荐”直接申请在华永久居留资格，但是具体流程不明确。除此政策之外，国际高端人才不享有特殊政策支持。

（四）人才产学研培养

《南沙方案》提出，实施产学研合作培养创新人才模式，加快博士后科研流动站、科研工作站以及博士后创新实践基地等载体建设，鼓励国际高端人才进入南沙。结合目前南沙产学研合作情况，提出以下重点建设任务：

1. 实施产学研合作培养创新人才模式

重点推进香港科技大学（广州）、中国科学院大学广州学院等高校建设，加快吸引和培育一批国际一流学者、学科带头人和高水平创新科研团队。围绕南沙重点发展的新一代信息技术、人工智能、海洋科学与工程、生物医药、新能源和新材料等产业领域，支持建立产学研联盟，推动学校教授队伍、研究生高层次人才队伍和企业技术专家队伍的集聚。加快建设粤港澳大湾区博士后科技创新（南沙）公共研究中心。探索“双元制”教育模式，深化产教融合和现代学徒制培养试点。支持南沙创建集科研、教学、培训、交流于一体的国家级技能人才综合发展基地，加快集聚产业发展需要的高技能人才。加强粤港澳大湾区旅游教育培训基地（广州合作中心）建设，深化与澳门旅游学院、瑞士洛桑学院等在旅游教育领域的合作，建设高水平、国际化旅游专业特色院校。

南沙外引内培双措并举创新人才培育新模式，现有香港科技大学（广州）等多个高校以及科研机构、企业的产学研合作平台，首个穗港产学研基地——广州南沙志愿服务产学研基地已于2020年10月22日揭牌。同时，南沙正依照《广州南沙新区创建国际化人才特区实施方案》加快建立具有竞争优势的人才引进培养机制。但是，目前南沙产学研合作机制缺乏创新，产学研仍处于初期阶段，预期收益不确定。同时，人才培育新模式仍处于探索阶段。

2. 加快博士后科研流动站、科研工作站以及博士后创新实践基地等载体建设

一是加快完善南沙区内现有博士后科研流动站、科研工作站以及博士后创新实践基地等载体建设。依托区内现有高校、科研机构、企业，合作建设博士后科研流动站、科研工作站以及博士后创新实践基地等载体。支持粤港澳大湾区博士

后科技创新（南沙）公共研究中心与南沙重点产业领域企业共建博士博士后联合创新创业基地。

二是机构化、成建制引进国内外一流科研机构。支持推动国际一流组织、实验室、国际科技组织等在广州南沙设立分支机构或合作共建博士后科研流动站、科研工作站以及博士后创新实践基地等研发机构。支持中国科学院在穗研究所、国家重点实验室等科技创新资源集聚建设博士后科研流动站、科研工作站以及博士后创新实践基地等载体。

三是加强博士后科研流动站、科研工作站以及博士后创新实践基地等载体的招才引智枢纽作用。探索南沙重点企事业单位博士后工作站试点开展独立招收博士后科研人员，通过独立招收博士后等高端人才，服务南沙科研机构、科技企业。推动博士后科研流动站、科研工作站以及博士后创新实践基地等载体建立创新创业指导委员会，为符合条件的博士后提供科技成果产业化所需的创新创业导师、科技金融服务和市场等资源。

截至2022年8月初，南沙区内共有博士后流动站、工作站（分站）7家，博士后创新实践基地10家，博士工作站8家。相较于南沙现有的高校、科研机构和科技企业数量，南沙目前拥有的博士后科研流动站等载体数量较少。这些载体成立时间相对较短，仍处于发展阶段，可吸纳更多人才。此外，现有载体在科技成果转化、创业前期金融服务上提供的支持有限，相关机制不健全。

3. 加大柔性引才力度

支持南沙建设海外人才离岸创新创业基地，支持企业、科研院设立境外研发机构、分支机构或离岸孵化基地，就地吸引聘用高层次人才。支持国际高水平学术会议（学术组织）和人才大会等在南沙举办或永久落地。完善实行人才“揭榜挂帅”制度，依托大项目大平台聚集高水平优秀人才，面向全球高层次人才、团队征集原创思想和方案，解决重点发展领域关键核心技术问题。建设南沙国际人才驿站，通过短期服务、项目合作、科技咨询、技术入股、合作经营多种方式柔性使用国内外人才智力资源。

现行人才引进政策主要依照《广州南沙新区（自贸片区）集聚人才创新发展若干措施实施细则》，引才方式较传统，以提供奖励补助扶持为主，“一对一”地专人负责引才，效率和透明度均较低。此外，南沙目前引入的人才中高层次人才和海外人才占比较少。

（五）人才服务国际化

《南沙方案》提出，大力发展国际化人力资源服务，搭建国际人才数据库，建设好人力资源服务产业园区，允许符合条件的取得内地永久居留资格的国际人才创办科技型企业、担任科研机构法人代表。结合目前南沙国际化人力资源服务情况，提出以下重点建设任务：

1. 大力发展国际化人力资源服务

发挥大湾区国际人才一站式服务窗口、大湾区（广东）国际人才驿站和粤港澳大湾区职称和职业资格业务一站式服务平台作用，打造专业人才综合国际化服务体系。发展国际人才鉴定、国际猎头等新型服务业态。制定国际人才开发路线图。每年评选一批国际化创新型人力资源服务机构、国际化人力资源服务业领军人才、国际化人力资源服务创新项目，给予奖励补贴。依托“一港、一卡、一站”［“一港”指粤港澳大湾区人才港体系，“一卡”指广东省人才优粤卡，“一站”指大湾区（广东）国际人才驿站］，加快构建全方位全链条国际人才综合服务体系。加快落实《广州南沙新区创建国际化人才特区实施方案》中“优化人才服务保障”和“保障措施”任务。

目前南沙已开展医疗、基础教育、金融等国际化人力资源服务，建有大湾区（广东）国际人才驿站、大湾区国际人才一站式服务窗口、中国广州人力资源服务产业园南沙园区等重要平台载体，正积极推进落实《广州南沙新区创建国际化人才特区实施方案》中国际化人力资源服务相关任务。但是，现提供的国际化人力资源服务主要针对港澳人才，面对海外人才的特殊人力资源服务措施较少，且服务种类和水平有提高的空间。

2. 加快推进国际人才数据库建设

建立完善系统的国际人才数据库，通过采集、存储分析人才成长过程中的相关信息，结构化构建人才成长档案数据库，为人才的培养、选拔、使用、管理与交流提供依据。绘制全球国际人才地图，把握国际人才流动的特点和趋势，为南沙国际人才的集聚提供科学依据。形成政府积极引导、市场主体加大投入、社会组织适度参与的分工协作机制，以本土猎头、职业社交平台、企业、高校等市场主体为主角，充分发挥市场的力量，同时吸引国内外专业智库、中介服务机构等第三方机构参与国际人才数据库建设。

南沙目前依托南沙区人力资源管理系统、南沙区科技专家库和南沙区系列行业（包括人工智能、建筑行业等）专家库对全区机关、事业单位人员进行动态管理，并全面收录区内科研院及企业人才信息，开展人才服务。但南沙区人力资源管理系统、南沙科技专家库和南沙区系列行业（包括人工智能、建筑行业等）专家库主要聚焦南沙区内现有人才，未掌握国际上人才的相关数据，无法满足南沙日益增长的高水平人才需要。此外，南沙区人力资源管理系统于2018年上线使用，其设计框架和功能相对落后。

3. 完善人力资源服务产业园区建设

推进中国广州人力资源服务产业园南沙园区加速发展，大力宣传并积极落实《中国广州人力资源服务产业园南沙园区发展扶持办法》和《中国广州人力资源服务产业园南沙园区发展扶持办法实施细则》，集聚一批综合实力强、专业化程度高的人力资源服务机构和品牌活动，全力推动粤港澳大湾区人力资源服务业规模化发展。

加强中国广州人力资源服务产业园南沙园区与港澳人力资源服务业的交流协作，引进国际人力资源服务机构，加快发展跨境人力资源服务。加强人力资源服务产业智库建设，着力将南沙园区打造为人力资源服务创新发展试验基地，充分发挥市场作用，促进人才向南沙流动集聚。

南沙现建有中国广州人力资源服务产业园南沙园区。该园区于2020年4月28日成立，依托国际人才港，以三中心两平台（人才政务服务中心、人才评价中心、人才培训中心和人才大数据动态管理平台、人力资源全链条服务平台）为建设框架，拟打造9.18万平方米国家级人力资源及相关产业服务园区。截至2023年1月，已有17家单位入驻人力资源服务产业集聚区，26家单位已获批待入驻。

4. 制定符合条件的国际人才创业和任法人代表政策的实施细则

允许符合条件的取得内地永久居留资格的国际人才创办科技型企业、担任科研机构法人代表。目前南沙区在《南沙方案》的指导下，主要依据广州市科学技术局、广州市发展和改革委员会和广州市市场监督管理局印发的《持永久居留身份证外籍人员创办科技型企业试行办法》，加快南沙建立政策跨部门协商工作机制，细化明确符合条件的国际人才创业和任法人代表政策的具体操作规程，制定政策宣传解读方案，在政策执行中及时总结评估。

第四章

合作重点任务 II：创建青年创业就业合作平台

一、协同青年创新创业

（一）持续推进大众创业、万众创新，激发市场活力

《南沙方案》指出，要持续推进大众创业万众创新，聚众智汇众力，更大激发市场活力。广东省、广州市、南沙区三级政府都高度重视创新创业，重视人才，积极整合全国、省、市科学技术协会（以下简称“科协”）的组织优势和人才优势，与南沙精准对接，促进南沙科技创新与产业合作，为南沙发展提供科技支撑。

每年在广州举办的中国创新创业成果交易会（以下简称“创交会”），正成为展现中国创新成果的新名片。2022创交会在线上平台设立了南沙展区。通过办好创交会，能够组织全国创新创业成果与南沙产业发展需求精准对接，同时通过举办南沙主场活动，大力推介南沙科创、产业政策和创新成果。同时用好广州市政府与中国工程院合作委员会智库平台，进一步发挥高端智库作用，努力为南沙发展提供智力支撑和战略咨询。

2022年下半年举办了广州·南沙创新发展院士峰会，邀请院士汇聚一堂，围绕南沙在科技创新、产业转型、科研跨境合作等方面的实际需求与南沙区政府、企业代表等开展咨询研讨，助推南沙创新发展。

广州市科协还将推动“广聚英才”三大品牌项目在南沙落地。市科协首先将通过“国际学术会议之都”项目，将高端国际学术会议落户南沙；其次通过青年科技人才托举项目，将广州地区各高校、科研院所的高端导师资源导入南沙，与南沙重点产业青年科技人才对接培育；最后通过设立院士专家工作站来聚焦南沙重点发展的智能制造、数字产业、海洋产业、现代养殖业等重点产业需求，推进南沙高新技术企业在关键技术研发、人才培养、科技成果转化应用等方面取得成效。

近年来，南沙在促进港澳青年创新创业发展方面不断探索，出台了许多鼓励政策，如《广州南沙新区（自贸片区）集聚人才创新发展的若干措施》《广州南沙新区（自贸片区）支持港澳青年创业就业“新十条”措施》等，并搭建了众多双创平台，取得了较为积极的成效。

（二）提升青年创新创业平台环境，丰富服务内容

南沙区围绕服务港澳青年更好融入国家发展大局这一目标，精准对接港澳青年创新创业需求，加大政策支持力度，搭建粤港澳青年创业就业试验区，重点建

设粤港澳（国际）青年创新工场、“创汇谷”粤港澳青年文创社区两大双创合作发展平台。

其中，创新工场以“香港标准、国际资源、技术先导、研发支撑”为特色，重点服务粤港澳青年及在校学生，致力于打造具有国际特色的粤港澳青年创新创业综合示范平台和国际化产学研创新实践基地；“创汇谷”作为南沙国际（港澳）青年人才特色社区的核心组成部分，以“青年特色、港澳元素、前端定位、综合服务”为导向，重点服务初入职场的港澳青年，以文化创业、全媒体运营、创意设计为切入点，提供政策扶持、要素咨询、场地支持、赛事支撑等服务。

同时，南沙区积极响应《南沙方案》中“进一步优化提升粤港澳（国际青年创新工场）、‘创汇谷’粤港澳青年文创社区等平台环境，拓展服务内容”的要求，继续完善双创平台建设，引入创享湾TIMETABLE粤港澳创新创业基地（以下简称“创享湾TIMETABLE基地”），积极完善以粤港澳（国际）青年创新工场、“创汇谷”粤港澳青年文创社区为中心的港澳青年创新创业基地矩阵建设，10个基地错位竞争、互补发展，全区已聚集300多个港澳台青创企业创新发展。

当前政府及高校的创业优惠政策虽多，但更多是倾向科技创新类项目的扶持，对大部分创意、服务类项目的扶持力度相对较小；很多“好玩”的文史哲类创意文化项目，往往因为科技含量较低，难以进行外部融资，最终“胎死腹中”。因此在拓展服务内容方面，南沙可以从以下三个方面进行加强：一是注重实现粤港青年新媒体互联网创意产品孵化；二是注重实现青年流行文化创意产品的孵化；三是建成集设计试验、设计体验、产品展示、设计社交及创意培训的专业场所。可在双创平台、园区内设创意学院，每周或每月开展培训沙龙，为青年创业提供理论支持。

（三）利用现有创业孵化基地，重点支持港澳青年

创享湾TIMETABLE基地作为创享湾粤港澳合作的重要平台，将为港澳青年创业提供一流的环境和载体，为粤港澳创新创业青年提供全方位孵化服务，连接粤港澳三地更多年轻人，引进港澳优秀的科技创意项目，为推进粤港澳大湾区建设贡献创新智慧力量。

2020年以来，知名青创运营品牌TIMETABLE、粤港澳（南沙城）国际青创社区相继落户南沙；南沙粤澳青年商务中心、新华工合空间和高锋集团相关青创项目等也落户创享湾。截至2021年7月，全区共落户各具特色、各有侧重的港澳青年

创新创业基地8家，创新创业矩阵基本形成。各基地签约入驻创业团队总数超300个，其中港澳青创项目240个。2022年7月15日，创享湾TIMETABLE基地与普诗恩（广州）企业咨询服务有限公司、香港广东青年总会、澳门爱国教育青年协会等首批入驻企业和合作伙伴签约。

南沙亦根据《粤港澳大湾区发展规划纲要》有关要求，围绕服务港澳青年创新创业，积极推动创新工场进一步发展，以省级孵化器的标准，支持构建集交流、培训、实训、孵化、展示、对接等功能于一体的活动空间，并对创新工场引进的优质创新创业团队给予启动经费补贴、场租补贴、贷款贴息等政策扶持。

当前南沙要继续按照《南沙方案》的要求，鼓励现有各类创业孵化基地、众创空间等开辟拓展更多专门面向港澳青年的创新创业空间，以吸引更多港澳创新创业团队入驻。

（四）构建高层次双创政策支持体系

当前，南沙着力打造了以“创享湾”为龙头，以创新工场、“创汇谷”2个省市示范基地为核心的港澳青年创新创业基地矩阵，10个基地错位竞争、互补发展，目前全区已聚集300多个港澳台青创企业创新发展，双创发展生态持续向好。

广州南沙粤港合作咨询委员会下设立青年创业就业专项工作组，建立粤港青创合作“超级联系人”，动员凝聚粤港澳力量共同推动大湾区青年融合发展。广州南沙政务服务中心港澳青创分中心为港澳创业青年落户南沙提供政策兑现、税收指引、投融资、企业培训等“专家＋管家式”的服务；并开辟“绿色通道”，为港澳青创企业提供企业投资准入、市场准营、孵化器平台备案、政策兑现、税收指引、政企互动等多方面无偿服务，以及企业培训、创业指导、组织专家对入驻港澳青创企业生产经营疑难问题诊断等服务，为港澳青创企业提供包含专业化服务机构、创业投融资机构等在内的各类创业资源，解决其从落户到运营不同阶段遇到的问题。

南沙积极响应大众创新、万众创业的号召，近年来出台了若干支持创新创业的政策、文件。但是，一个较为突出的问题是现有的政策较为分散，缺乏系统继承性，且有些政策与文件已不适应当今发展的需要，因此需要加强对政策的协同。南沙为响应《南沙方案》，于2022年6月30日发布《广州南沙新区（自贸片区）支持港澳青年创业就业“新十条”措施》（以下简称“新十条”），内容涵盖鼓励港澳青年就业、服务实习、促进职业成长、支持创办企业、推动青创企业成长提速、打造创新创业示范基地、开展交流活动、帮助安居置业、发放“港澳青年人才卡”、建立港澳青年服务驿站十条措施，从企业落户、配套支持、场地租金、创业成长、投融资支持、青创基地运营等方面构建了全链条创业服务体系和全方位多层次政策支撑体系，为港澳青创项目提供全生命周期创业支撑。

目前，南沙实施各类优惠支持政策40余项；发起设立总规模100亿元人民币的穗港澳青年创业股权投资基金；落地交通银行港澳“青创贷”及“房达通”业务，为港澳青年落实购买共有产权住房，推出专属港澳青年的“港澳新青寓”，为港澳青年在南沙创业就业提供全生命周期、全方位的保障支持。聚焦大湾区港澳人士子女入学需求，率先在区属广州外国语学校附属学校等学校开设了港澳子弟班，筹建广州南沙民心港人子弟学校等，为港澳人士子女在南沙接受基础教育提供便利条件。在政策服务体系构建方面，南沙区积极推动人员交流“心联通”，完善便利港澳居民政策措施体系。深入实施港澳青年来穗发展“五乐”计划，位于南沙创享湾的五乐服务中心设有交流区、展示区、路演区、综合服务办公区等，功能配套齐全，并围绕港澳青年发展需求，重点打造创新创业“生态圈”、实习就业“朋友圈”、教育研修“学习圈”和乐享宜居“生活圈”，让港澳青年在南沙创新创业有平台、实习就业有岗位、教育研修有通道、安居乐业有保障；还可以以五乐服务中心为中心，在外围建设打造集经营办公、生活居住、文化娱乐于一体的综合性创客社区。

（五）落实相应的税收优惠政策

《南沙方案》明确了五方面的税收优惠政策：（1）对作为先行启动区的中国（广东）自由贸易试验区南沙片区的南沙湾、庆盛枢纽、南沙枢纽3个区块鼓励类产业企业减按15%的税率征收企业所得税，并按程序制定优惠产业目录；（2）对南沙有关高新技术重点行业企业进一步延长亏损结转年限；（3）对在南沙工作的港澳居民，免征其个人所得税税负超过港澳税负的部分；（4）创新科技合作机制，落实好支持科技创新进口税收政策；（5）支持符合条件的一站式创新创业平台按规定享受科技企业孵化器税收优惠政策。

《南沙方案》明确的税收优惠对相关企业和港澳居民而言是重大利好。鼓励类产业企业的税率由最高25%减至15%，显著减轻企业负担，鼓励企业专注研发生产和扩大投资，激发市场活力，提升企业竞争力，增强市场主体参与广州南沙建设的意愿，增强港澳企业扎根广州南沙发展的信心，促进产业改造升级，全面推进粤港澳大湾区建设，提升粤港澳合作水平。同时，高新技术重点行业企业的亏损结转年限在最长不超过10年的基础上进一步延长，将有效解决广州南沙技术含量高、投资回报周期长的企业在原规定时间内难以弥补亏损的问题，为企业的科技创新进一步松绑。对在广州南沙工作的港澳居民免征个人所得税税负超过港澳税负部分的政策，遵循了内地税制，对接了香港、澳门税制，进一步营造了税负趋同香港、澳门的宜居宜业环境，便利香港、澳门居民到广州南沙创业就业，提升港澳青年创业就业环境，为港澳长远发展注入新动力、提供新空间、创造新机遇。支持符合条件的一站式创新创业平台按规定享受科技企业孵化器税收优惠，并落实好支持科技创新进口税收政策，都同时在协同推进青年创新创业、加快建设科技创新产业合作基地、支持港澳融入国家发展大局等方面添动力。

其中，《南沙方案》重点指出要“支持符合条件的一站式创新创业平台按规定享受科技企业孵化器税收优惠政策”，目的是降低一站式创新创业平台运营成本，更好促进青年创新创业。南沙要在符合《财政部　国家税务总局关于科技企业孵化器税收政策的通知》的基础上，创新性、灵活性地为科技企业孵化器以及一站式创新创业平台提供更优惠的税收政策，并全力推动各项税收优惠政策落实落细，切实发挥优惠政策的实效。

（六）对港澳青年到南沙创业给予相应扶持政策

《南沙方案》指出，符合条件的港澳居民到南沙创业的，纳入当地创业补贴扶持范围，可同等享受创业担保贷款和贴息等当地扶持政策。该举措不仅能吸引港澳居民来南沙创新创业，还能增强港澳青年对国家的认同感、归属感。

除了创业补贴层面，还要从多方面推动港澳青年群体享受同等待遇。在社会保障、教育、医疗等方面实施与内地居民同等条件。探索实行人员流通便利化机制，研究实施湾区统一互认的身份识别机制。在行业许可方面，加快实现与港澳行业资格互认，成熟一行实施一行，在生活性服务业、医疗诊所、文化创意、产品制造等领域加快取消就业许可、投资准入条件。

（七）港澳政府资助创业团队直接享受南沙创业扶持政策

香港特别行政区政府和澳门特别行政区政府为鼓励当地青年在传统就业取向以外开拓新的选择和机会，实践创业理想，并为当地的经济发展注入新的动力，分别设立了“青年发展基金”“创意智优计划”和“青年创业援助计划”等项目，协助他们减轻创业初期的资金压力。《南沙方案》提出，给予获得以上项目资助的港澳团队直接享受南沙创业扶持政策的待遇。

能够获得香港、澳门相关创业发展支持计划资助的创业团队，是已经通过港澳相应项目审核部门考察的，创业团队的可靠性、发展性等有一定的保证，对南沙引进港澳创业团队的工作起到了一定筛选作用。南沙要大力引进取得港澳政府资助的创业团队，必须为其提供良好的政策条件，吸引这些优良团队入驻南沙。给予其直接享受南沙创业扶持政策的优惠待遇，一方面，不仅能给受港澳资助的创业团队极为便利的创业条件与较低的创业成本，吸引其入驻南沙；另一方面，该举措也是对香港、澳门特别行政区政府鼓励当地青年创新创业工作的肯定，有利于促进粤港澳三地进一步的合作与联系，提高港澳青年群体对国家的认同感与归属感，更有利于“立足湾区、协同港澳、面向世界”重大战略平台的建设发展。

（八）加大南沙创投政策宣传力度，营造优质双创生态圈

广州南沙积极建设粤港澳青年国际化创业交流平台，粤港澳（国际）青年创新工场每年举办香港科大百万奖金（国际）创业大赛、创业培训及路演等多项活动，通过香港科技大学、霍英东研究院链接政府机构、投融资机构和产业界合作伙伴，以政策、资本和市场赋能创业。近年来，各项创新创业赛事和培训活动共吸引3400余个国内外创业团队报名参赛，超过121个港澳创业项目和团队通过赛事平台入驻南沙，逐步形成具有影响力的港澳青年创新创业集群。南沙应继续响应《南沙方案》，大力开展“创业导师”“创业大赛”“创业培训”等创新创业赛事和培训活动，同时还要注重对创业典型案例的挖掘。

虽然南沙政府已出台相应的创新创业优惠政策且开展了相应的宣传，但仍有大量的青年对南沙缺乏了解，对相关的优惠政策更是知之甚少。例如，有参加了“创汇谷杯”第二届创新创业大赛获奖并最终获邀进入南沙开设企业的香港青年企业家表示，直到赢得了创新创业大赛，才得知南沙有香港科大研究院及霍英东研究院。因此，对南沙创业投资政策环境的宣传力度还应进一步加大。一方面，可以在各种创新创业赛事与培训活动期间对政策进行大力宣传，讲解南沙创业投资政策环境。另一方面，有关部门应像企业进行校园招聘一样，直接走进大学校园，面向大学生（不限于毕业生）宣讲南沙有关创业投资的政策，让港澳大学生了解南沙优质的创新创业生态圈。

二、提升实习就业保障水平

（一）深入实施“百企千人”实习计划，落地更多人才项目

南沙以实习促就业，通过打造港澳青年学生实习基地，为南沙政府和企业储备发展人才。由广州市南沙区青年联合会主办的港澳青年学生“百企千人”工作项目于2015年启动谋划，2016年首批试点，2017年全面推进，每年为港澳青年提供超1000个实习岗位，设立不少于200万元专项实习补贴，目截至2023年1月，已累计开发超140家实习单位、1400个优质实习岗位，共吸引2044名港澳学生参与实习。以政府牵头、企业参与的形式建立“港澳青年学生实习就业基地”，为港澳青年学生提供优质岗位与培训，港澳青年学生可申请包括自贸区工作部门、金融机构、大型央企、外资企业在内的多个实习岗位。“百企千人”实习计划使港澳青年学生能够通过这个窗口了解南沙的优势和未来，力促港澳青年与实习单位达成就业意向，鼓励他们“留下来”，强化港澳青年的转化力。

《南沙方案》指出，不仅要深入实施港澳青年“百企千人”实习计划，同时要落地一批青年专业人才合作项目。其他青年专业人才合作项目的设立可以借鉴“百企千人”实习计划建设的经验与思路，力求项目品牌化，注重精而不是多。可以从以下建议中寻找思路。

可以以南沙区高校，如香港科技大学（广州）为基地，联合香港大学、香港中文大学、澳门大学、中山大学等粤港澳高校组织创办“大湾区高校青年人才联盟”，因此项目的参与对象主要为在校的港澳籍大学生。在联盟内部根据学科专业领域下设不同部门，聘请业界英才导师作为部门负责人与组织者，与南沙区政府、企业密切联系，通过课题解决其现实需求与问题，在寒暑假期间邀请联盟内学生齐聚南沙，线下参观企业、研讨问题，使各高校港澳学生通过参与共同课题进一步交流与合作，同时也能更好地了解南沙，为人才引进提供契机。

依托创业孵化平台，举办形式多样的青年创业大赛，吸引港澳青年团队入驻。举办青年创业大赛要注重品牌性的打造，政府要给予有力的财政支持与补助，力求保证大赛的规范性、专业性、高含金量，借助各种传媒工具加大宣传力度，提高对港澳青年团队的吸引力。同时也要充分发挥青年创业大赛带来的积极效益，可以根据南沙发展的实际情况、所需所求制定创业大赛的主题，吸引南沙缺少的、亟须的创业团队入驻，进一步完善南沙创新创业的环境与人才储备。

（二）提供更多有吸引力的专题实习岗位

香港就业竞争越来越激烈，大学生就业不容易。而内地市场大，发展潜力大，北上发展不失为一个好选择，香港特别行政区政府开展的“内地专题实习计划”正是支持、鼓励香港大学生来内地实习的举措。

不少香港学生认为，现在内地和香港的交流很密切，他们要知道和内地人的沟通、合作模式是怎样的，也要了解竞争环境及经济状况。现在工作很多时候要和内地同事合作，与来自不同地方的人沟通，内地实习让他们学习如何从内地人的角度去思考问题，看待事情也较全面。港生北上实习这一新风尚为香港大学生了解内地打开了一条新通道，借此了解内地文化、增长见识，还能为未来职场或履历添砖加瓦，是一段丰富的体验和成长经验，也为港生未来的就业提供了更广阔的视角和更多的选择。

南沙要积极响应《南沙方案》的要求，大力支持香港特别行政区政府扩大“内地专题实习计划”，并且提供更多有吸引力的专题实习岗位。除“百企千人”实习计划外，2022年7月8日，2022年港澳台大学生暑期实习活动（广东分会场）在南沙创享湾TIMETABLE粤港澳创新创业基地正式启动，帮助港澳大学生更深入、全面、客观了解实习地科技经济社会发展情况，为他们创新创业提供机遇、创造条件，增进港澳青年的历史认同、文化认同、价值认同和发展认同。

在提供专题实习岗位的安排上，可以与高校进行合作与对接，面向在校港澳大学生，根据不同专业的就业方向在相应企业、单位安排对口的实习岗位与培训，建立定点的专题实习岗位，港澳青年学生可申请包括自贸区工作部门、法律部门、金融机构、大型央企、外资企业在内的多个实习岗位。同时，要聆听港澳大学生的心声，通过问卷调查、座谈会等形式了解他们现实的实习需求，进而开发相应的、需要的、有吸引力的实习岗位，为他们提供更多内地实习机会，帮助他们开阔视野、了解国情、积累职场经历，并借此提高自身的竞争力，为未来的就业铺路。

（三）为在南沙就业的香港大学生提供津贴

近两年，为支持香港青年在大湾区内地城市就业创业，香港特别行政区政府先后推出了“粤港澳大湾区青年创业资助计划”“粤港澳大湾区创新创业基地体验资助计划”等。2021年1月，香港特别行政区政府推出“大湾区青年就业计划”，鼓励在香港及大湾区内地城市均有业务的企业聘请香港的大学毕业生，派他们到大湾区内地城市工作。参与企业须提供不低于1.8万港元的月薪，特区政府以每名毕业生每月1万港元的标准给企业发放津贴，为期最长18个月。该计划推出以来，共收到417家企业提供的约3500个职位，香港毕业生提交的求职申请也超过2万份。

南沙积极响应《南沙方案》中提出的“支持香港特别行政区政府设施‘大湾区青年就业计划’，为在南沙就业的香港大学生提供津贴”工作要求，出台了相应政策，明确了对港澳青年的津贴与补助。南沙区出台的人才政策《广州南沙新区（自贸片区）集聚人才创新发展的若干措施》在个人经济贡献奖励、企业高管奖励、个人职业能力提升等方面对港澳青年给予奖励，并形成了“住房补贴+人才公寓+共有产权房”的港澳青年安居保障体系。新出台的“新十条”奖补力度全国领先，单个在南沙就业的港澳青年3年最高可获51.5万元奖补资金。值得一提的是，南沙还在全国首创“薪金补贴”“职业资格、技术职称和执业资格证书补贴”“促进就业奖励”“一卡走南沙”4项独有条款，政策优势突出，如给予南沙就业执业的港澳青年一次性最高12万元就业奖励，并增设每月最高5000元薪金补贴，给予聘用港澳青年的用人单位最高20万元招聘录用奖励，并对促成港澳青年南沙就业的人力资源服务企业组织机构给予最高10万元促进就业奖励。

当前，南沙应在为来内地就业的港澳青年提供津贴的基础上，完善提供津贴的相关制度与规范。例如，在就业、住房、生活等方面出台专门政策措施，给予一定人才补贴、住房补贴、税费减免补贴等。同时加大对津贴举措的宣传力度，提高对港澳青年人才的吸引力。

（四）推动南沙国有企事业单位引进港澳人才

南沙积极引进符合条件的港澳青年人才，不仅要包括创新创业类的商业人才、知识顶尖的学术人才，也要大力吸纳综合型高素质人才进入事业单位、法定机构、国有企业。在国有企事业单位中任用港澳青年人才，不仅可以使用人单位人才资源更加多元化，为单位注入活力，同时他们也能更好地代表港澳居民的声音与诉求，使政策的制定更加符合在南沙居住的港澳居民利益，激发港澳青年在南沙发展建设中的参与感与认同感，为他们更好融入大湾区发展提供良好的平台。

近年来，南沙区政府部门、法定机构、国有企业也正在积极开发专属港澳青年的就业岗位。截至2021年7月，共有11名港澳青年在区商务局、区政数局、区产业园管理局和南沙区开发建设集团任职。同时，南沙深入贯彻落实《粤港澳大湾区发展规划纲要》“推进港澳居民中的中国公民依法报考内地公务员工作”的具体要求，开展了“定向港澳选拔职位”人才引进方案，选调港澳青年进入公务员队伍。与以往港澳籍人士在广东省内担任公务员（如自2002年起香港与内地多城市合办“公务员交流计划”）不同，首批定向港澳招录从港澳籍青年应届毕业生当中选拔人员，是先行先试的一项重要政策。港澳青年在广州（南沙）创业和担任公务员既是人才交流的有益尝试，也将为粤港澳在更多领域紧密合作夯实基础。随着粤港澳大湾区建设不断融合发展，将有更多的港澳青年在广东担任公务员、政府雇员等公职人员。

当前，虽然在南沙区国有企事业单位任职的港澳青年人才绝对数量还较少，但质量较高，南沙在港澳青年人才引进方面仍有较大潜力与空间。南沙区应继续按照《南沙方案》的要求，不断推动南沙事业单位、法定机构、国有企业引进符合条件的港澳青年人才。一方面，应制定一些吸引港澳青年人才入职南沙国有企事业单位的政策，提供更多有吸引力的相应岗位。另一方面，可以赋予国有企事业单位更充分的用人自主权，设置特设岗位专门用于引进高层次的港澳青年人才，为港澳青年人才提供更多国有企事业单位职位。在积极增加港澳人才数量的同时，也要注重引进港澳人才的质量，制定恰当的人才引进标准与条件，保证国有企事业单位人才队伍的高素质，才能更好地保证南沙发展的高质量。

（五）建设公共就业综合服务平台，维护港澳居民就业权益

《南沙方案》指出，要“建设公共就业综合服务平台，进一步完善有利于港澳居民特别是内地学校毕业的港澳学生在南沙就业生活的政策措施，维护港澳居民在内地就业的权益”，通过提供有温度的公共就业服务，为各项工作的开展落实选优和配强人才，通过推进公共就业服务共建共享，助力打造南沙建设人才方阵。因此，公共就业综合服务平台建设研究具有重要的现实意义。

一直以来，广东人才网、广州人才网、南沙区人才网等就业服务平台为促进广州市和南沙区就业工作发挥了重要作用，但这些平台大多以就业为导向，不够综合全面，而且南沙自有的服务平台建设也不够完善，南沙公共就业服务的综合化、数字化水平仍有待提升。

在公共就业综合服务平台的建设中，要重视信息服务管理系统与人工智能的应用。推动岗位需求与求职者信息快速精准匹配，提高用人单位招聘效率，缩短求职者搜寻信息等待期，促进“岗得其人”“人适其岗”是公共就业综合服务

平台建设不可或缺的原则和要求。人工智能、云计算、大数据等信息技术的快速发展为“人岗速配”提供了条件。“人岗速配”信息服务管理系统建设应该被嵌入公共就业综合服务平台，更好地实现求职者“知岗”、用人单位“知人”。同时，可以设置并优化人才招聘专栏，构建人企直接互动的新形态招聘体系，保障招聘单位免费及时发布用工需求、求职者在线遴选岗位并投递简历，在平台设置用人单位与求职者实时沟通对话专页，同时动态加强用人单位招聘监管，对招聘信息的真实性予以检验，切实保护劳动者的合法权益，简化求职者补贴申请流程，提高求职与用工的匹配效率。在平台建设中，也要注重综合性，可以在平台中设立“法律咨询与服务”“办证服务”等专栏，为港澳青年办理就业事项提供连续与便利的服务，保障其在内地的就业权益。

（六）加强就业配套服务保障

在加强就业配套服务保障方面，《南沙方案》指出要从住宿公寓、通勤、子女入托等方面提供便利条件，帮助港澳居民解决到南沙工作的后顾之忧。

住宿方面，南沙出台共有产权住房试点等扶持政策，推出“港澳新青寓”等人才公寓。“港澳新青寓”首期位于南沙区中铁建环球中心8号楼，共22套房源，建筑面积28.98平方米至51.76平方米，长租公寓16套，短租公寓6套。港澳青年凭南沙区委统战部发放的推荐入住卡入住公寓。长租公寓主要面向来南沙区就业、创业的港澳青年，租赁期限为1个月及以上，提供“省心套餐”服务，房间家私齐全，配有空调、电视、洗衣机、冰箱、电磁炉等。短租公寓面向在南沙短暂停留、面试或考察的港澳青年，租赁期限为1个月以内，提供“贴心套餐”服务，入住港澳青年享受一站式酒店式公寓服务，可直接拎包入住。南沙将继续深耕“港澳新青寓”品牌，推动项目二期和三期建设。“港澳新青寓”的投入使用有效解决了港澳青年住房问题，为港澳青年融入南沙、融入湾区增添了信心。

通勤方面，交通基础设施正在不断建设与完善。南沙庆盛枢纽区块拥有高铁、地铁、高速等多维立体轨道，交通优势明显，“半小时交通圈”基本形成：广深港高铁南沙庆盛站35分钟直达香港西九龙；广州地铁十八号线（首通段）开通运营，南沙30分钟直达广州中心城区；在广珠澳高铁建成后，庆盛枢纽区块将成为内地唯一高铁同时直达港澳的区域。即使不在南沙居住，便利的交通也为港澳青年每日在南沙与港澳之间通勤提供了可能。

子女入托方面，南沙聚焦大湾区港澳人士子女入学需求，率先在区属广州外国语学校附属学校等学校开设了港澳子弟班，筹建广州南沙民心港人子弟学校等，为港澳人士子女在南沙接受基础教育提供便利条件。

在政策服务体系构建方面，南沙区积极推动人员交流“心联通”，完善便利港澳居民政策措施体系，深入实施港澳青年来穗发展“五乐”计划。位于南沙创享湾的“五乐”服务中心设有交流区、展示区、路演区、综合服务办公区等，功能配套齐全，并围绕港澳青年发展需求，重点打造创新创业“生态圈”、实习就业“朋友圈”、教育研修“学习圈”和乐享宜居“生活圈”，让港澳青年在南沙创新创业有平台、实习就业有岗位、教育研修有通道、安居乐业有保障。

虽然南沙在就业配套服务保障方面给出了很多便利，但是仍然存在一些问题，需要继续加强保障。

一方面，当前南沙大规模的城市开发建设已经呈现，可以预见，不用几年，南沙的城市基础设施将大大完善，吸引外部投资的能力会进一步加强，人们更愿意到此安居乐业。那么，就要防止该地区房地产价格在短期被炒高。资本快速涌入南沙，大幅度提升南沙房价对吸引人才以及南沙的经济发展都是非常不利的。所以，政府要有长远意识，不可只为眼前的经济发展盲目开发房地产，必须立足于产业稳健发展的需要，切实为吸引人才、留住人才做准备，真正保证南沙经济的可持续发展。同时，今后政府要在建设人才公寓、房地产开发配建人才用房以及租赁用房方面切实加大工作力度，让人才的居住有保障，使南沙真正具备人才吸纳优势。

另一方面，针对港澳学生对到南沙实习或就业的顾虑的问卷结果反映，无论是实习还是就业，南沙离市区远，通勤时间偏长是港澳青年对到南沙工作的最大顾虑。其中，就选择实习地点而言，近四成的被访者表示到南沙实习最大的顾虑是南沙离市区太远；其次是实习期回学校不方便，超过三成的人表示这一考虑会影响他们对假期是否到南沙实习的决策。香港与南沙之间交通不便，是阻碍香港青年到南沙创业的首要因素。可见，缩短交通时间，拉近南沙与港澳之间的心理距离，降低交通成本，是提升南沙新区对港澳青年就业吸引力的首要要素。目前，从香港到南沙有两种主要交通方式，一种是从尖沙咀乘船直达南沙港码头，另一种是坐火车到深圳或广州市区，再换乘交通工具到南沙。两种方式单程耗时约为2—3小时。这一通勤时间无疑拉大了港澳青年心目中港澳与南沙之间的心理距离。南沙与港澳并不毗邻，存在天然交通运输障碍，尽管“十三五”期间南沙政府重点围绕打造大湾区“半小时交通圈”，大力推动综合交通运输体系建设，不断加大交通基础设施投入，但与港澳两地的便捷交通基础设施尚在建设当中，广珠澳高铁在《南沙方案》发布后近期内才将规划建设提上日程，直至其建成通车，南沙才能实现高铁直达港澳两地，因此通勤保障在现阶段还不是很完善，南沙政府需要加紧交通基础设施的建设，尽早提供良好的通勤保障。

三、加强青少年人文交流

（一）规划建设粤港澳青少年交流活动总部基地

2022年6月28日广州市南沙区港澳青年五乐服务中心（以下简称“五乐服务中心”）在南沙创享湾全面启动。五乐服务中心由粤港澳三地青年发起组建，围绕促进粤港澳青少年交流融合发展的总目标，承接服务广东省粤港澳青少年交流促进会，衔接广东全省、连接港澳两地各项促进粤港澳青少年交流活动，服务港澳青少年来大湾区（南沙）求学成长、就业生活、创业发展等需求，为港澳青少年“乐创、乐业、乐学、乐游、乐居”提供全方位服务，助推港澳青少年参与大湾区建设、融入祖国发展大局。《南沙方案》指出要在南沙规划建设粤港澳青年交流活动总部基地，新成立的五乐服务中心的工作性质与活动内容能较好地满足条件，因此可以将其作为粤港澳青少年交流活动总部基地。这样不仅可以节约另建活动总部基地的财政支出，还可以使该服务中心的运营更加规范、工作更加充实，避免了青少年交流基地分散导致的资源浪费与效率低下。

在粤港澳青少年人文交流活动创新开展与研学旅游合作方面，港澳学生去内地交流是必需的，但要把文化交流效果做得更加突出，努力优化内地游学内容极为重要，可以让香港学生比较客观全面地认识内地的发展现状。为打造港澳青少年成长全周期交流生态圈，弥补港澳青年缺乏内地人脉与社会文化体验的不足，要从儿童游玩、少年交友、大学生互动、青年文创等人生成长阶段性主题出发，扩大游学基地辐射范围和联络机制。还可以利用5G优势，线上线下多种形式同时开展交流。持续推进港澳高校与中山大学、华南理工大学等内地高校之间的交流合作，学期内课程研学与寒暑期游学相补充，完善学分置换制度与住行条件，为高校之间的交流提供更便利的条件，为粤港澳青少年搭建更广泛、高层级的学习交流平台。同时要充分发挥老师的影响力，不同地区关系密切的导师之间可各自带领学生进行交流互动，通过研讨、文旅等活动增强对港澳青少年学生潜移默化的影响。

在促进人文交流过程中要着力打造一系列品牌特色项目，对现已开展的“自贸初体验”“职场直通车”“文体对对碰”等项目更要大力扶持，给予财政支持，将其打造成有品牌效应的特色项目。以“职场直通车”为例，南沙团区委协同南沙当地部分企业，邀请在内地上学的港澳籍学生进企业实地参观体验。企业负责人等会结合粤港澳大湾区经济带建设情况、未来区域发展、人才培育重点及历年企业校园招聘实际，介绍企业人才聚拢、深化人才交流的需求，诚邀高校学子共享城市发展机遇，助力粤港澳大湾区建设，并就求职重点注意事项提出建议，回答学生心中关于求职的种种疑惑。该活动是促进粤港澳青少年交流工作的重要举措，也能够帮助港澳大学生培养良好的职场心态，为走好未来职业路打好基础。类似的品牌项目能够使相关的青少年交流活动的举办与组织更加常态化、规范化，在港澳同学当中树立良好形象与口碑，产生积极的效应。

（二）定期举办青年交流活动

人才的交流和碰撞，会给一个区域的创新和发展带来巨大能量。未来科技的竞争一定是人才的竞争，让大湾区的人才互动起来至关重要，南沙区应按照《南沙方案》指出的“定期举办粤港澳青年人才交流会、青年职业训练营、青年创新创业分享会等交流活动”要求部署人才交流工作。

对青年人才交流会的策划，可以将青年人才分为科技人才、技能人才、创业精英、海归人才等类别，通过开展讲座、邀请相应领域有带头示范作用的英才举办交流会等形式吸引粤港澳青年人才前往，为其提供人才之间进一步交流与合作的机会，以优秀人才的激励和榜样作用，展现南沙区将全力为各领域优秀人才创造更好条件、提供最优服务、营造最佳环境的决心。

青年职业训练营要以职业规划训练为主要任务，可以将在校港澳籍大学生作为重点培育对象，利用寒暑假举办就业职业训练营。通过聘请企事业单位HR授课，提高港澳学生制作简历、面试等能力，并让其了解一些行业氛围与特征，对就业规划产生更清晰的认识。同时，创造条件让港澳青年学生实地参观南沙当地企业、单位等，企业与单位可以向其介绍人才引进政策，有助于港澳青年学生对南沙就业形式与政策有更好的了解，也有助于南沙引进人才、留住人才。

青年创新创业分享会的开展可以依托人才创新创业挑战赛的举办，以赛事平台挖掘更多创新创业团队资源。同时，可以邀请港澳创新创业人才、团队等前往南沙各个产业园区、孵化器、科技创新平台进行实地考察，近距离感受南沙创新创业环境，在参观活动中促进各人才、团队、企业单位之间的交流与合作。

（三）携手港澳联合举办多样文艺活动

作为国家全面深化改革和对外开放的前沿，粤港澳大湾区承载着建设社会主义先进文化和增强民族文化自信的重大使命。粤港澳大湾区建设“人文湾区”，是在“一国两制”背景下，凝聚人心，促进港澳青年融入国家发展大局，共同为中华民族复兴伟业贡献力量的实践路径。岭南文化是粤港澳地区的文化底蕴，也是促进粤港澳青少年加强交流互动、提升其国家自豪感、培育湾区人文精神的重要基础。青少年是粤港澳大湾区未来建设的重要力量，有必要充分利用岭南文化，促进粤港澳青少年间的交流，培育湾区人文精神，形成共建人文湾区的合力。因此，南沙区要积极把握当代岭南文化的传播趋势，大力发掘并创新顺应粤港澳青少年文化交流需要的路径与形式，携手香港、澳门联合举办多种形式的文化艺术活动，以增进粤港澳青少年文化认同和铸牢中华民族共同体意识，为建设“人文湾区”赋能。

在开展与港澳交流的文艺交流活动方面，具有代表性的“穗港澳青少年文化交流季”系列活动已连续举办了7年，吸引逾12万名青少年参加。“2022穗港澳青少年文化交流季”在《南沙方案》发布的背景下开展。本届交流季以“赓续文脉 共创湾区”为主题，举办“2022穗港澳青少年文化交流季启动仪式”“粤港澳大湾区中小学生故事大会”“粤港澳青少儿书画大会”“人文湾区青少年行”等系列活动，引导穗港澳青少年传承和传播岭南文化和爱国主义情怀。其中，“粤港澳中小学生故事大会”首开新媒体展示平台，青少年以“湾区榜样，心向祖国”为主题进行故事视频创作，并可通过“视频号+话题”的方式广泛展示；“人文湾区青少年行”将带领穗港澳三地青少年走访十余条历史文化游径，让青少年用眼睛观察、用脚步丈量、用心感受，体会岭南文化的源远流长、文化的融合与创新，以新视角和新途径读懂湾区故事，推动人文湾区建设；“青少年湾区历史学堂”系列讲座将以南沙区为坐标，持续在南沙开展优秀基地挂牌和交流活动，帮助青少年融入南沙，读懂南沙。

岭南文化是粤港澳青少年文化认同的基础与重要支撑，南沙区应进一步重视对港澳青少年进行岭南文化的熏陶，不断增强其认同感与凝聚力。在文化工作方面，南沙区可以从以下几点建议出发不断完善：

1. 注重“四动”的实现

“四动”即“动脚”“动耳”“动嘴”“动心”。举办粤港澳文化交流活动时，多为青少年提供实地参观、学习交流的机会，如组织港澳青少年到内地寻根祭祖，到博物馆、爱国教育基地、文化景点参观等，增强青少年真实的参与感，此为“动脚”；举办有关岭南文化、中华传统文化、爱国主义等主题的讲座，加深港澳青少年对国家历史文化的认知和认同感，这是“动耳”；举办学习爱国主义或内地文化心得的演讲比赛、爱国主义歌唱大赛等，激发港澳青少年民族意识，此即“动嘴”；突破程序化、模式化、机械式安排，切实让港澳青少年在交流活动中交心、交友，发自内心地产生文化认同感，自发通过社交媒体、课堂、日常交往等将所学到的知识传播给更多的港澳青少年，是谓“动心”。

2. 推动组织机制的转变

南沙政府及相关部门牵头是一方面，另一方面也要充分发挥民间组织、社会团体的作用。可以充分发挥学生社团、社会志愿者组织的能动作用，给予正确引导，支持其自愿组织、自愿联系，在彼此获取联系结对后可定点联系不同的基地定期活动。这种方式可以大大增加文化交流活动的数量，同时举办形式也更加灵活、多样。

3. 培育系列国家级、品牌化游学基地

打造多类型游学基地，如经典景区、科普基地、农作体验营地等；结合湾区抗日史迹、黄埔军校、孙中山故居等文旅资源，打造品牌游径；再选择一批有特长（如粤剧、剪纸等劳作课程）的中小学与香港中小学联合在各研学基地开展活动，寓教于乐。

4. 携手港澳推动“人文湾区”内容创作传播

鼓励粤港澳新媒体青年、团队拍摄系列湾区文旅视频，然后通过网络传播给港澳社会；动员港澳游学学生撰写专门面向海外华人青少年的华文杂志文稿，加大中华文化海外传播的力度；发动民间青年社团举办粤港澳青年论坛，从历史文化、情感交流、电竞比赛、社会公益等许多方面找到共同关注的话题，通过多种传播形式向广大港澳青年传递内地的发展理念、发展成果与国家形象。

第五章

合作重点任务 III：共建高水平对外开放门户

前海合作区位于深圳西部蛇口半岛的西侧、珠江口的东岸，紧临香港国际机场和深圳机场两大空港。前海具有良好的海陆空交通条件和突出的综合交通优势，在粤港澳区域内具有重要战略地位。

一、建设中国企业“走出去”综合服务基地

（一）携手深化对外经贸合作

“面向世界的合作”意味着南沙区合作的对象不仅是港澳，还包括通过港澳扩展的世界其他国家和地区。《南沙方案》本着“面向世界的合作”宗旨，坚持用世界眼光推进南沙建设，指出要依托广州特别是南沙产业和市场基础，携手港澳不断深化对外经贸合作。广州南沙近年来致力于打造以战略性新兴产业和未来产业为引领、先进制造业和现代服务业“双轮驱动”的大湾区现代产业新高地：战略性新兴产业加快培育，生物谷、数字谷、健康谷等一批战略性新兴产业园区加快建设，截至2022年7月，有高新技术企业超740家、人工智能和生物科技企业超620家；先进制造业加快发展，广汽丰田新能源车产能扩建项目（一期）、电装二期、芯聚能等项目投产，智能网联汽车产业园、集成电路产业园、中科空天飞行科技产业化基地全面动工，已形成汽车、造船、高端装备等先进制造产业集群，汽车制造业产值连续四年突破千亿，以不断加强与港澳产业优势互补。

在产业发展各有所长、协调互补的基础上，南沙携手港澳拓展双向开放，推动实现以已有产业和市场基础、国际贸易网络以及南沙本身的空间、成本、港口、交通等综合优势为基石，以内地企业、落地港澳企业和外资企业为载体，不断增强整体竞争实力，抢抓经贸合作机遇。南沙区过去取得的对外经贸合作成绩包括：2021年全区新设外商投资企业283个，同比增长15.5%；累计落户港澳企业2700多家，投资额达到1170亿美元；合同利用外资额达412.22亿元，同比增长11.9%；新引进世界500强企业投资项目26个，累计223个，较2017年增加124个；2021年全区外贸进出口总额2600亿元，同比增长14.7%，较2017年增加约649亿元，年均增速7.4%，占2021年广州市外贸进出口总额的24.0%，其中综保区进出口额预计实现780亿元，增长40%；跨境电商进出口货值增长约七成，整车出口超2.7万辆，文化艺术品保税进口额增长2.9倍，国际中转集拼业务进出口额增长71.8%；全球优品分拨中心累计实现进出口货值约200亿元。

1. 提供优质“走出去”公共服务资源

南沙作为立足湾区、协同港澳、面向世界的国家重大战略平台，近年在对外投资领域成绩斐然：2022年上半年，南沙对外投资规模在全市各区中位列第二，在海底电信光缆、跨境电商、航运物流等领域涌现出一批境外投资合作典型项目。南沙想要在共建高水平对外开放门户方面走上新台阶，还需在维持原有投资规模的基础上，不断整合“走出去”专业服务资源，提供更多优质的“走出去”公共服务资源，在广东省、广州市的扶持下建设中国企业“走出去”综合服务基地，为企业提供对外投资及境外安全风险防范“一站式”服务，进一步提升企业境外风险防范意识，帮助企业维护海外安全和合法权益。

为此，在《南沙方案》印发后，广东省商务厅紧盯“共建高水平对外开放门户”主要任务，把支持南沙开放发展摆在突出重要位置来抓，在厅内建立《关于支持服务广州南沙特事特办十项工作机制》，成立服务南沙工作专班和“绿色通道”。除此以外，自2021年起，广东省商务厅就依托各地市商务局和第三方专业服务机构汇集各类“走出去”专业服务资源，启动广东省对外投资合作“千百十”综合服务项目，为全省1000家以上“走出去”企业提供对外投资合作信息服务，为100家以上企业提供对外投资合作领域“一对一”上门咨询服务，协助各地市商务系统组织了10场以上对外投资服务和境外风险防控专题培训活动，编写并发布了《广东“走出去”企业境外派遣人员安全手册》等；2022年8月1日，由广东省商务厅主办、广州市商务局支持、南沙经开区商务局承办的《南沙方案》共建高水平对外开放门户交流会——“千百十”境外投资专场活动在南沙举办。“千百十”综合服务项目在2022年也完成了升级，进一步扩大企业受益面，上线企业专页，新增境外安全风险识别与防控专项服务等，将服务重点聚焦于企业境外项目合规经营，提高风险防范及应急处突能力等内容，进一步贴合企业实际经营需要，引导“走出去”企业实现谋发展与防风险的同频共进。“千百十”专项服务项目的实施有效带动了地市商务局“走出去”公共服务工作水平，通过商务部门和专业服务机构三级联动的工作机制，较好地促进了广州及南沙优化及完善对外投资公共服务体系，在迅速扩大全省“走出去”企业服务覆盖面的基础上，进一步提高了具体地区对外投资合作服务内容的精准度，带动了南沙乃至全省“走出去”公共服务水平的整体提升。

2. 建设国际知名消费会展首选地

打造国际性知名展会的首选地不仅向外商企业深刻展示了南沙举足轻重的外贸

平台地位，也为南沙携手港澳深化对外经贸合作提供大好的宣传机会与广阔的消费市场。此前，南沙为此实施的措施和取得的成就包括但不限于：2021年10月出台的《广州市南沙区建设进口贸易促进创新示范区的政策措施》明确了对在南沙开办进口展会的机构给予50%的费用补贴、每个机构每年补贴最高不超过50万元的进口会展鼓励措施；2020年，南沙不断叠加综保区优势政策，与广州会展中心海关创新推出“保税+会展”汽车进口新模式，将多方政策三重叠加，推动打造“365天永不落幕的进口汽车保税展示中心”，既满足了市民近距离参观、采购的要求，又降低了企业展销、通关成本。平行进口汽车试点企业和南沙综保区内企业，可依托南沙综保区开展平行进口汽车保税仓储、进出区、保税展示交易等经营活动。

尽管如此，南沙在推动会展活动多样化、智能化、高质量发展、拉动消费功能导向以及与港澳地区的展会合作等方面还有所欠缺，未来还需推动优质展会加快发展成为品牌展会，提升品牌展会国际化水平；推动集展示、购物、餐饮、娱乐休闲为一体的会展商业广场融合发展；引育国际知名展会，申办国际性展会活动，承办汽车、医疗保健品、珠宝钻石、艺术品等重点行业全国大型巡回品牌展会；探索“新业态+会展”模式，推动数字化产业链等新兴产业与会展融合发展；建设数字化、智能化、专业化会馆，发展虚拟会展、在线体验等会展新业态；深化与港澳会展促进机构的合作，鼓励共同组织举办展览和互相组织企业参展。

3. 建设印刷业对外开放连接平台

《南沙方案》指出，要推动建设粤港澳大湾区印刷业对外开放连接平台。广东是印刷大省， 印刷业总体经济规模排全国第一， 拥有占全国总量20%的印刷企业。广东一批基础较好的印刷企业近年来借助已有的互联网研究基础，结合制造业发展，已经成功转型，实现了数字化网络化制造，从而提高了广东印刷业的创新水平。因此，创新平台与科研力量对大湾区的创新能力具有重大支撑作用，对于广东印刷业创新而言是新的引擎。

长期以来，广东印刷业积累了良好的外向型发展理念与氛围，趁着大湾区建设的机遇，鼓励广东印刷企业在经营理念、管理模式及技术装备等方面向国际标准看齐，在海外设置业务办事处，建立起全球范围内的客户群，不断提升广东印刷业的国际化水平。

（二）加强与香港专业服务业合作

《南沙方案》指出，南沙区需对接“一带一路”沿线国家需求、整合产能与资源，加强与香港专业服务机构合作，共同构建线上线下一体化的国际投融资综合服务体系，提供信息共享、项目对接、标准兼容、检测认证、金融服务、争议解决等一站式服务。集聚发展香港专业服务业，在做好相关监管的基础上，研究进一步降低香港专业服务业在内地提供服务的准入门槛。可以看到，《南沙方案》强调了对与香港专业服务业展开合作的大力支持。

南沙“十四五”规划指出，南沙服务业发展存在不平衡不充分问题，具体包括缺乏大型服务业龙头企业、亟需优化产业结构层次、生活性服务业发展相对滞后、服务业扩大开放有待加强等。对症下药，针对以上四种发展障碍，加强与香港服务业的合作恰是解决问题的较好切入点：加强与香港专业服务机构合作，在发挥内地广阔服务业市场需求、丰富人力资源等优势的同时，积极吸收香港专业服务机构管理经验，学习借鉴香港专业服务机构优秀的项目运营流程、信息共享机制、检验检测标准、争议解决方案、专业人才培养方法等，不断推动南沙区生产性服务业向专业化和价值链高端延伸。

1. 建设粤港澳专业服务集聚区

加强与港澳专业服务业合作，首先需南沙政府精心谋划大湾区法律服务集聚区，并以此为重心，巩固提升专业服务外包，壮大法律服务、会计服务、知识产权服务、建筑服务、工程服务、城市规划等服务外包业态，推动南沙自贸试验区成为粤港澳大湾区知识产权服务高地；其次，要做好专业服务资格证书国际互认工作，进一步深化与港澳在法律、会计、工程建设管理领域合作，大力引进港澳一流服务型企业和机构，鼓励大型企业集团设立业务总部、窗口企业和涉外专业服务机构；另外，要加大鼓励国内国际知名公司在南沙设立专业服务机构力度，引导知名仲裁机构、建筑设计机构等集聚。加快推动港澳工程建设管理模式在南沙建筑、规划领域实质落地生根；还要构建全球化服务网络，打造专业服务业试点区，支持企业通过新设、并购、合作等方式开展境外投资合作；最后，要完善内地与港澳律师事务所合伙联营机制，引进港澳法律人才，真正实现南沙法律体系与国际高标准对接。

在打造大湾区暨“一带一路”法律服务集聚区方面，南沙已取得较为瞩目的进展，截至2022年6月，区内已集聚达30家法律服务机构，且率先实现在全国试点聘任7名港澳籍劳动人事争议仲裁员，南沙国际仲裁中心也率先实现当事人自主选择港澳和内地三种庭审模式进行商事仲裁。南沙国际仲裁中心整体搬迁入驻集聚区，继续推动粤港澳大湾区仲裁联盟常态化运作，积极发挥仲裁法律制度优势。

2. 建设一批重点检测平台和认证中心

南沙建设重点检测平台和认证中心的目的是为建设专业服务集聚区和引入高质量香港专业服务业保驾护航。对此，南沙需积极发展第三方检验检测认证服务，壮大船舶、智能制造装备、海洋工程装备等高端检验检测和维修服务外包，发展国际品牌奢侈品、珠宝首饰等高端消费品维修养护服务外包，推进检测维修所需进口料件试点保税监管工作；在新能源汽车、工业机器人等领域建设一批重点检测平台和认证中心。在实现上述领域重点检测平台和认证中心建设的同时，南沙还需积极推进检验检测机构市场化运营，提升专业化服务水平；加强战略性新兴产业和农业等重点行业产品质量检验检测体系建设；鼓励检验检测技术服务机构由提供单一认证型服务向提供综合检测服务延伸。

3. 建设人力资源服务产业园

为与香港专业服务业更好地对接，为专业服务业引进和落地生根不断提供人才补给，南沙需围绕打造粤港澳人才合作示范园区定位，加快推动南沙人才一站式政务服务大厅、人才培训中心、人才评价中心、人才信息云中心、人力资源服务产业集聚区五大功能模块建设；围绕粤港深度合作园、粤澳合作葡语国家产业园、南沙科学城、明珠科学园等重大产业平台及创新平台人力资源需求，提供人才综合服务、人才数据库和人才政策咨询等线上线下全链条服务，助力南沙新区打造国际化人才特区；形成完善的“招、用、育、留”人力资源服务体系，积极推动人力资源服务外包，加快劳务派遣、薪酬社保、纳税、招聘培训等外包业态发展，提升中国广州人力资源服务产业园南沙园区等重大平台引领带动效应，大力促进人才流动带动知识资本流动，为吸引引入、借鉴吸收香港专业服务业，推动南沙区生产性服务业向专业化和价值链高端延伸打造坚实的人才体系支持。

在人力资源体系逐步完善这一方面，南沙政府已取得的进展包括但不限于：2020年3月，南沙区人力资源和社会保障局印发《中国广州人力资源服务产业园南沙粤港澳人才合作示范园区发展扶持办法》（以下简称《办法》）。《办法》提出了对在不同阶段进驻中国广州人力资源服务产业园南沙园区的单位实施差异化扶持，越早进驻则扶持力度越大。对于在南沙区新注册并进驻产业园的单位，进驻2年内企业营业收入达到1000万元的，按以下标准给予一次性奖励：第一阶段入驻园区的，奖励10万元；第二阶段入驻园区的，奖励6万元；第三阶段入驻园区的，奖励3万元。以入驻单位进驻产业园后每年度对南沙区的经济贡献为基数，按以下比例给予奖励：第一阶段入驻园区的，奖励比例为85%；第二阶段入驻园区的，奖励比例为50%；第三阶段入驻园区的，奖励比例为30%。入驻单位办公用房实际使用率不低于90%的，按照“先缴后补”的原则，对入驻单位租赁产业园内办公场地的租金费用，给予一定比例的补贴：第一阶段入驻园区的，补贴比例为100%；第二阶段入驻园区的，补贴比例为50%；第三阶段入驻园区的，补贴比例为30%。按照“先缴后补”的原则，对入驻单位租赁产业园内培训室、测评室、会议室等场地的费用，给予一定比例的补贴：第一阶段入驻园区的，补贴比例为100%，每年最高金额累计不超过10万元；第二阶段入驻园区的，补贴比例为50%，每年最高金额累计不超过5万元；第三阶段入驻园区的，补贴比例为30%，每年最高金额累计不超过3万元。单位入驻园区后，实际经营期限应不低于五年，且不改变在南沙区的纳税义务、不减少注册资本；若有违反应立即退回已获得的扶持资金。

此外，2020年12月南沙人才一站式政务服务大厅建设完成，旨在更加便捷、高效实现政策兑现，为人才提供业务办理服务。大厅设置于南沙国际人才港二层（水岸广场东座），配套建设面积约2000平方米，分为综合服务区与高层次人才服务区。综合服务区设置8个受理窗口，为国际人才提供高端领军人才认定、人才公寓、共有产权人才住房等涉及16个部门的262个人才服务事项，涵盖国际人才在南沙居住、生活、就业和投资等领域的常办事项，同时可提供多语种服务，实现了“办事零门槛、服务零盲区、语言零障碍、资源零距离”的服务模式；高层次人才服务区设置5个大湾区国际人才一站式服务窗口和3个VIP室，为国际人才开通绿色通道，免预约、免排队办理户籍、教育、就业、科研资助等20个方面共计101项服务事项。

4. 建设软件信息集聚区

对香港专业服务业的合作与引进自然离不开技术方面的支持。为此，南沙需首先针对数据服务业的发展，重点推进大数据战略的实施，促进信息科技与南沙前沿产业集群、现代服务业深度融合，促进数据服务跨越式发展，以核心技术突破和新兴应用拓展为抓手，加快培育基于人工智能、工业互联网、大数据、云计算、物联网等新型基础设施和科技创新的数据服务、信息服务和在线新经济；其次，把握通信时代大好机遇，加快发展5G产业，开展“5G+”应用场景试点，鼓励三大通信运营商与大数据、人工智能、边缘计算、物联网、VR等信息企业协作，强化产业联动，探索推动5G技术与新一代信息技术的融合；另外，还需积极推进智能语音、计算机视觉、智能网联汽车等领域的人工智能算法演进和量子信息基础软件研发，积极推动物联网操作系统、云操作系统、分布式数据库等新型基础软件研发和产业化；最后，要持续强化数字领域国际合作，加快构建高水平开放的数字服务贸易体系，积极探索建设南沙（粤港澳）数据服务试验区。

二、增强国际航运物流枢纽功能

（一）提升总体服务能级

《南沙方案》指出，南沙应按照功能互补、错位发展的原则，充分发挥香港国际航运中心作用及海事专业服务优势，推动粤港澳大湾区内航运服务资源跨境跨区域整合，提升大湾区港口群总体服务能级，重点在航运物流、水水中转、铁水联运、航运金融、海事服务、邮轮游艇等领域深化合作。为了实现总体服务能级升级，南沙具体需要做到以下五点：

1. 完善港口航运综合服务体系

首先，南沙需继续不遗余力发展临港产业、现代航运物流、航运服务、航运金融等产业，建设成为布局合理、能力充分、功能完善、安全绿色、港城协调的现代化综合性国际门户枢纽港，为打造形成航运要素高度集聚、辐射效应显著、具有全球航运资源配置能力的粤港澳大湾区国际航运中心提供主体支撑作用。其次，发挥国际船舶登记船籍港优势，积极争取开展业务创新试点，加快小虎岛保税船舶加油中心项目规划，新设保税油供应专用锚位，重点引进第三方贸易商参与不同税号保税油调和试点，鼓励开展保税油调和、交易、转口业务，尝试开展低硫油产品调和。再次，发挥国际船舶登记船籍港优势，积极争取开展业务创新试点，推动建设大湾区国际航行船舶保税油供应基地；健全船舶调度管理机制，提升船舶进出港调度能力，实现引航服务“零等待”。最后，要建设“智慧港口”，推动港航企业管理优化和服务升级。完善口岸七天通关常态化机制及24小时智能通关模式，支持“智慧海关”建设，拓展“湾区一港通”建设，建成智慧港综合信息服务平台，全面提升口岸通关智能化水平。

2. 深化港口资源和港航交流合作

在这一方面，南沙需积极探索与珠海、中山等合建大型深水港区，拓展中远期战略发展空间，加强与深圳、珠海、东莞、中山等市合作，协同推进珠江口公共航道、锚地建设，推动与珠江口内及珠江西岸港口资源整合，共建世界一流港口群。同时，加强与珠江、西江流域内河港合作，提升无水港功能，拓展东江、西江以及北部湾、海南等驳船运输服务；加强与国际港口及港口组织合作，提升南沙港区国际影响力；支持本地港航企业参与国际港口及临港产业园开发建设运营。积极打造出口型物流基地和进口型分拨基地，建设国际采购和配送中心。

3. 发展南沙现代航运服务业

在这一方面，南沙需深化自贸试验区外商独资国际船舶管理企业设立试点，推动建设南沙国际航运中心信息平台，继续优化航运经济发展环境，吸引国内外知名航运咨询等机构设立分支机构；促进海洋战略性新兴产业与现代服务业的有效融合，建成全国领先的现代航运服务业集聚区。

4. 完善构建南沙港物流枢纽

南沙港物流枢纽的建设完善是实现总体能级提升的重中之重。为此，南沙需持续优化港口功能布局，重点推动以下航运物流项目和码头工程的建设：广州港20万吨级航道工程、南沙疏港铁路工程、深中通道、明珠湾大桥、南中高速、广州港环大虎岛公用航道工程、粤港澳大湾区菜篮子南沙流通中心、中远海运港口供应链基地、宝钢国际南沙物流基地、广州南沙国际物流中心、嘉诚国际港（二期）、广州港南沙港区近洋码头工程、南沙港区粮食及通用码头扩建工程、南沙港区四期工程、南沙港区五期工程、南沙港区国际通用码头工程、南沙邮轮码头综合体、广州港南沙港区四期5G智慧无人码头，加快构建以南沙港区为核心的港口发展格局。除了上述项目以外，还要持续优化提升综合保税区功能布局，大力发展保税物流，打造冷链物流"母港"，布局建设一批集国际中转、加工存储、分拨集散、检验检疫等功能于一体的冷链物流中心；建设广州南沙国际汽车物流产业园，打造国际汽车物流枢纽中心，强化平行进口汽车、二手车出口试点业务等。

为优化港口功能布局，完善港口航运综合服务体系，构建南沙港物流枢纽，南沙区在过去推动包括深中通道、明珠湾大桥、广州港环大虎岛公用航道工程、粤港澳大湾区菜篮子南沙流通中心、中远海运港口供应链基地、广州南沙国际物流中心、嘉诚国际港（二期）、广州港南沙港区近洋码头工程、南沙港区粮食及通用码头扩建工程等在内的重点项目建设，以尽快实现大湾区港口群总体服务能级提升。上述重点项目的建设情况如下。

南沙大桥：连接珠江东西两岸的重要通道——南沙大桥于2019年4月2日12时正式通车。南沙大桥由广东省交通集团有限公司负责投资建设和经营，是粤港澳大湾区互联互通的新动脉，也让南沙门户枢纽的承载力大幅提升。南沙大桥建成通车后，从广州南沙到东莞的行车距离可缩短10千米，从东莞到番禺的行车时间可缩短30分钟，有利于缓解现有虎门大桥超负荷的车流量；南沙大桥的建成不仅将为广州、深圳这两大城市增添一条快速通道，推动区域交通闭环的加速，更将串联起广州南沙自贸片区、东莞滨海湾新区、深圳大空港新城等重大平台，进一步推动区域间各类创新要素的加速顺畅流动，构筑创新闭环。

深中通道：深中通道中山大桥于2022年6月28日完成最后一片钢箱梁的焊接作业，正式合龙，7月完成沉管隧道E24管节水下精准对接。在南沙，深中通道规划了一条万顷沙支线，由南中高速统筹实施，起于万顷沙万环西路，平行于洪奇沥水道走向，终点接入深中通道，长约13.5千米。万顷沙支线已于2022年6月28日正式开工，预计2024年与深中通道同步建成，届时将与深中通道实现无缝对接。未来南沙往返深圳前海，将大大提速。

狮子洋通道项目：狮子洋通道项目由广东省交通集团承建。狮子洋通道及连接线项目的建设内容及规模为高速公路348千米和市政快速路约13千米复合通道。全线采用设计速度为100千米/小时的双向八车道高速公路技术标准，路基宽度41.5米，总投资约为390亿元。项目建设期6年，于2021年12月正式开工建设，全部工程将于2027年12月建成。狮子洋通道建成后将成为粤港澳大湾区地标建筑，连接珠江口东西两岸，成为横向串联湾区三大都市圈，直连南沙自贸区和东莞滨海湾新区两大发展平台的便捷通道，增强南沙、中山、顺德、江门与东莞、惠州、深圳的交通联系，缓解虎门大桥、南沙大桥交通压力，改善珠江南沙与东莞两岸交通流结构，完善广东省高速公路网，共同为粤港澳大湾区互联互通、打通“双循环”通道支撑作出新贡献，为南沙自贸区加快发展、打造广州国家综合交通枢纽提供重要支撑。

明珠湾大桥：明珠湾大桥于2018年3月3日动工兴建，2019年2月3日主桥完成合龙工程，2021年6月28日通车运营。明珠湾大桥北起南沙新港大道，上跨龙穴南水道，南至万新大道；线路全长约9.1千米，大桥长2.64千米；桥面为双向八车道城市主干道，设计速度60千米/小时；项目总投资47.15亿元人民币。明珠湾大桥处于粤港澳大湾区的几何中心，是广州面向粤港澳大湾区核心建设的交通枢纽工程和地标性建筑，将有效加强明珠湾起步区、粤港深度合作区和南沙湾区之间的交通联系，成为粤港澳大湾区交通新动脉。

广州港深水航道拓宽工程：由中交广州航道局有限公司承建的广州港深水航道拓宽工程于2020年1月正式通过竣工验收，并于2020年8月25日正式全线投入使用。航道拓宽对珠江口港口发展起到了巨大的促进作用——南沙港区至珠江口66.6

千米航道已经实现10万吨和15万吨级船舶相向通航，新的通航标准投入使用后，通航管制船舶同比大幅减少约40%，大大提高了通航效率；全球最大集装箱船和国际邮轮可自由进出南沙港区，20万吨级船舶进港数量跨越式增加。

嘉诚国际港（二期）：广州市嘉诚国际物流股份有限公司承建的嘉诚国际港（二期）于2022年5月整体主体结构完工，正在进行验收并逐步转入固定资产，且已开始运营工作。嘉诚国际港园区位于广州市南沙区，属于公路铁路枢纽中心，总建筑面积约60.4万平方米。目前，嘉诚国际港跨境电商出口业务已有多家跨境电商平台及商家入驻。此外，华南区域松下电器全球分拨中心已经入驻嘉诚国际港，将作为其产品的全球物流分拨中心使用。

广州港南沙港区近洋码头工程：广州港南沙港区近洋码头工程于2022年7月全面建成，产业园堆场工程交付使用投产；水工标、疏浚标、汽车库等交工验收，正在推进道路堆场及辅建区标段交工验收等专项验收工作。近洋码头致力于规模化、集约化滚装汽车业务，提供整车、工程机械车和零部件装卸、物流分拨、展贸、保税、仓储、销售和维修，二手车、新能源车出口，互联网汽车线下交割，重大设备的产运销及口岸查验，搭建招商平台、行业论坛等增值体验服务。建成后，广州港南沙港区沙仔岛汽车作业区将形成7个万吨级滚装汽车专用泊位，拥有1800米岸线、超160万平方米堆场的汽车滚装码头群，商品车年通过能力将超200万辆，成为全国最大的汽车物流枢纽岛，形成集汽车滚装物流、展销和综合服务为一体的国际汽车物流产业园，以及服务华南、西南地区的汽车整车出海大通道。

南沙港中欧班列：南沙港中欧班列首趟列车于2022年5月开出，搭载50个集装箱。满载着空调、液晶显示屏、灯具等“中国制造”商品的中欧班列从广州南沙港南站驶出，将经由阿拉山口出境，预计15天后抵达欧洲内陆。该趟中欧班列是南沙港铁路运营以来的首趟中欧班列，真正实现了“丝绸之路经济带”和“21世纪海上丝绸之路”在南沙港无缝连接，为完善全球产业物流链、打造大湾区国际海铁联运枢纽、推动“一带一路”高质量发展注入新动能。这意味着南沙港为完善全球产业物流链、打造粤港澳大湾区国际海铁联运枢纽注入新动能迈出了里程碑式的一步。接下来，广州港将发挥南沙港区亚洲航线密集的优势，进一步吸引日本、韩国等国家往返欧洲、中亚地区的货物在南沙港集结中转。

湾区一港通：为优化业务流程，广州港集团通过信息化手段实现创新模式的监管，与广州海关共同推出创新便利的通关模式“湾区一港通”，不断优化通关方式。相较于传统的水水联运、国际中转等模式，“湾区一港通”为当地企业节省通关和物流时间。目前该模式正加快向其他珠三角码头全面推广实施。“湾区一港通”首票进口货物于2022年6月22日顺利通关。今后，南沙海港对珠江沿岸内河码头的辐射带动作用将进一步增强。进口货物运抵南沙港，从国际班轮卸货后转驳船可直达花都港，整体物流时长压缩40%，每个货柜可节约200元左右的运输成本。截至2023年1月，“湾区一港通”模式已覆盖广东省内14个支线港的出口航线，辐射广州、佛山、云浮、肇庆、中山5个地市，2022年以来已累计运输货物超过3.9万标箱。此次广州海关开通“南沙—花都”进口业务后，还将逐步推广至其他内河码头。“湾区一港通”项目以广州南沙港作为枢纽港、珠江沿江内河码头作为支线港，将支线港视作南沙港的延伸，实现两港物流一体化运作，货物在两港间通过驳船开展区间调拨，24小时通行，进出口货物在内河港口一次性办理全部通关手续，运抵南沙即可装船，实现经南沙港转运的进出口货物“7×24”小时快速通关。

广州南沙国际物流中心项目：广州南沙国际物流中心项目分为南、北两区建设，整体位于广州南沙龙穴岛南沙三期集装箱码头内陆侧，总建设面积约为95万平方米，总体仓容71.2万吨，是全国最大的临港仓库群。物流中心（北区）工程建筑面积31.4万平方米，建有3栋6层盘道式仓库和1栋配套楼，仓容25.2万吨，总投资近17亿元，于2021年6月23日开仓投产。南沙国际物流中心致力于打造“湾区国际集拼中心”，业务功能以出口为主、进口为辅，覆盖项目物流、买家出口集拼、出口配送中心、散货出口集拼、国际中转集拼等。内设有连接南沙港铁路的南部集装箱装卸场，可以顺利实现与港区间的无缝衔接，货物能顺利便捷地运输到西南地区，乃至欧洲、东南亚。“公路、水运、铁路”的无缝连接，大大降低企业的综合物流运营成本，推动广州以更高质量建设国际航运物流中心。

粤港澳大湾区菜篮子南沙流通中心项目：粤港澳大湾区菜篮子南沙流通中心项目主要为粤港澳大湾区肉类产品、水产品、农副产品等产品提供交易、仓储、配送、加工等服务，包括六大功能区——综合物流中心、保税物流园、综合加工配送中心、中央冷库、商业供应链服务中心、办公配套。项目占地面积约40.02万平方米，规划建筑面积约102万平方米，总投资达48亿元。项目地址位于南沙区龙穴街道南沙港区二期工程后方仓储用地，由广州南沙现代农业产业集团公司承建。

广州港南沙港区粮食及通用码头扩建工程：广州港南沙港区粮食及通用码头扩建工程已于2022年8月完成水工主体结构施工，正推进通用堆场、件杂货堆场铺面结构层施工，2022年1月至7月累计投资完成率达71.8%，超序时进度13.5%。南沙港区粮食及通用码头扩建工程项目建成后将进一步巩固和提高南沙港在华南地区粮食集散的枢纽地位，增强广州港粮食仓储能力和通过能力。

5. 探索航运规则先行先试

南沙应当陆续放宽境内制造船舶出口退税标准，推动对境内制造船舶在“中国广州”“广东南沙”港登记从事国际运输以及港澳台运输业务的视同出口，给予出口退税。同时，积极探索在当地开展预提所得税等优惠政策，开展消费税和附加税费等合并申报制度，开展零关税、零壁垒、零补贴对外贸易试点，积极推进粤港澳大湾区自由贸易组合港建设。

（二）提高港铁联运能力

为建设更高水平的对外开放门户枢纽，南沙应依托世界级海港资源，将南沙港区建成现代化综合性国际门户枢纽港，在推动世界一流港口建设的同时，充分利用园区已有铁路，进一步提高港铁联运能力。为此，南沙应重点推动广州港20万吨级航道工程、南沙港区国际海铁联运码头工程、广州港出海航道小虎作业区以北至新沙港区航道段升级工程、环大虎岛公用航道工程等内河航道和出海航道建设，提升航道、锚地适应能力和智能化水平。

其次，健全多式联运集疏运体系，加密内外贸航线网络，布局更多无水港，强化江海联运网络；完善港铁联运方式，依托南沙港铁路促进海铁深度融合发展，加快建设南沙海铁联运枢纽，推进南沙港铁路及配套站场建设，增开铁路班列联通西南内陆省份。

更重要的是构建以南沙港为枢纽，海向联通RCEP成员国，陆向辐射中国西南、延伸西欧与中亚的国际物流大通道，以更好联通湘赣黔、滇川渝，通往欧亚大陆，探索实施船籍港转籍无缝衔接新模式，打造湾区新丝路通道国际集装箱海铁联运品牌，提升南沙港区国际影响力。

除此以外，南沙可依托广州地铁十八号线和广州地铁二十二号线打通南沙港与空港的便捷交通联系，开辟欧美及“一带一路”沿线航线，进一步拓展与香港机场海空联运通道，积极拓展“穿梭巴士”支线建设，促进空海深度融合发展。

《南沙方案》着重强调了要加快广州港南沙港区四期自动化码头建设。广州港南沙港区四期工程于2022年4月14日完成12个驳船泊位和4个工作船泊位的建设，至此粤港澳大湾区首个全自动化集装箱码头水工主体结构全部完工，并于7月28日正式投入运行。作为全球首个江海铁多式联运全自动化码头，南沙四期全自动化码头设计年通过能力490万标箱，其中江河运输作业量约190万标箱。该码头集全球新一代物联网感知、大数据、云计算、5G等先进技术为一体，打造全球首例“单小车自动化岸桥、北斗导航无人驾驶智能集卡、堆场水平码头布置、港区自动化”模式，为自动化码头建设发展提供的一套“广州方案”，是广州南沙对标国际、辐射全球的一个缩影。项目投入运行后，将与南沙港区集装箱一二三期码头协同联动，形成专业化、规模化、一体化码头集群，提升南沙国际航运物流枢纽承载力，增强国际综合交通枢纽功能，为南沙打造立足湾区、协同港澳、面向世界的重大战略性平台，构建高水平对外开放门户枢纽提供有力支持。

南沙港铁路同样也是南沙实现健全多式联运集疏运体系、完善港铁联运方式、加快建设南沙海铁联运枢纽的重要载体。在建设情况方面，南沙港铁路于2021年12月31日建成开通，设计时速120公里，正线全长约88千米，线路自广珠铁路雅瑶所引出，途经江门、佛山、中山、广州，终至南沙港区。自2022年2月8日南沙港铁路全线贯通至南沙港南站以来，海铁联运箱量已突破2.1万标箱，推动广州港海铁联运箱量突破9.4万标箱，同比增长超49%。南沙港铁路的建成和开通改变了广州港口货物水路和公路中转的低效运输方式，构建形成港口、铁路、公路多式联运的立体运输网络，加快港口周转速度，提高运输效率，降低运输成本。更重要的是，南沙港铁路打通了海铁联运的“最后一公里”：南沙港集装箱班列由此将可直达欧洲，也必然大幅降低港区集疏运和临港产业的物流成本。显然，这将进一步推动南沙构建形成港口、铁路和公路等多式联运的立体交通运输网络，并对建设以南沙港为核心的海陆联运大通道、助力珠三角打造海上丝绸之路和丝绸之路经济带的战略支点提供重大的战略支撑；最后，南沙港铁路的建成还进一步加强了铁路在大湾区中的纽带作用，助力粤港澳大湾区的高质量发展。

在促进与港澳空海深度融合发展方面，广州港穿梭巴士在连接南沙港区与珠三角各个中小码头上发挥了重要的纽带作用。为提高南沙港物流时效、降低物流成本，助力南沙国际综合交通枢纽建设，广州港集团大力推动穿梭巴士及其支线的建设：广州港穿梭巴士在广州南沙、佛山顺德、云浮、肇庆、清远和江门等地区设立办事处，已成为粤、桂、琼等省区联通世界的纽带。自2006年7月首次开通“南沙—黄埔”线后，广州港穿梭巴士以每年增加3—5条支线的速度，迅速布局珠三角各码头，至今航线已全面覆盖东莞、中山、江门、珠海、肇庆、佛山、惠州、清远、梧州、洋浦、钦州等地，通达珠三角以及广西、海南等省区。2021年3月，广州港穿梭巴士“南沙—源广码头”支线正式开通。这是广州港穿梭巴士运营以来的第71条支线。截至2023年1月，广州港穿梭巴士累计开通支线71条，其中外贸支线45条，内贸支线26条。集装箱运输量也从2006年的0.4万标箱，猛增到2020年的190万标箱，15年间运输规模翻了475倍。广州港穿梭巴士拥有先进的信息管理平台，对货物和船舶进行全程信息管理，可实现网上订舱、网上办单、网上结算等高效功能。推出的南沙组合港、WGO水闸等模式，可为货运提供多种便捷的通关选择。目前，穿梭巴士已成为马士基、中远海运、达飞、地中海、太平等国内外知名班轮公司的合作伙伴，大大减轻了陆路运输压力，有效降低了运输成本。

（三）拓展航运交易服务

《南沙方案》指出，支持广州航运交易有限公司争取航运资产类交易场所资质、拓展航运交易等服务功能，支持粤港澳三地在南沙携手共建大湾区航运联合交易中心。探索打造粤港澳大湾区航运要素交易平台，做大做强航运交易业务，提升航运交易影响力。拓展航运资源要素交易、跨境结算融资服务等功能，探索与港澳共建粤港澳大湾区航运要素交易中心，推动南沙国际航运中心信息平台建设，打造粤港澳大湾区国际航运功能重要承载区。

就目前南沙区航运交易服务提供情况来看，已有项目与平台建设均保持较高的质量，具体情况如下。

广州航运交易平台：作为粤港澳大湾区重要的航运要素交易和服务平台，广州航运交易有限公司主动融入和服务新发展格局，加快发展航运交易业务，重点拓宽国际船舶交易服务，积极探索与拓展供应链金融服务，稳健开展对外投资业务，有力推动华南地区现代航运服务业的发展，促进粤港澳大湾区航运要素集聚、提升国际航运枢纽能级，为推动南沙“链”上全球、联通世界提供多样化的实现形式，助力广州南沙打造成为立足湾区、协同港澳、面向世界的重大战略性平台。目前，广州航运交易平台每年平均完成船舶交易艘数600艘以上，交易额约30亿元人民币，船舶类型包括灵便型、大灵便型及巴拿马型、CAPE型等散货船，28万吨油轮以及海工船等，船舶交易量位居我国航运交易平台（机构）前列，已发展为华南地区最大的船舶交易综合服务平台，国内方便旗船舶交易最为活跃的航运交易平台之一，甚至对东南亚地区也形成了一定的行业影响力和辐射力，有力推动了粤港澳大湾区的船舶交易国际化发展和广州国际航运枢纽的建设。2022年6月28日，广州港集团旗下广州航运交易有限公司通过线上成交了中航国际租赁有限公司的一艘船体号为HULL NO.B85K-10的8.5万吨新造散货船，成交价为3518万美元，创造了广州航运交易平台单艘船舶最高成交额。本次竞拍是2022年中航租赁通过广州航运交易平台成交的第二艘外贸船，也是广州航运交易有限公司携手融资租赁企业贯彻落实《南沙方案》的率先实践和有力行动。

粤港澳大湾区航运保险要素交易平台：南沙“十四五”规划指出，要发展船舶综合服务业，深化与香港、深圳在航运服务等领域合作，推动航运保险要素交易平台发展壮大，粤港澳大湾区航运保险要素交易平台恰好是规划先行的典范之一。粤港澳大湾区航运保险要素交易平台于2019年10月18日在南沙正式上线，这也是全国首个在线化的行业保险交易平台。目前平台一期已顺利完成功能开发及联调测试。一期平台具备在线录入保单信息、支持自动核保、在线支付保费及在线出具电子保单等功能。航运保险要素交易平台为大湾区内航运保险产品提供备案、登记、注册、交易等服务。投保人在网上即可完成投保、支付、出单等操作。该平台以大数据为抓手，研发大湾区创新型航运保险业务，致力于服务大湾区航运产业，为大湾区航运保险产品提供登记、注册、交易等服务，不断提高大湾区的航运金融服务能力，促进大湾区航运和保险市场繁荣发展。未来，南沙还需持续深化与香港在航运服务等领域合作，推动航运保险要素交易平台发展壮大。

在搭建已有航运平台的基础上，南沙还需不断提升航运交易平台服务能级。首先，要加大航运保险、海事仲裁、航运经纪、船舶管理等领域服务企业、机构和人才集聚力度，扩大航运保险要素交易平台服务内容，探索拓展航运航空资源要素配置、跨境结算融资服务等功能。另一方面，还要持续加强与香港、澳门的交流合作、创新发展，探索建立大湾区航运要素配置综合服务平台，推动航运资产交易平台、航运保险公司等专业性平台和机构设立；研究编制涵盖广东三大自贸区的航运发展指数，打造“珠三角货运指数”系列指数品牌。最后，要重点发展船舶综合服务，依托广东南沙自贸区国际船舶登记中心，构建便捷高效的船舶登记服务体系，促进船舶交易市场规范化发展，积极拓展船舶拍卖、船舶评估、船舶勘验等配套业务，积极引进专业权威的第三方船舶交易评估机构。

（四）加快发展海事服务

在海事服务方面，南沙需加快发展船舶管理、检验检测、海员培训、海事纠纷解决等海事服务，打造国际海事服务产业集聚区；其次，加强海事服务人才培养，加快建设国家级船员评估中心、海上丝绸之路国际海员中心、广州船员适任评估示范中心，大力吸引船员劳务管理公司集聚南沙；支持海事仲裁、法律服务机构在南沙落户，依托国际海事司法广州基地、广州国际航运司法研究中心大力发展航运法律服务。目前，已处于建设期或者完工投产期的有以下项目。

广州船员适任评估示范中心工程：广州船员适任评估示范中心工程由广东海事局承建，建设地点位于广州市南沙区虎门大桥北侧，占地面积2.52万平方米，总投资2.96亿元，环保投资190万元，预期投产日期为2023年10月。评估示范中心共建设三栋楼，其中1号楼为地上10层加地下1层的评估楼，主要是航海模拟器、轮机模拟器等评估室；2号楼为地上4层的评估楼，主要是动力设备操作等评估室；3号楼为地上4层的评估楼，主要是动力设备拆装与金工工艺等评估室。项目建成后主要是对航海技术专业、轮机工程和船舶电子电气工程专业、合格证、内河船员实操等进行评估考试，不进行产品生产。

海上丝绸之路国际海员中心：海上丝绸之路国际海员中心于2017年6月25日在广东南沙自贸区正式揭牌。海上丝绸之路国际海员中心是根据广东省人民政府制定的《中国（广东）自由贸易试验区建设实施方案》的要求，在广东省发展和改革委员会的领导下，由广东海事局牵头负责，按照“政府推动、行业组织、企业运作、市场配置”的原则组建的，实现一个平台、两个中心和一个市场的总体功能定位。该中心建成后将是一个集海员培训、考试、注册、就业和国际交流合作于一体的综合服务信息平台，建成以政府为主导的船员考试评估示范中心、以工会为主导的海员保障服务中心和以行业为主导的航运人才市场的“两中心一市场”。

（五）推动重点平台建设

过去，南沙在重点平台建设方面颇有一番建树，并在助力粤港澳大湾区经贸发展进程中取得了不菲的成就。已建成或在建中的项目包括但不限于2021年在南沙挂牌的广州期货交易所（以下简称“广期所”）。作为我国首家混合所有制交易所，广期所从股权结构设计上就充分体现了粤港澳经济融合发展的理念，股东构成包括证监会管理的4家期货交易所、广东国资企业、民营企业和境外企业，其中香港交易及结算所有限公司（以下简称“港交所”）是广期所的创始股东，也是广期所唯一一个境外股东。广期所还与港交所签署“谅解备忘录”，共同研究在境内外市场进行产品合作的可能性。另外，带着“南沙基因”的全球优品分拨中心、全球溯源中心、全球报关服务系统三大创新平台已走出粤港澳大湾区，向全国乃至世界输出“南沙经验”，不断刷新着全球“显示度”。

1. 广州期货交易所

2021年4月，广州期货交易所在南沙挂牌。2021年5月，广期所两年期品种计划获中国证监会批准，明确将16个期货品种交由广期所研发上市，包括碳排放权、电力等事关国民经济基础领域和能源价格改革的重大战略品种；中证商品指数、能源化工、饲料养殖、钢厂利润等商品指数类创新型品种；工业硅、多晶硅、锂、稀土、铂、钯等与绿色低碳发展密切相关的产业特色品种；咖啡、高粱、籼米等具有粤港澳大湾区与“一带一路”特点的区域特色品种；国际市场产品互挂类品种。作为我国首家混合所有制交易所，广期所从股权结构设计上就充分体现了粤港澳经济融合发展的理念，股东构成包括证监会管理的4家期货交易所、广东国资企业、民营企业和境外企业，其中港交所是广期所的创始股东，也是广期所唯一一个境外股东。广期所还与港交所签署谅解备忘录，共同研究在境内外市场进行产品合作的可能性。

2. 广州南沙综合保税区

2020年8月，国务院批复同意广州南沙保税港区整合优化为广州南沙综合保税区。2021年，广州市3个综保区实现进出口总额1288.2亿元，同比增长44.6%，高于全市平均水平31%。其中，南沙综保区进出口总额820.4亿元，占63.7%，同比增长46.8%。

3. 全球优品分拨中心

全球优品分拨中心是国内首个数字化服务贸易聚合平台，2021年以来服务货值累计近50亿元。全球优品分拨中心是服务贸易和货物贸易服务一体化的新型服务体系，以数字化的“生态在线、智能决策、全球履约”为特点，集成“方案设计、咨询和数字服务”，向跨境全领域、全行业、全地域开放。

4. 全球溯源中心

全球溯源中心是南沙地方政府主导、监管部门共建共用、社会组织共同参与，以“共建共享、真实安全、开放便利”为基本原则，建立规则标准、法律权责的行为共识，以数字合约的技术手段，将商品信息转化为数据生产资料，服务于区域数字治理、产业数字化、数字产业化，面向全球政府、企业、消费者平等开放的去中心化的数字经济公共基础设施。2022年7月15日下午，全球溯源中心共建企业恳谈会暨全球溯源体系粤港澳大湾区共同执行标准（南沙）交流会在广州南沙建滔广场举办。会上齐聚超过30家商品贸易全产业链的企业、研究机构和港澳商协会，围绕全球溯源中心的共建共享与粤港澳大湾区共通执行标准的孵化展开主题发言及讨论。

5. 美食美酒分拨中心

南沙美食美酒分拨中心指的是骏德商业集团寰球美酒美食全产业链平台。骏德商业集团寰球美酒美食全产业链平台由骏德汇、骏德酒业、骏德国际供应链三大板块组成。骏德汇提供核心物业平台支撑，骏德酒业从事酒类商贸运营，骏德国际供应链专注于一站式“B2B”供应链服务。各板块业务既彼此承接又相互独立，共同组成骏德商业集团“一体两翼”商业格局。

6. 汽车贸易综合枢纽

南沙拥有粤港澳大湾区规模最大、质量最优的专业汽车滚装码头，通过叠加汽车保税仓储和保税展示等创新政策，持续保持全国最大汽车内贸口岸、平行车进口第二大口岸的地位，集聚了汽车贸易、销售、金融服务、代理、报关报检等进口汽车产业链各类企业160多家。企业代表广州宝奔豪车国际贸易有限公司于2018年10月成为南沙平行进口汽车试点企业。2021年，南沙汽车口岸实现出口商品汽车近1.5万辆，汽车出海大通道的建设再上新台阶。下一步，南沙将利用好现有的汽车贸易产业链基础和大湾区汽车消费市场，引导企业在南沙进一步发展二手车出口等业务，打造进出口平衡、国内国外循环联动的汽车产业生态。

7. 湾区粮食分拨中心

广州港南沙粮食通用码头用地面积129.5万平方米，已建成4个通用泊位和2个粮食专用泊位。世界500强企业路易达孚集团是全球领先的农产品贸易和加工企业之一，在南沙投资建设世界级综合性绿色农产品产业基地，打造涵盖路易达孚华南总部、创新食品研发中心、饲料蛋白加工、高科技生态养殖、大宗粮食贸易和植物清洁能源生产等一体化产业园。

8. 全球飞机租赁中心

南沙飞机租赁已成为中国融资租赁第三极，业务规模占广州市八成，是广东省融资租赁发展最快的地区。截至2023年1月，已累计注册融资租赁企业达2208家，融资租赁合同额超5000亿元，引进飞机174架，已经打造成为华南地区最大的飞机集聚地。

除了全球优品分拨中心、全球溯源中心、美食美酒分拨中心等平台已处于成熟运作状态以外，南沙冷链物流分拨中心、全球报关服务系统尚在搭建当中。目前，南沙正加快广州南沙国际物流中心等冷库设施建设，推动海关指定监管场地、肉类指定储备库等冷链一体化资质落地，打造具备冷链查验和储存一体化功能的华南综合性冷链物流分拨基地；在全球报关服务系统构建方面，2018年，南沙开发区口岸办正式印发实施《关于进一步推进南沙口岸改革创新工作方案》，指出要重点打造“智慧港口”、推进口岸降本增效、培育贸易新业态新模式、推动“一带一路”建设等。在打造“智慧港口”上，南沙口岸将采用人工智能、大数据、互联网、物联网等多种高科技手段。未来，南沙将基于TEGGS系统搭建全球报关服务系统中国运营基地，通过建设人工智能转译系统和数据传输体系，为各国贸易商提供跨越多国海关（多边界）的国际贸易一站式服务活动、交易实时动态展示、全球报关服务系统培训及争议事件处置服务。推进“互联网+海关”建设，全面融合关检政务服务事项，实现关检服务事项“应上尽上、一键通关”、海关企业注册及电子口岸入网全程无纸化。

除上述具体任务中的平台建设以外，南沙还需遵循区域协调、互惠共赢原则，依托广州南沙综合保税区，推动建立粤港澳大湾区大宗原料、消费品、食品、艺术品等商品供应链管理平台，建设工程塑料、粮食、红酒展示交易中心，推动期货交割仓设立。

三、加强国际经济合作

（一）加强和深化与日韩、东盟国家经贸合作

《南沙方案》指出，要全面加强和深化与日韩、东盟国家经贸合作。就目前已有的合作情况来看，南沙与日韩的经贸合作主要体现在贸易合作、双向投资等方面，与东盟国家的合作主要体现在贸易合作等方面，而在技术引进、双向投资、国际信贷、国际劳务等方面还有较大的合作空间。

1. 推动相关航线开通建设

为加快与日韩、东盟国家贸易方面的合作进程，南沙港区不断推动相关航运基础设施的建设，充分利用已有港口与码头资源，精准针对日韩、东盟国家开辟、开通航线：2022年7月22日，南沙港区再增一条日韩—南沙—越南海防线JKH，“城春”轮（VICTORY VOYAGER）顺利挂靠南沙二期码头。JKH航线的开通进一步满足了广大客户进出口东南亚以及东北亚的需求，提供了更广泛的新航线服务、新目的港选择范围，以及更便捷、可靠的港口服务。该航线由万海运营，投入3艘约1500TEU的船舶，共舱方包括CNC、IAL等，每逢周六挂靠南沙，

挂靠港序依次为门司—博多—蔚山—釜山—光阳—基隆—高雄—香港—南沙—海防—钦州—蛇口—厦门。南沙已经成为该航线至关重要的中间航运节点，对出口货物到东盟国家的客户来说，JKH可直达越南海防，是点对点的快线，装货后从南沙出口至越南海防仅需1.5天；对于进口客户来说，南沙港区又新增一条对日本、韩国进出口的物流路径选择，丰富了南沙港区在东北亚航区的覆盖面。日本货物运送到南沙仅需9天，可确保货品在最短的时间内抵达目的地。

2. 双向投资实现互利共赢

在双向投资方面，南沙本土企业走向日韩、东盟等国的较少，这也进一步说明了在南沙建设中国企业“走出去”综合服务基地的重要性。令人欣慰的是，走出国门的南沙企业质量都较高，例如企业代表童心制物的产品不仅被韩国首尔市教育厅选为中小学AI编程未来课堂教育机器人，还多次获K-Design award工业设计大奖，童心制物与韩国企业的经贸合作往来日趋密切。除此以外，南沙区还是以吸引外商直接投资为主。凭借自身开放程度高、经济活力强、基础设施完善等区位优势，截至2021年3月，南沙已吸引包括名幸电子、广州JFE钢板、三菱重工、广汽丰田、南沙电装、奥林巴斯（广州）、阪田油墨等的59家日资企业集聚，日资企业与南沙发展相互成就，互利共赢，打下了良好的合作基础。其中，南沙与从事汽车制造业的日资企业渊源深厚，汽车制造业成为南沙支柱产业离不开广汽丰田、南沙电装等日资企业的助力。南沙电装在南沙区政府的鼎力支持下实现销售额稳步增长。在过去的两次增资扩产中，南沙电装每年销售额达50亿元人民币。2021年7月，南沙电装车载系统华南新厂区项目一期正式在南沙建成投产。新厂区项目一期占地80亩，项目建成后，电装厂区在南沙占地面积将增加至15万平方米，目标是到2025年实现新老厂区总体产值100亿元。广汽丰田在南沙的第五工厂加快建设，有望成为年产100万辆的全球生产基地。南沙已日益成为华南地区日资企业集聚发展的重要区域。在与东南亚国家的经贸合作进程中，南沙也于近期取得了飞跃式的突破：2022年5月，广州南沙科金控股集团有限公司下属广州南沙投资咨询有限公司与泰国商务部公共仓储局等就仓储、物流和货物跨境合作项目举行“云签约”仪式，这是南沙区属国企首次以“走出去”的姿态携同东南亚国家国有企业共同推动国际合作的探索。南沙科金控股集团将与旗下南沙投资咨询公司与泰国商务部公共仓储局深入开展对项目的研究规划，积极在商贸、交易、仓储和物流等供应链业务上开展双向互助及推广。

为更好地实现与日韩、东盟国家之间互利共赢的双向投资，南沙将建立健全外商投资促进体系，健全高标准投资促进体系，打造外商投资首选地和集聚地。为此，南沙需全面贯彻外商投资法，保障外商投资企业国民待遇，实施内外资一致无差别政策支持，提高投资环境的开放度、透明度和可预期性；保障外商投资企业平等参与政府采购、国有企业混合所有制改革以及重大平台、产业园区和新型基础设施建设，支持外商投资企业参与国家标准、行业标准、地方标准和团体标准的制定、修订工作；加大政策供给力度，积极扩大对外开放和促进外商投资，探索具有突破性、引领性的配套改革举措，率先优化治理体系，提升治理能力，实现治理理念由“管理为导向”向“服务为导向”转变。

3. 积极开展合作交流活动

在交流合作方面，南沙区积极承办日韩、东盟交流合作论坛，全面展现南沙区位优势、投资环境和科研力量，为越来越多优秀外资企业感受南沙一流的营商环境进而入驻提供了大好机遇。粤港澳大湾区日中未来论坛在南沙举办，为中日双方共同探讨未来南沙区中日经济与产业合作提供了绝佳的平台。2021年3月，第二届日中未来论坛——粤港澳大湾区以“线上+线下”联动方式在南沙成功举办，论坛以“在后疫情时代探索日中经济及产业合作的未来”为主题，政府、知名日中企业、金融机构及国内外媒体代表等60名嘉宾出席论坛，围绕粤港澳大湾区建设大背景下，两地未来经贸、产业如何进一步深化合作开展深度探讨。同年8月，南沙区商务局参与承办的第二届广州韩资企业投资营商环境交流活动在越秀国际会议中心举行，韩国在穗投资企业约60位高层人员出席活动。在本次活动中，南沙开发区相关负责人介绍了南沙投资营商环境，展现了南沙明显的区位优势和政策优势，以吸引越来越多的韩资企业选择在南沙投资落户。会后双方代表共同前往南沙区实地考察营商环境，先后参观了香江国际科创中心AI企业童心制物（Makeblock）、明珠湾规划展览馆、香港科大霍英东研究院，“零距离”感受南沙一流营商环境状况，到访韩资企业家们对考察点及南沙营商环境表现出浓厚的兴趣。

（二）支持高质量实施 RCEP

2022年1月1日，《区域全面经济伙伴关系协定》（RCEP）对已核准的10个国家正式生效。作为全球最大的自由贸易区，目前的经济总量占全球的30%，且有望在未来10年间提升到50%左右，其重要性全面凸显。对于作为大湾区开放创新高地的广州南沙来说，走向RCEP区域必然是其实现高水平对外开放的重大任务之一。为此，要多方支持南沙高质量实施RCEP，多措并举致力将南沙打造成为RCEP

先行示范区、湾区开放创新灯塔，推进实现更高水平的对外开放，不断积累可复制、可推广的经验做法。

1. 全面开展 RCEP 政策宣介

若企业能够详细地了解RCEP的政策与规则，就能结合自有资源、业务特征、竞争优势、核心能力等对RCEP规则加以运用，但仅仅依靠企业单方面被动学习政策与规则远远不够，更需要南沙政府主动走进企业中，面向自贸区内企业全面开展RCEP政策宣传介绍，为企业提供“明白纸”和“工具书”。对此，南沙政府需积极对接中国贸促会自贸协定服务网，通过搭建贸促系统官方网站和微信公众号等渠道，及时发布RCEP最新资讯和案例。参考和使用广州市编发的《RCEP商务应用指南》《RCEP涉农优惠政策100问》《RCEP解读及适用电子指南》等指南类资料，根据南沙当地企业特质进行改编和推广，让企业看得懂、用得上，提高参与国际市场竞争的能力。

2. 为企业提供多方位培训

政府部门需针对RCEP规则开展精准解读，为企业提供“多元化”“多行业”“多层次”的培训，统筹制定系统培训计划，采取专题培训、入企宣讲、交流研讨、线上线下等多元化方式，针对原产地规则、关税减让、对外投资、法律风险防范、经贸摩擦应对、知识产权服务等领域开展大规模培训。深化与高校、智库、律所等合作，联合各行业协会，针对不同行业特点开展个性化培训。积极为大型企业、中小企业、跨境电商企业等不同层次的市场主体提供专业培训；另一方面，在掌握企业发展现状的前提下一对一精准辅导企业利用RCEP政策工具，引导企业合理利用自贸协定，为企业自由发挥打好坚实的基础，助力企业充分享受RCEP政策红利。南沙政府在为企业提供培训服务的同时，还要实施动态监测，为企业提供RCEP实施过程中解决问题的“快速通道”。为此，南沙政府需强化区域联动机制，畅通政企沟通渠道，跟踪RCEP实施对南沙各行业的影响，了解企业在利用RCEP过程中面临的痛点、难点、堵点，及时向有关部门提出“含金量”高的政策建议，帮助企业沟通解决享惠受阻问题。

3. 充分利用 RCEP 政策规则

南沙应充分利用RCEP关税优惠政策以及原产地规则，发挥南沙国家级新区叠加自贸区、粤港澳全面合作示范区和广州唯一城市副中心“三区一中心”政策优势和区位优势；在充分把握RCEP政策与规则的基础上，不断优化南沙对外开放政策体系，探索区域性政策制度向主体性政策延伸，开放政策制度由边境向边境内延伸、由单项政策向系统改革延伸、由标准化向定制化转变，推动南沙在自贸协定框架下实现与特定国家“点对点”开放，以实现形成更具国际竞争力的开放政策和制度体系，不断提升南沙进出口贸易地位，助力实现南沙与RCEP成员国之间双向投资和贸易便利化，促进更多南沙区出口商品进入RCEP成员国市场，实现更高水平对外开放。

4. 积极搭建 RCEP 合作平台

在搭建RCEP合作平台这一方面，南沙区政府将积极组织企业参加与RECP成员国相关的经贸活动，例如经贸论坛、展会展览等，实现部门“搭台”、企业“唱戏”等，为企业提供更大的合作平台，助力政策给企业带来实实在在的好处，在增强企业的受惠面和获得感上下功夫。

广州南沙于2022年3月4日举行了自RCEP生效以来首场国际跨境电商对接会——跨境电商赋能经济双循环对接会，该对接会由广州市贸促会主办、南沙区贸促会协办。作为对接会的一项特色环节，当天中外嘉宾一行集中探访了由粤港澳国际供应链（广州）有限公司运营的国内首个同类平台——全球优品分拨中心数字服务贸易平台（DSTP）。该平台是模式创新和监管创新的产业互联网项目，平台以数字化“生态在线、智能决策、全球履约”为特点，以助力跨国品牌商、制造商企业基于地方和区域集聚货源开展全球化运营为目标，以开放性的数字服务贸易平台模式聚合分销、物流、通关、融资、保险、信息化等全产业链高质量外贸服务要素，在帮助外贸服务商实现数字化承接品牌商全球化业务的能力的同时，通过外贸服务商聚合和互联互通为跨国品牌低成本实现数字化精准运营决策，让贸易、融资、通关等更自由和便利。

除了过去已经搭建成功的相关平台，南沙区政府还可以在2022年12月举办的海丝博览会主题论坛等经贸活动期间举办以RCEP等自贸协定为主题的配套活动，积极组织当地的外国商协会和企业代表召开RCEP专题对接会，帮助企业寻找合作伙伴，促成更多务实合作。

5. 创新商事认证服务新模式

为了提升原产地证利用率，降低企业出口成本，增强国际市场竞争力，南沙政府需优化RCEP优惠原产地证签证服务，在区内各市场主体商协会设立服务工作站，直接走进企业，为企业申请办理RCEP优惠原产地证提供保姆式服务。同时，还要加强签证人员的专业培训，不断提升全市签证人员队伍整体业务素质和能力水平。2022年5月，广州市贸促会南沙自贸区商事认证服务站、广州市南沙区贸促会贸易促进工作站揭牌仪式暨商事认证实务培训在南沙企业和企业家联合会会议中心举办。揭牌仪式后，广州市贸促会为100多家企业举办了商事认证实务培训，广州市贸促会法律事务部资深签证专家对外贸商事认证各项业务的申请登录、操作流程、办证重点和难点问题进行了详细解读，进一步帮助企业全面掌握RCEP政策和商事认证业务，助力外贸企业用足用好优惠政策，开拓国际市场。培训会还邀请南沙开发区政研创新办进行了南沙深化改革扩大开放相关政策的宣讲，助力企业享受南沙政策红利。此后，南沙企业可实现在“家门口”办理RCEP项下原产地证、优惠原产地证、商事证明书、代办领事认证、ATA单证册、贸促会自由销售证明书、中国出口商品品牌证书等商事认证业务等，真正实现了为企业打通南沙外贸商事认证服务“最后一公里”，为企业减少了脚底成本，提升了商事认证服务效率。

6. 承办展会开拓 RCEP 市场

为了给企业提供更多的展览展示“窗口”，多功能展会扮演着必不可少的角色。南沙政府应积极举办相关大型展会，以进口为主题设置RCEP专区。组织企业参加中国国际进口博览会、中国国际消费品博览会等展会及RCEP其他成员国展会，促进南沙企业与RCEP成员国的贸易往来。针对RCEP国家举办名品世界巡展线上线下展会，引导支持南沙本地企业境外参展，助力南沙名品开拓RCEP市场。

7. 强化 RCEP 相关法律服务

旨在为企业提供RCEP国际化经营合规“体检”。南沙区政府可以参考广州市贸促会先前发布的《RCEP成员国知识产权法律环境专题研究报告》《RCEP成员国别合规指南》等相应法律资讯类文件与报告，强化企业国际化经营合规排查，帮助企业筛查合规风险，有针对性地提出整改建议，助力企业防范化解国际贸易投资风险，依法合规经营。

8. 做强产业链供应链

旨在为企业提供RCEP区域内高端产业链、绿色产业链合作和制造业项目合作机会。南沙区政府需引导当地企业结合RCEP各成员国降税承诺和产业特点，扩大优势产品和服务出口，积极进口先进技术、重要设备、关键零部件；开展产业链精准招商，加强为外资企业的服务保障；推进南沙汽车产品、高科技产品、农产品等优质产业“抱团出海”；发挥时尚产业等“链主”带动效应，进一步吸纳中小企业融入全产业链，推动南沙企业与RCEP成员国间产业链优势互补、深度融合，优化提升南沙产业链、供应链水平。

9. 培育对外贸易新动能

旨在为企业提供跨境电商发展指引。为此，南沙政府需充分利用RCEP机制，抓住东亚、东南亚经济一体化、关税壁垒逐渐降低的契机，支持南沙地区跨境电商企业积极开拓东亚、东南亚市场，进一步激发东亚、东南亚国家跨境电商发展；支持南沙自贸区集聚发展跨境电商等新业态，鼓励电子商务平台企业全球化经营，完善仓储、物流、支付等设施建设；推广代表性跨境电商企业成功经验，鼓励有条件的企业探索通过独立站开展跨境电子商务业务，建立精细化运营流程体系，打造集设计、生产、研发、制造、物流、销售于一体的国际供应链。

（三）对标国际高水平自贸协定规则

《全面与进步跨太平洋伙伴关系协定》（CPTPP）、《数字经济伙伴关系协定》（DEPA）等自贸协定规则代表着当今最高层次的开放水平，是国际治理体系的重要组成内容。2021年9月，中国正式申请加入CPTPP，同年11月又正式申请加入DEPA，向世界传递了我国积极参与构建国际贸易新规则和扩大开放的强烈信号。南沙作为承载了国家级新区、自贸试验区、粤港澳全面合作示范区、进口贸易促进创新示范区等多重国家战略功能的地区，近年来产业发展步入快车道，制度创新成效卓著，充分具备率先对标国际经贸规则、开展压力测试的工作基础和优势条件。《南沙方案》指出，要对标CPTPP、DEPA等国际高水平自贸协定规则，加大压力测试力度。仔细研究、吃透CPTPP、DEPA等国际高水平自贸协定规则，厘清外贸系统、海关系统、风险系统下企业面对的机遇和挑战是南沙展开一系列后续行动的重要前提，才可因地制宜发挥主观能动性，大胆试、自主改。

早在《南沙方案》发布前的2022年1月17日，广州南沙就已经召开了《南沙自贸片区对标RCEP CPTPP进一步深化改革扩大开放试点措施》（以下简称《试点措施》）宣讲会，并现场发布了《试点措施》。这是对标RCEP、CPTPP双协定的自贸试验区集成性创新举措，《试点措施》体现了南沙自贸片区在对标高标准国际经贸规则上的先行一步，将是南沙率先实施更高水平制度型开放的纲领性文件。《试点措施》聚焦国家高度关切的贸易自由便利、投资自由便利、要素流动便利、金融服务、竞争政策和绿色发展6大领域，精准对标RCEP、CPTPP条款，提出17条先行先试措施，这些措施包括：

1. 创新海关监管模式，用好原产地政策

在贸易自由便利领域，RCEP、CPTPP协定除约定成员国之间的关税减让政策外，对各国货物贸易口岸效能也提出了更高要求，并制定了新的原产地规则。对此，南沙采取了以下4项措施：（1）探索简化海关程序，提升港口、口岸信息化、自动化水平；（2）深化综保区监管方式创新，试点更加开放的一线监管政策；（3）加强与各国港口、海关对接合作，加快信息互认、互联进程；（4）依托全球溯源中心，用活用好原产地累积原则，探索企业原产地自主声明新模式。

2. 探索外资服务业准入，强化负面清单模式配套改革

在投资自由便利领域，对标协定在跨境服务贸易负面清单、知识产权保护、商事争端等方面约定的更高标准。对此，南沙将采取以下4项措施：（1）探索放宽服务业外资市场准入限制；（2）进一步完善商事制度，深化外商投资准入负面清单的配套改革；（3）创新贸易知识产权保护方式，打造知识产权侵权预警机制；（4）引领全球互联网仲裁领域国际技术标准制定，打造国际商事争端机制湾区品牌。不断推动打造更加公平、透明、稳定的国际化营商环境，为境外投资者提供从准入到经营、从知识创新到法律服务的全面保障。

3. 推动数据安全有序流动，优化人才集聚辐射环境

在要素流动领域，南沙对标协定数据流动、信息传输和人员流动条款，采取以下两项措施：（1）建设离岸数据中心、争取国家支持开展数据跨境传输安全管理试点；（2）先行先试更加便利的自然人跨境流动机制。率先探索打造数字贸易发展新模式和国际数据合作治理新规则，同时依托南沙国际人才特区积累人才集聚新经验。南沙目前在跨境数据流动相关进展和计划方面已取得的突破性成果包括但不限于：2022年1月，中航云电信“国际数据传输枢纽”粤港澳大湾区广州南沙节点项目经过一年多时间的紧张建设，完成了首批1000个6.5千瓦机架项目的建设和调试工作并交付中国电信广东省公司，系南沙大岗穗港制造基地首个交付运营的新基建项目，正式进入投产试运行阶段；南沙区工信局也表示南沙已经编制了数据服务试验区的建设规划方案，谋划建设促进数据要素跨境流通的数据服务试验区，“南沙国际数据自贸港”项目也于同年1月签约落户南沙，目标建成国内首个跨境数据试验性项目，澳科大科研专网项目的研究工作也已经启动。

4. 发展离岸贸易，提升跨境投融资便利

在金融服务领域，南沙对标协定“金融服务”和“跨境服务贸易”等条款，以离岸贸易和跨境投融资为两大抓手，采取以下两项措施：（1）以离岸贸易带动离岸金融发展，探索打造南沙离岸贸易试验区；（2）促进跨境贸易和投融资便利化，提升本外币兑换和跨境流通使用便利度。推动打造离岸贸易产业集群，助力我

国掌握商品全球定价权，同时深入探索自贸区金融监管创新，推动区域金融合作。

5. 推动竞争中立，探索国企改革

在竞争政策领域，南沙对标协定“竞争政策”相关条款，秉承竞争中立原则和精神，采取以下两项措施：（1）推动确立竞争政策基础性地位，探索以竞争中立为核心打造公平的外部市场竞争环境；（2）探索国有企业分类管理与改革，提升国有企业在国际经贸往来中的竞争力，为我国进一步强化公平竞争的国际形象开展路径探索。

6. 探索低碳经济，发展绿色农业

在绿色发展领域，响应当前全球节能减排的大背景和国家低碳经济战略，加强与RCEP成员国在农业领域的合作，南沙对标协定环境条款，采取以下两项措施：（1）发展低碳经济、绿色经济，探索打造绿色自贸区；（2）加强现代农业国际交流合作和规则对接，探索打造绿色农业自贸区。为打造低碳经济下的新发展模式，培育农业国际竞争合作新优势探路先行。

在《南沙方案》发布以后，南沙将继续以扎实推进《试点措施》落地落实为抓手，充分发挥自贸试验区作为制度创新高地的突破和先导作用，持续做强创新、人才、交通、航运、贸易、金融综合服务枢纽，带动相关产业高质量发展，增强高端资源要素配置能力，为全国进一步深化改革扩大开放创造实践样本，输出创新经验。

（四）打造国际经济合作前沿地

《南沙方案》指出，要加强与欧盟和北美发达经济体的合作，推动在金融、科技创新等领域对接，进一步融入区域和世界经济，打造国际经济合作前沿地。

1. 对标中欧投资协定，创造中欧合作机会

一体化的不断深化与扩展使欧盟的软硬实力均显著增强，也让欧盟对中国的重要性日益凸显。在过去的30年里，中国与欧盟已经建立了多层政治对话机制，经贸关系也处于快速、稳步发展阶段。2020年，中国首次超过美国成为欧盟最大贸易伙伴。

在货物贸易方面，南沙港首趟中欧班列的开通为南沙与欧盟合作提供了坚实的实体支撑，发挥了重要作用。广州南沙港站首趟中欧班列于2022年5月30日顺利发车，标志着广物中欧班列再添新发运站点，总的发运站点达到6个，这也意味着南沙拥有了广东省内发运站点最多的中欧班列运营平台。未来，南沙港将继续聚

精会神做强做实中欧班列高质量发展这个根基，更大力度做好多线路开行、多站点发运，为南沙及广东省外贸企业拓展东南亚及欧洲市场提供更加便捷的物流大通道。

在双向投资方面，就南沙区目前投资情况来看稍有薄弱。2020年年底，中欧双方如期完成中欧投资协定谈判，不仅让长期穿梭于中欧两地之间的企业对合作前景倍感振奋、充满信心，也实实在在地加快了广州企业与欧洲的投资项目洽谈进度，而南沙作为后起之秀，却鲜有与欧盟的投资类合作项目。对此，南沙应以中欧投资协定为标准，在全面掌握中欧投资协定的基础之上，充分利用中欧投资协定规则，在服务贸易开放创新上先行先试，在金融、知识产权、科技等领域率先实现对接，打造具有独特优势的开放新高地。从内容来看，中欧投资协定主要包括准入前国民待遇、负面清单管理、国有企业竞争中立、高端服务业开放等丰富内容。从投资协定规则来看，主要包括四个方面：（1）市场开放，包括全面的国民待遇、最惠国待遇、市场准入、负面清单；（2）公平竞争，包括关于国有企业、关于业绩要求、关于环境和劳工、关于标准制定；（3）投资保护和便利化，包括资金自由转移、人员自由流动、不得限制董事高管国籍；（4）例外，包括金融审慎、基于国家安全。可以看到，协定在市场准入方面采取的是准入前国民待遇加负面清单模式。中方首次在包括服务业和非服务业的所有行业以负面清单的形式作出承诺，欧方也在协定中对我国承诺其较高的市场准入水平。对此，南沙区政府需对标中欧投资协定，在国民待遇的基础上额外承担“不得采取数量限制”的市场开放义务，逐渐减少对某些产业的企业数量配额或采取垄断和专营的限制，减少对服务提供者数量的限制，减少对服务交易或资产总额、服务的总产出量以及某一部门或企业的雇佣总数的限制等，并尽快列出负面清单，进一步推动营商环境优化，为欧盟企业采取积极的后续行动提供动力。

2. 促进与美交往深入发展，进一步探索服务贸易开放等

与欧盟地区相反，南沙与美国的合作主要体现在双向投资方面。自南沙自贸区获批以来，美资企业进入南沙的步伐进一步加快，如：我国仅有的2家合资期货公司之一——美国摩根大通公司在南沙设立的摩根大通期货有限公司，南沙实现人工智能梦的“技术钥匙”——微软（中国）有限公司和南沙政府及香江集团共同打造的微软广州云暨移动应用孵化平台，从事冷链物流及冷藏肉类国际保税贸易的美国AA肉类食品有限公司，从事航空器及其配件销售及服务的广州昂天航空设备有限公司以及从事高品质食品保鲜容器和家庭日用品生产的特百惠公司新工

厂等。截至2018年，在南沙设立的美资企业共有53家，投资总额为4.2亿美元，涉及批发零售、电子、化工、航空设备、日用品生产等产业。2018年9月，中国美国商会带领华纳兄弟、玛氏食品、IBM等20多家知名美国企业高层代表来到南沙进行考察，南沙的无限潜能、前瞻战略、广阔前景令考察团一行印象深刻。

未来，南沙将在对美服务贸易开放、货物监管制度、金融开放创新等方面进一步探索，力求为美国投资者创造更便利、更优越的营商环境。

四、构建国际交往新平台

（一）鼓励港澳商会协会代表处设立

《南沙方案》指出，要鼓励引导港澳商会协会在南沙设立代表处。港澳商协会是联系南沙区政府、港澳企业的桥梁纽带，能够迅速通过座谈、培训、宣讲、研讨、编写指引等多种方式，切实加强相关政策措施的宣贯、解读和辅导，及时将政府一系列利好政策信息传达到港澳广大行业企业中去，帮助相关领域的市场主体第一时间学习理解掌握政府稳经济系列政策措施。

为此，南沙政府需首先鼓励引导港澳商会协会在南沙设立代表处，减少因地域距离产生的信息传达不及时、不充分、不到位等问题，在对入驻当地的港澳商协会全面贯彻利好政策信息的基础之上，助力商协会更好地为相关行业的港澳企业提供及时准确的信息咨询服务，指导港澳企业用足、用准、用好、稳住经济一揽子政策措施。

其次，需明确港澳商会协会在南沙设立代表处的流程和鼓励措施，包括商协会申请条件、申请材料目录、办理过程注意事项、奖励办法，并在此基础上不断简化流程，优化鼓励措施。最后，还需收集港澳商会协会详细资料，包括机构的章程、成员名单、近年活动情况、资金来源、联系方式等详细信息，编制港澳商会协会名录，主动筛选和联络符合南沙未来产业发展方向的优质商会协会，积极举办商会协会对接联通活动，以鼓励其在南沙设立代表处。

表5.1　香港工商界主要商会及协会名单

序号	商会及协会名称
1	香港工业专业评审局
2	香港各界商会联席会议

（续表）

序号	商会及协会名称
3	香港中小企经贸促进会
4	香港中小型企业商会
5	香港中小型企业联合会
6	香港中华眼镜制造厂商会
7	香港五金商业总会
8	香港右钛汽车商会
9	香港瓦通纸业厂商会
10	香港合成皮革暨金属物料供货商商会
11	香港汽车零部件工业协会
12	香港玩具厂商会
13	香港表厂商会
14	香港金属表面处理学会
15	香港金属制造业协会
16	香港青年工业家协会
17	香港食品商会
18	香港珠宝玉石厂商会
19	香港珠宝制造业厂商会
20	香港纺织商会
21	香港家私装饰厂商总会
22	香港塑料袋业厂商会
23	香港塑料再生原料协会
24	香港塑料原料商会
25	香港塑料机械协会
26	香港电子业商会
27	香港电器制造业协会
28	香港电镀业商会
29	香港制刷业协会
30	香港线路板协会
31	香港复合材料技术协会
32	香港橡胶暨鞋业厂商会
33	香港机械金属业联合总会
34	香港压铸业协会
35	香港螺丝业协会
36	香港钟表业总会
37	香港宝石厂商会
38	香港铸造业协会
39	国际家私装饰业（香港）协会
40	港九塑料制造商联合会
41	潮侨塑料厂商会

表5.2 澳门工商界主要商会及协会名单

序号	商会及协会名称
1	澳门中华总商会
2	澳门北区工商联会
3	澳门潮州同乡会
4	澳门付货人协会
5	澳门纺织商会
6	澳门厂商联合会
7	澳门出入口商会
8	澳门空运暨物流业协会
9	澳门物业代理协会
10	澳门地产业总商会
11	澳门建造商会
12	澳门保险公会
13	澳门创意产业中心

（二）构筑对接“一带一路”国际经济合作新平台

《南沙方案》提出，将支持港澳全面参与和助力“一带一路”建设，促进与“一带一路”沿线国家和地区以及全球主要自贸区、自贸港区和商会协会建立务实交流合作，探索举办“一带一路”相关主题展会，构筑粤港澳大湾区对接“一带一路”建设的国际经济合作新平台。

1. 联动港澳参与“一带一路”建设

为支持港澳全面参与和助力“一带一路”建设，南沙应积极主动引领港澳建立共赢的合作伙伴关系，联合开展对外投资活动、贸易活动和项目服务，助力南沙与港澳三地联合做好“引进来”和“走出去”工作。南沙在这一方面目前已取得的进展包括但不限于：

早在2018年10月，南沙已顺利举办穗港澳“一带一路”企业合作联盟战略合作框架协议签约活动，香港“一带一路”总商会、澳门工商联会、广州市“一带一路”投资企业联合会三方成功签订协议，建立互利共赢合作关系，支持南沙与港澳合作建设“一带一路”国际交流平台。三方协会将探索在南沙设立穗港澳“一带一路”企业合作联盟秘书处，作为穗港澳工商界专业人士的联系桥梁，打造港澳向内地拓展、内地企业借助港澳通达国际市场的双向通道和重要平台；三方每年轮流举办穗港澳“一带一路”企业合作论坛，对外展示穗港澳三地企业参与“一带一路”沿线国家和地区最新发展成果，集聚三地“走出去”资源渠道，推动合作需求对接，政策、业务创新等。同时设立企业走出去服务咨询专窗，为穗港澳企业提供投资备案、金融、会计、法律、安全预警以及“一带一路”沿线国家和地区自由贸易园区投资、贸易开展功能对接等服务。

南沙庆盛枢纽目前也已引入丽新集团“一带一路”总商会（大湾区）总部项目、新鸿基商业服务综合体、冯氏集团等港资项目。其中丽新集团一带一路总商会（大湾区）总部项目拟重点发展“一带一路”总商会大湾区总部，促进粤港澳深度合作。区别于其他单一的产业项目，“一带一路”总商会大湾区总部作为粤港互通平台将把总商会旗下八大专业委员会的港澳以及“一带一路”沿线会员企业、机构作为主要的引进对象，并吸引香港以及外籍专才进驻；同时作为香港政企资源集聚平台，总部将与香港特区以及“一带一路”沿线国家的政府和官方机构保持紧密联系，依托国家“一带一路”倡议、广深港高铁等外部优势，重点发展科技创新、文化产业、医疗健康、专业服务、大型基建、金融、贸易、青年事务等产业，未来将探索利用政府以及民间机构资源引入相关的优质企业，并帮助内资企业“走出去”。

2022年5月，广州南沙科金控股集团有限公司下属广州南沙投资咨询有限公司与泰国商务部辖下的公共仓储局、香港嘉柏投资（控股）有限公司完成合作备忘录的签署，共同推动仓储、物流和货物跨境合作项目，共同拓展东南亚市场。这也是南沙首家区属国企秉承南沙“门户枢纽”的使命功能，以积极“走出去”的姿态，携手港澳，与东南亚国家国有企业共同推动国际合作的探索。另外，在商事登记服务方面，中国工商银行（澳门）股份有限公司、中国建设银行股份有限公司澳门分行、中国农业银行股份有限公司澳门分行已设置南沙企业开办南沙商事登记“一网通办”平台澳门代办点，南沙也将借此向“一带一路”相关国家以及葡语国家展示优质高效的营商环境“名片”。

2. 深化与沿线国家多领域合作

南沙需持续深化与“一带一路”沿线国家和地区在基础设施、国际产能、投资贸易、科教人文等领域合作，在引进高质量合作项目、合作企业的基础上，分享南沙成功经验，学习攻克关键技术，汲取吸收管理经验，以实现产品、技术和管理模式高水平“走出去”。

为了更好地实现与“一带一路”沿线国家多领域合作，南沙首先要在相对完善的基础设施建设方面再接再厉，不断推进基础设施互联互通，以南沙港铁路建设为依托，开拓中欧贸易新路径，加强与西部陆海新通道衔接，建设“一带一路”多式联运物流枢纽，打造“一带一路”建设的重要战略支点。

其次，在深化国际产能合作方面，依托南方（南沙）国际产能和技术合作中心等国际产能合作重要载体，积极组织、实施国际产能和技术合作项目，提供国际创新创业相关服务，为国内外政府和企业提供有关规划、政策咨询及培训服务。南方（南沙）国际产能和技术合作中心近年来在与外界合作领域活跃不断，致力于推动大湾区以及其他“一带一路”沿线国家和地区重大战略性平台建设。如2021年8月24日，南方（南沙）国际产能和技术合作中心与广东省综合改革发展研究院、大湾区数字经济科技产业发展联盟完成《全面战略合作协议》签约，并顺利开展大湾区数字经济科技产业生态发展研讨会，三方充分发挥各自领域的资源优势，相互支持，紧密合作，抓住粤港澳大湾区建设的重大国家战略所带来的宝贵机遇，重点推动大湾区以及其他“一带一路”沿线国家和地区数字经济科技产业生态发育；2022年8月9日，凤凰网与南方（南沙）国际产能和技术合作中心成功举办《全面战略合作协议》签约仪式，双方引入优质内容，为南沙面向国际的招才引资、青年聚合、宜居城市建设、产业发展等目标提供内容平台和项目，合力推动南沙成为区域发展的新国际名片。

最后，为了更好深化与沿线国家多领域合作，南沙还需加快规则对接、拓展海外市场、提升南沙城市国际知名度。为此，南沙应加快健全多元化投融资体系，推动规则、政策、项目对接，支持企业拓展国际市场、加快海外布局，携手港澳建立实体化中国企业“走出去”综合服务基地。以租金减免、人才支持等政策吸引仲裁、公证、调解、鉴定、律师事务所等相关法律服务机构聚集，加快建设粤港澳大湾区暨“一带一路”法律服务集聚区。依托中国（广东）人工智能发展高峰论坛、国际邮轮旅游文化节、东南亚竹文化艺术节、丝路非遗（南沙）时尚大赏等重要活动，全面深化与沿线国家和地区的科教人文交流；充分利用对外交流资源及国内外民间友好资源，推进友好城市（区）缔结工作。以区域全面经济伙伴关系协定（RCEP）参与国家城市、“一带一路”沿线城市、周边国家城市为重点，拓展国际友好城市关系网络，不断提升南沙城市国际知名度。

3. 探索举办“一带一路”相关主题展会

对此，南沙政府应首先明确举办“一带一路”相关主题展会的目的，运用多种创新形式，赋予展会融合、丰富功能，以实现集宣传优质特色沿线国家产品、吸引客户扩大消费、推动岭南文化与异国文化交流互通于一体的目的。近年来，南沙一直不断深化与沿线国家的文旅经贸合作，积极推出具有国家特色的“一带一路”主题展会。如落户于广州南沙水鸟世界生态园的“‘一带一路’国家竹博汇”项目，目前已落地“泰国文旅艺术交流中心”“印尼文化艺术交流中心”和“斐济文旅艺术交流中心”。另迪拜世博会中国馆“广东活动周”图片展也在广州南沙“‘一带一路’国家竹博汇”展出，展示“世博风光”“粤商风采”等专题内容，呈现迪拜世博会园区景观，展现广东与阿联酋经贸交流成果。2022年泰国榴莲节也于当年7月在南沙水鸟世界生态园顺利举办，活动过程中游客不仅可以详细了解、体验和消费泰国品种榴莲，还可以体验别样泰式舞蹈、拳击文化。未来，“‘一带一路’国家竹博汇”项目将陆续建成东盟十国馆，持续呈现多元文旅内容，带动各项经贸合作，不断向外传递南沙扩大对外开放、深化经贸合作平台搭建的信心。

（三）积极承办、办好国际性活动

《南沙方案》指出，要办好国际金融论坛（IFF）全球年会等国际性主题活动，积极承办国际重要论坛、大型文体赛事等对外交流活动。

1. 办好国际性主题活动，完善活动场所建设

过去，南沙紧紧抓住粤港澳大湾区战略实施机遇，加强与港澳及国际更高层次合作，面向全球集聚高端要素，在建设现代化经济体系、形成全面开放新格局等方面抢占了先机，不仅保存了原生态的岭南水乡风情，更有接待大型国际会议的相对完善的基础设施，已经逐渐成为国内国际重要的商务会议、活动路演的举办地，先后承办了世界环境科学家大会、广州人工智能圆桌会议、CNBC全球科技大会和国际金融论坛等高端会议。2017年10月，“全球环境展望——世界环境科学家大会”之“科学—政策—市场”多利益相关方对话活动在广州南沙举办，来自全球30多个国家的环境科学家以及国内环境领域专家学者、企业家共同分享绿色行业发展的中国经验，识别和促进由科技进步驱动，鼓励性政策和创新性融资机制推动的绿色投资机会；2018年6月，南沙成功举办主题为“人工智能与未来城市”的广州国际人工智能工作交流会，与会百余位国内外嘉宾结合人工智能技术前沿探索、产业发展现状与趋势开展主题演讲与自由讨论，为广州市人工智能产业发展建言献策。

南沙自2018年起已高质量举办五届CNBC全球科技大会。如最近一期的CNBC全球科技大会于2023年10月17—18日在广州南沙花园酒店成功举行，全球权威财经媒体CNBC邀请了来自全球各地的商业精英与科技领袖，共同探讨科技

领域的前沿发展与未来趋势。大会设置了“中国的硅谷——粤港澳大湾区的崛起”“未来能源：无人驾驶与新能源汽车产业的探索”“利用可信数据引领航运业可持续发展”等20场精彩对话。

除此以外，南沙作为粤港澳大湾区的核心承载区和广东省和广州市规划建设的重点对象，凭借得天独厚的地理优势、相对完善的基础设施，深受IFF组织方的青睐，自2020年以来，IFF全球年会落户广州南沙。全球年会国际金融论坛（IFF）是总部设在中国北京的非营利、非官方的独立国际组织，2003 年10月由中国、美国、欧盟、联合国等20多个国家、地区及相关国际组织的领袖共同发起成立， 是全球金融领域高级别常设对话、交流和研究机构，被誉为全球金融领域的“F20”（Finance 20）。IFF立足中国，面向世界，秉承得天独厚的全球优势资源平台，为政府部门、国际组织、金融机构和企业提供全方位战略顾问与服务支持，涉及领域包含可持续金融、绿色金融、科技金融、“一带一路”、碳中和、数字经济、新资本领袖、文明书院、ESG等。2020年11月21日，第17届国际金融论坛（IFF）全球年会在广州南沙开幕，年会以“全面可持续发展：共商合作与危机应对”为主题，深入探讨新冠疫情对国际经济、金融的影响以及完善全球经济治理的路径和举措，为构建全球开放共赢新格局建言献策；2021年12月4日，第18届全球年会在广州南沙开幕，年会以“全球挑战下的可持续发展：竞争、变革、合作”为主题，邀请全球财经领袖、IFF主席团及理事会成员、专家学者等对世界和中国经济形势进行最新解读、总结与展望。除了成功承办IFF国际年会，2022年6月24日，南沙同样成功举行了由国际金融论坛（广州）、广州市地方金融监督管理局与广州南沙开发区管理委员会共同主办的国际金融论坛（IFF）第3期大湾区报告会，并以“共建大湾区跨境理财和资管中心”为主题，旨在贯彻落实《南沙方案》《广州市建设粤港澳大湾区理财和资管中心实施方案》等文件精神。

2023年10月28日，国际金融论坛2023年全球年会在广州南沙开幕。本届年会以“新资本、新价值、新世界：全球经济碎片化下的重振与合作”为主题，由广东省人民政府、广州市人民政府和国际金融论坛共同主办，在广州南沙新落成的国际金融论坛永久会址举行，邀请来自国内外的政要嘉宾，就当前世界及中国经济金融领域的热点问题展开讨论和对话。

为了更好地承办各类国际性主题活动，南沙在国家的规划指引下建成了全国首个国际金融岛——南沙金融岛，并于2022年7月15日完成广州南沙国际金融论坛（IFF）永久会址项目国际会议中心的钢结构拼装，主体结构全面封顶。永久会址项目位于广州市南沙新区明珠湾区横沥岛尖东侧，是广东省打造中国金融“第三极”的重点依托，是大湾区建设的标志性工程。项目主要包含国际会议中心、国际会议服务中心、国际会议服务中心配套用房及公共服务用房三个部分，总用地面积约20.35万平方米，总建筑面积约24.84万平方米。建成后，永久会址将主要承担IFF年度会议及丝路国家国际性会议举办和学术成果发布功能，着眼于“一带一路”和粤港澳大湾区规划，打造成为世界新金融及丝路合作对话高地，并承接粤港澳大湾区、广东省和广州市承办的重要国际性会议，打造高水平的国际政务、商务会议中心。

2. 积极承办文体赛事，丰富外籍人才生活

为进一步丰富南沙外籍人才生活，营造包容开放的国际人才融合氛围，弘扬我国优秀传统文化，促进多元文化交流互鉴，南沙近年来也在大力开展妈祖文化旅游节、国际邮轮旅游文化节、国际帆船节、丝路非遗（南沙）时尚大赏暨丝绸之路国际时装周颁奖礼等系列高端国际性文旅体育活动，充分展示了南沙多方位开放的创新形象。

在一众传统的文旅体育活动中，连续举办五期的外籍人才中文班活动别具一格，广受外籍人才喜爱。自2018年9月南沙开发区人才发展局、南沙区委外办共同创立并成功举办首届南沙外籍人才中文班活动以来，该活动已成功举办五期，累计吸引了37个国家共2805人次参与线上及线下课程活动，学员主要涉及教育、企业管理、专业技术、科研教授等各行业领域外籍人才。2022年6月1日，第五期南沙外籍人才中文班开班仪式在南沙蕉门河国际化社区党群服务中心顺利举行。活动结合了中华传统端午节的元素，为外籍人才上了一节生动有趣的中文课。来自俄罗斯、美国、南非、印度、约旦、澳大利亚等11个国家的30多名外籍人才参加了本次活动。活动以双语教学的方式向外籍人才讲述了端午节的特色风俗、民俗故事，以及粽子、赛龙舟、雄黄酒等端午元素的寓意。活动还为外籍人才设置了包粽子活动，为人才们提供了别样的欢乐。通过这场别开生面的中国传统文化探索之旅，外籍人才获得了更多互动交流的机会，同时感受了中国传统文化的魅力和浓浓的节日氛围。

未来，南沙将以外籍人才中文班活动为起点，逐步完善为南沙外籍及港澳台籍居民工作、生活提供的各类服务；组织开展语言角交流、特色景点导览、趣味体育竞技等中外居民共同参与的社区活动，帮助外籍与港澳台籍居民快速融入本地生活，创建开放包容、和谐共治的国际化社区。

第六章

合作重点任务 IV：打造规则衔接机制对接高地

一、打造国际一流营商环境

（一）持续打造市场化法治化国际化营商环境

近年来，南沙区从营商环境评价体系、理论建构及重大平台等方面出发，以增强营商环境建设的可持续影响力。南沙不断深化营商环境改革，在创新搭建营商环境改革管理体系的基础上，南沙区政府与专业机构共同成立调研组，建立起营商环境观察员机制，与智库机构共建营商环境专家委员会，与社科院共建营商环境创新实践基地，成立全国首个营商环境国际交流促进平台等，并通过探索营商环境全过程闭环跟踪监测模式和前沿问题研究解决机制，加快建设营商环境交流实践平台，构建并进一步优化营商环境多元社会主体共商、共建、共治的长效机制。

南沙“十四五”规划指出，未来南沙要重点建设营商环境创新引领示范区，在对标世界银行和国家营商环境评价指标体系的基础上，开展更深层次的具有中国特色的营商环境改革试验探索，优化营商环境改革政策举措，确保在建立与国际接轨的投融资、贸易、仲裁等营商环境规则体系方面处于全国领先地位，全力打造营商环境创新引领示范区，为广州市落实国家创新城市试点工作作出贡献。

并且，南沙区未来将着力建设中国营商环境国际交流促进中心，将南沙打造成为全国性营商环境交流、培训、实践基地。

除此以外，广东省人大常委会要在出台大力推进法治化营商环境建设的相关决定以及颁布优化营商环境条例的基础上，进一步发挥立法、监督、重大事项讨论决定等职能作用，充分发挥代表作用，持续助力南沙对标国际一流标准打造市场化法治化国际化营商环境金字招牌，不断厚植开放型经济新优势。

（二）试行商事登记确认制，加快建立健全完善的监管体系

南沙将试点探索建立“湾区通”企业登记互认机制，放宽商事登记港澳投资主体资格证明文件等要求限制，研究推动港澳企业直接登记和公证文书跨境信息流转。

南沙应当进一步推动粤港澳企业跨境开立企业银行账户、居民跨境开立个人银行账户便利化；并实施“人工智能+”审批、“多图联审”“联合测绘”“联合验收”等改革措施，推进“带设计方案”土地出让试点，打造营商环境改革“南沙样本”，以便利南沙企业与个人。

南沙要开展市场准入和监管体制机制改革试点，加快建立健全全方位、多层次、立体化监管体系，实现事前事中事后全链条全领域监管，争创省信用建设服务实体经济发展试点，优化包容审慎监管执法环境，实现行政监管“无事不扰”“无处不在”，深入推进全域综合行政执法改革，探索严格审慎执法，对市场主体出台免罚清单，建立轻微违法行为不予行政处罚机制、轻微违法违规的监管豁免制度、激活临时性行政许可制度。建立适应新技术、新产业、新业态、新模式等“四新”经济发展的包容审慎信用监管模式，并探索对跨界融合领域的部门协同监管，推行非现场监管，积极运用新媒体等畅通公众监督投诉、举报渠道。

此外，南沙需要进一步建立健全工作监管机制。在企业方面，可以通过依托国家企业信用信息公示系统，实现涉企信用信息互联互通、共享应用，创新推进部门联合“双随机、一公开”监管、企业信用风险分类管理；在政府服务方面，配合区政务服务数据管理局健全完善政务服务反馈机制，健全评价结果通报、整改、监督工作机制。南沙区政府还要加强与人大代表和政协委员的沟通交流，自觉接受人大和政协民主监督；畅通信访渠道，及时解决合理诉求，化解矛盾纠纷。南沙区还应全面推进政务公开，如决策公开、执行公开等，尤其应优先推动涉及民生保障、公共服务和市场监管领域的政府数据向社会有序开放。

（三）加快建设“数字政府”

南沙应当加快建设“数字政府”，完善“互联网+”审批体系，推进政务服务“即刻办+零跑动”。加快建设数字政府主要要从以下四个方面推进：

1. 高标准推进政府数字化转型

推动政府辅助决策和行政办公数字化应用建设，建立政务大数据库和政务大数据分析系统，打造统一安全的电子政务云、政务大数据平台；统筹政务内网建设和应用，提升政务外网服务能力；健全政务信息资源共享交换平台，全面提升政务服务数字化、智能化水平；完善数字政府建设的各类标准规范和法规制度；加快各类应急平台建设与联通，以求逐步实现公开透明、服务高效、监管精准的数字政府。

2. 大力提升数字政务服务水平

加快全流程业务数据化建设，扩展“综合窗口”集成服务，完善智能引导办事信息化平台；升级综合业务云平台，打造“物理分散、逻辑统一”的政务云服务平台；建设政务云资源监控平台；推进非涉密政务应用上云；完善政务外网覆盖建设，拓展政府部门、公共服务区域的无线覆盖，推动各部门非涉密政务外网的对接。

3. 全面增强数字化治理能力

依托统一的政务云平台，推动市场监督管理各系统互联互通、数据共享、业务协同；建设智慧市场监管和企业信用信息平台；建设市场监管风险预警平台，分析预警本地企业的信用风险情况；利用人脸识别等数字化技术，推进智慧警务应用建设；加强大数据、云计算、物联网等新技术在网络交易监管中的应用，以更快更好地发现、收集、甄别网上侵权假冒违法犯罪线索；应用网络计算机技术监测、采集、分析、还原网络违法行为的电子数据。

4. 持续提升社保经办服务能力

将“互联网+”与社保经办服务充分融合，积极引导参保群众利用粤省事、省政务服务网、穗好办等线上平台办理日常社保业务，提高线上办理社保的服务质量。

设立更多“24小时港澳自助服务点”，为港澳青年提供多方面“全天候，不打烊”的一站式服务，打通港澳青年创新创业“最后一公里”，提升南沙“创享湾”政务服务便利化程度，持续提升港澳青年在南沙生活工作便利化程度。

深挖银行社保服务网点潜力，不断优化和拓展社银合作服务范围，放大合作效应，着力构建具有南沙特色的社保银行服务体系，实现社银一体化服务，充分便利群众。

（四）健全多元化纠纷解决机制

健全多元化纠纷解决机制，搭建一站式民商事纠纷解决系统平台，促进诉讼与仲裁、调解等多元化纠纷解决方式信息互通、有机衔接。

1. 坚持和发展新时代“枫桥经验”

充分依靠群众，畅通和规范群众诉求表达、利益协调、权益保障通道，从源头预防和减少社会矛盾，维护社会稳定，促进社会发展。

进一步建立健全矛盾纠纷多元预防调处化解综合机制，大力推进人民调解、行政调解、司法调解“三调”衔接联动，培育积极健康的社会心态。加强和改进信访工作，推进诉访分离，加强“信访综合管理信息系统”平台建设，高标准实行阳光信访、责任信访、法治信访、智能信访，有效防范和妥善处置突发性、群体性事件。严格依法办案，加强行政复议工作规范化建设，发挥行政复议、行政调解在化解行政争议中的基础作用，畅通行政复议渠道，优化行政复议工作流程，深化阳光复议，健全审理机制，完善“1+1+9+N”行政复议与调解有机衔接联动机制，促进调解仲裁、行政裁决、行政复议、诉讼等有机衔接。

2. 在劳动人事纠纷方面，南沙应完善争议多元化解机制

加强建设专业化的劳动人事争议调解机制，建立多元化解纠纷的机制。加强镇（街）劳动人事争议调解中心建设，同时大力推进企业劳动争议调解组织的建设，鼓励并支持更多的社会力量参与到调解中。探索推行劳动人事争议先行调解、委托调解和特邀调解。

3. 在金融争端纠纷方面，南沙应从三个角度出发进行完善

研究建立大湾区跨境金融争端解决新机制。支持广州互联网法院和仲裁机构在南沙建立诉讼、仲裁、调解三方面有机衔接且与国际接轨的跨境金融领域争端解决服务新机制，提升粤港澳大湾区金融消费权益保护水平。

完善涉众金融纠纷化解。在《区域全面经济伙伴关系协定》（RCEP）等协议框架下，探索搭建以市场化机制为基础的地方金融纠纷调处社会机构，借助多元化渠道化解涉外、涉众金融纠纷问题。

支持国际商事仲裁制度在南沙落地、推广、创新和发展，支持高水平建设中国南沙国际仲裁中心，充分运用“三大仲裁”庭审模式及远程庭审技术，探索构建更加便利化、多元化、国际化的金融领域商事争议解决机制。

此外，南沙应继续积极联动港澳两地实施《区域全面经济伙伴关系协定》（RCEP），并对标《全面与进步跨太平洋伙伴关系协定》（CPTPP）、《数字经济伙伴关系协定》（DEPA）等贸易规则，包括鼓励南沙区内国际仲裁机构与境外知名仲裁机构及争议解决机构开展相关业务合作等。

二、有序推动金融市场互联互通

（一）支持设立更多持牌金融机构

南沙区政府应支持符合条件的港澳投资者依法申请设立证券公司、期货公司、基金公司等持牌金融机构，并从以下几个方面加快发展南沙金融业：

1. 加快建设重大金融平台

建设广州期货交易所，构建期货现货联动发展交易市场体系。推进国际金融论坛（IFF）永久会址、国际风险投资中心等重点平台项目建设。发展南沙区上市服务中心、上海证券交易所资本市场服务粤港澳大湾区基地，建设南沙区知识产

权金融示范区，搭建便利粤港澳大湾区内企业进行交流合作、要素交易和信息流通等的功能性平台。加快国际金融研发、国际金融培训，加快建设跨境资金结算平台、跨境金融要素交易平台、跨境商品交易平台等跨境金融平台，探索设立丝路金融国际联盟等跨境金融合作机构，打造跨境投融资服务中心。

2. 强化金融机构互设

依托南沙与港澳地区合作建设的产业园区，加大招商引资力度，鼓励港澳金融机构在南沙设立产业投资基金运营管理机构或分支机构，吸引各类社会资本，为南沙的产业发展提供资金支持，支持符合要求的港澳投资机构在南沙发起成立独资或合资银行以及证券公司等金融机构。鼓励区内有实力的金融机构在港澳设立分支机构或合资成立机构，与港澳一同进一步提升南沙对境内外两种金融资源的配置能力。

3. 吸引各类金融组织入驻

通过调整和优化租金优惠、政策咨询、项目路演、产融对接、联合调研、投后管理、人才资源共享等平台服务来吸引各类金融组织入驻南沙，并制定集聚区专项优惠措施，对进驻集聚区的金融企业和中介服务机构提供租金优惠扶持措施，补贴进驻集聚区金融机构的办公用房租金以及运营管理费用。探索面向金融机构从业人员的住房保障措施，吸引金融机构从业人员在南沙金融产业集聚区置业安家，衍生相关办公需求。鼓励南沙金融企业和中介服务机构强化实地办公，大力推动新注册的持牌法人金融机构、特色金融企业以及会计师事务所、律师事务所、资产评估、金融培训等金融上下游服务机构入驻，形成集聚效应，并以各类知名中介服务机构和行业组织为纽带，带动金融专业服务集中化、体系化。

4. 充实优化招商引资力量

引进高水平、专业化的招商人才，主动走出去招商，面向北京、上海、深圳等重点城市招商，通过实际的政策优惠、完善的配套服务以及良好的营商环境，吸引更多其他城市的金融机构入驻南沙金融集聚区。

5. 吸引金融科技资源汇聚

鼓励法人金融机构设立金融科技子公司、研发中心，积极引入具备核心竞争力的金融科技企业，培育知名金融科技独角兽企业，并推动金融科技企业上市，全力打造一批先行示范项目，形成多项可复制并进一步推广的金融科技产品和服务优秀案例，打造南沙金融科技创新品牌。完善政策、服务和生态建设，全面打造金融科技示范服务区，为园区内金融科技企业提供多种服务，包括项目路演等，促进产融对接。积极参与数字人民币试点，建设并扩展应用场景。

6. 支持传统金融机构转型升级

鼓励传统金融机构积极创新，为中小微企业提供更精细化、人性化、有温度的金融服务。进一步推广金融科技在产业链服务等领域的应用，提高金融运行的数字化、网络化和智能化水平。支持区内银行机构加速科技型银行网点布局和智能化场景应用，形成助推数字经济产业加速发展的金融服务体系。

（二）积极支持南沙参与设立粤港澳大湾区保险服务中心

支持在广东自贸试验区南沙片区设立港澳保险服务中心，为持有港澳保单的港澳和内地居民提供咨询、理赔、续保等售后服务。支持开展粤港澳大湾区内地与香港、澳门保险机构跨境人民币再保险业务。

（三）促进粤港澳三地保险市场融合发展

支持南沙在跨境机动车保险、跨境商业医疗保险等方面先行先试。

充分发挥广州南沙粤港合作咨询委员会在金融规则对接方面的作用，进一步扩大与港澳金融业的双向开放，在金融运行机制、行业标准、监管规则等方面深入对接，加强粤港澳三地金融改革发展的互联互通，并依托优化深化实施“湾区通”工程，以港澳保险服务为切入点，探索实现粤港澳三地保险领域规则对接的“一事三地”“一策三地”“一规三地”新思路、新模式、新路径。

支持保险公司在南沙建立资产管理、营运、研发、后援服务、数据信息等总部。支持保险机构开发跨境医疗保险等更多创新产品。

（四）支持开展移动支付创新应用

支持南沙拓展数字人民币应用场景。2022年广州被纳入数字人民币试点城市后，南沙财政、金融等单位会同人才部门及时协调解决了对公电子钱包开设、拨付流程确定等工作，保证数字人民币形式的人才奖励补贴顺利发放。数字人民币作为移动支付的一种创新形式，同样具有移动支付的便携性与可溯源性。此外，以数字人民币形式发放补贴资金，可通过智能合约的功能实现补贴定向发放，有效防范资金拨付终端可能存在的截留风险；同时，数字人民币的“可控匿名”特征，可最大程度上守护使用者的隐私安全。

（五）加快研究按程序在南沙设立粤港澳大湾区国际商业银行

研究探索在区内设立大湾区国际商业银行，并探索建立与大湾区发展相适应的账户管理体系。

支持符合条件的港澳资企业参与发起设立粤港澳大湾区国际商业银行，并进一步提升国际商业银行在高水平对外开放门户枢纽、企业走出去综合服务基地和国际交流平台等重点领域建设的金融服务能力。为金融支持实现国内国际“双循环”相互促进的新发展格局探索新路径、积累新经验，使得南沙区内的粤港澳大湾区国际商业银行成为推进粤港澳大湾区国际金融枢纽建设的重要支撑平台。

（六）支持推进外汇管理改革

支持推进外汇管理改革，探索开展合格境内有限合伙人（QDLP）境外投资等政策试点，支持粤港澳三地机构合作设立人民币海外投贷基金。

2022年以来，国家外汇管理局出台了跨境贸易投资高水平开放外汇管理改革试点政策。按照政策规定，广州南沙自贸片区内符合条件的非金融企业境外放款、外债、跨境担保、境外上市、员工股权激励计划、境外套期保值等外汇业务登记可直接由外汇局广东省分局辖内银行办理，基本实现跨境投融资业务“银行就近办”“外汇局零跑腿”，大幅优化了南沙自贸片区内跨境投融资环境。

南沙区未来应支持区内银行机构按照规定开展跨境人民币拆借、人民币即远期外汇交易业务以及与人民币相关衍生品业务，促进人民币在粤港澳大湾区跨境便利流通和兑换。支持拓展“跨境理财通”业务，探索构建与港澳地区理财资金跨境流动的新渠道、新模式。

（七）加强金融监管合作，提升风险监测、预警、处置能力

支持南沙建设广东省地方金融风险监测防控平台，增强金融风险的监测和防控能力。

南沙区应着重提升地方金融风险防范效能，构建高质量发展保障体系：

1. 完善地方金融监管机制体制

（1）建立健全地方金融监管多部门联动机制

完善地方金融监管部门、行业自律组织与首席风险官、风险管理部门及专职人员的工作指导与业务联系机制，一同推进地方金融风险管理体系和能力现代化。

（2）建立健全地方金融组织信息报送机制

根据地方金融组织不同的经营行为特征及潜在风险特点优化经营情况信息采集清单，并由地方金融组织向地方金融监管部门定期报送，以增强监管部门对地方金融组织经营风险状况的感知力。

（3）做好地方金融组织“全覆盖”统计试点

推动建立小额贷款、融资担保、融资租赁、商业保理等地方金融组织统计标准和统计制度，促进地方金融组织统计规范化、标准化，为南沙地方金融业规范发展提供数据保障。

（4）强化现代科技赋能地方金融监管

加强与科研院所、高等院校、金融科技公司以及各大金融机构的合作，在地方金融风险识别、监测、防控中加强现代科技手段的应用。

2. 稳妥防范处置重点领域突出风险

（1）增强地方金融组织规范发展意识

强化与行业自律组织的协同以及对地方金融组织从业人员的合规教育，加大对地方金融组织及其从业人员违规行为的惩处力度。

（2）提升地方金融风险监测能力

依托地方金融风险监测防控中心，研究分析金融数字化、智能化业务平台引发的新型金融风险，聚焦南沙特色金融集聚区的金融风险防控，力争将特色金融集聚区打造成为粤港澳大湾区金融科技领域的安全示范窗口。

（3）发挥地方金融管理基层部门“哨兵”作用

准确、有效贯彻落实金融风险处置各项措施和要求，避免金融风险扩散化。

3. 严厉打击非法集资

（1）增强重点人群非法集资防范能力

加强对易受害人群防范非法集资活动的教育宣传，提升区内群众对金融风险的认知水平，树立风险自担的投资意识。

（2）运用监管科技提升非法集资监测水平

促进与地方金融风险监测防控中心的对接，利用监管科技手段提高对违法违规行为的监测、识别能力。

（3）完善非法集资举报查处机制

主动及时向社会公布电话、电子邮箱、微信公众号等多样化的举报渠道，及时采取措施核验群众提供的非法集资线索并作出相应的举动，有效切断非法集资等资金流动渠道，严厉打击地方金融领域违法犯罪行为。

三、提升公共服务和社会管理相互衔接水平

（一）加强粤港澳三地的社会保障衔接

推动粤港澳三地加强社会保障衔接，推进在南沙工作和生活的港澳居民享有市民待遇，提高港澳居民社会保障措施的跨境可携性。

1. 提升深港澳市场一体化水平

（1）深入实施湾区“人才通”“社保通”，促进人员、技术等各类要素更加高效便捷流动。率先开展粤港澳职称评价体系建设,设立港澳专业人才职称评审组，融合粤港澳人才职称评选标准，推动构建全面开放的粤港澳大湾区职称评价体系，提升港澳专业人士跨境执业便利性。开展大湾区职称评价和职业资格认可，完善港澳工程专业人才职称申报机制，制定港澳工程专业人才职称评价指引和规范性文件，推动在部分具备条件的评审委员会设立港澳专业人才评审组，引导港澳专业人才按照属地和就近原则在南沙区申报职称评审，进一步便利港澳专业人才在南沙区从业执业。

（2）共建宜居宜业优质生活圈，实施便利港澳居民在南沙发展的务实举措，切实便利在南沙工作和生活的港澳居民。

（3）支持金融机构和企业探索穗港澳公共交通领域支付结算服务互联互通的新模式、新机制，进一步提升粤港澳三地人员交流和通行的便捷性。

2. 充分保障港澳人员的社会保险权益

严格落实《香港澳门台湾居民在内地（大陆）参加社会保险暂行办法》等相关办法，对在南沙区就业、入学、居住等符合条件的港澳人员，按照相关规定参加社会保险和享受相应的社保待遇，确保参保缴费和待遇标准与国内居民一致。

（二）配合香港特别行政区政府建立相关医疗制度

1. 加强粤港澳大湾区医疗服务合作，配合建立相关医疗制度，以实现三地医疗服务衔接

建立与港澳医疗数据衔接机制，实现与港澳电子病历互通共用。建立与港澳医疗机构沟通机制，推进互认检验检查结果。完善与港澳居民医疗保障对接机制，推进港澳居民在南沙参加城乡居民医疗保险。配合香港特别行政区政府建立医疗机构

白名单制度，扩大香港“长者医疗券”使用范围，推动将白名单内的南沙区医疗机构纳入香港医疗费用异地结算单位，并将支付范围从门诊扩大到住院。

2. 强化与港澳在中医诊疗、中医药研发、人才培养等方面的合作

积极参与粤港澳大湾区中医医疗联合体和中医医院集群建设，加快建设国家中医药服务出口基地。推动更多符合条件的医疗机构纳入“港澳药械通”试点。加强穗港澳医疗卫生专业人才培养和诊疗合作，扩展与港澳医疗培训项目交流。完善突发公共卫生事件及紧急医学救援工作联动机制。

（三）组织制定与国际接轨的医院评审认证标准

组织制定与国际接轨的医院评审认证标准，在南沙开展国际医院评审认证，可以有效地巩固提升医疗服务质量，提高医院科学管理水平，促进南沙区建立标准化、规范化、科学化和现代化医院管理制度。并且，国际医院评审认证标准是国际医疗保险机构的准入门槛，制定国际化的医院评审认证标准并组织南沙区医院参与相关鉴定，可以大大规范化便利国际保险偿付，有效提高医院服务水平和质量。

（四）建立相关食品安全制度

1.建立健全与港澳之间食品原产地可追溯制度，建立食品安全风险交流与信息发布制度，提高大湾区食品安全监管信息化水平。

2.建立科学严格完善的食品监管制度，健全市场准入信息可追溯等制度，加强对食品安全风险以及舆情的监测，定期进行质量抽检及监测，运用电子化、信息化监管手段以提升食品安全保障能力。严厉打击各类违法违规行为。建立健全食品安全执法体系，并完善监管体系和风险防控体系。深入开展食品安全放心工程建设攻坚行动，加强农贸市场综合治理，严格管控校园食品、外卖食品安全。全面提高食品安全保障水平。

3.完善优质食品供给体系，推行“源头联合防控”的食用农产品治理工作机制，提高主要供穗食品短缺风险的应急处置能力。

（五）加强与港澳的交通衔接

加快建立南沙枢纽与香港的直接交通联系，进一步优化南沙客运港航班和广深港高铁庆盛站等经停班次，推进实现“一票式”联程和“一卡通”服务。

南沙区政府将从轨道、公路、航空交通等方面着力打造大湾区“半小时”交通圈：

1. 加快轨道交通建设

对外轨道交通实现“30+12348”时空目标。构建“一主（南沙站）一辅（庆盛站）三个功能站（通用机场站、蕉门站、横沥站）”的铁路客运站格局。共规划并引入6条国铁、3条城际轨道打造国际综合交通枢纽。推进轨道交通产业布局，打造大湾区城际轨道枢纽。

区内城市轨道打造“3040”出行时空圈。规划形成与广州中心城区连接的“两快一慢一预留”大容量轨道通道及区内“环+放射”城市轨道网络系统。规划布局若干条有轨电车线路，服务于城市轨道交通覆盖空白区以及南沙各组团内部区域。

2. 推进高快速路和城市骨干道路建设

高快速路布局形成“406090”湾区时空圈。推进城市通勤便利快捷，完善与广州中心城区“三高三快”通道建设，加快狮子洋过江通道以及南沙大道改造等项目建设工作，形成“七横七纵”的高快速路网布局，增强南沙与天河、越秀等广州中心城区的快速联系。

区内城市骨干道路打造“102020”出行时空圈。以重要功能片区、重大战略支撑项目、重要文化旅游景区为重点，完善区内交通骨架网络，推进中心城区隧道交通建设。

3. 强化航空网络联系

加强与广州白云国际机场、深圳宝安国际机场及香港机场等周边国际机场的联系，建设接入大湾区机场群的快捷通道，共享大湾区航空资源，推动空港、空铁联动发展，提升国际辐射能力。规划建设城市候机楼，提供异地值机、托运行李等服务，提升南沙航空出行体验。

4. 大力发展枢纽经济

按照“站城一体化”理念高标准推进枢纽站规划建设，完善“枢纽+社区+产业”融合发展模式，积极推进重大轨道枢纽站场综合体和多式联运物流枢纽开发建设，形成以交通枢纽为核心的城市开发及产业布局。推进庆盛站枢纽、南沙站枢纽及地铁沿线站点TOD综合开发，科学布局产业、生活、公共服务等设施，实现站城一体化开发。以南沙站枢纽为中心，建设大湾区生产性服务业发展基地，探索内地和港澳社会管理创新及经济融合发展新机制；以庆盛站枢纽为中心，打造粤港澳大湾区重要科技创新节点、国际智慧创新城和人工智能产业引领示范区。

（六）稳妥推进粤港澳游艇自由行

稳妥推进粤港澳游艇自由行，细化完善港澳游艇出入境政策体系、管理机制和操作规范。

南沙区政府持续推动降低游艇入境担保门槛，进一步简化游艇通关手续。支持广州南沙游艇会码头与香港、澳门共建粤港澳游艇自由港，此外，鼓励设立南沙与海南自由贸易港两地邮轮产业联盟，培育游艇自由行新模式。南沙可以联合港澳打造粤港澳大湾区世界级旅游目的地，打造全球知名旅游休闲中心；还可以与深圳市、东莞市协作，加快建立完善集邮轮游艇的设计研发到生产制造、消费服务以及相关旅游休闲等于一体的全产业链，增强游艇及其配套产业的渗透度和融合度，推动形成邮轮游艇产业集群。

第七章

合作重点任务 V：建立高质量城市发展标杆

一、加强城市规划建设领域合作

（一）城市精细化治理，加强文明传承、文化延续

深入践行“绿水青山就是金山银山”理念，加大园林绿化工作力度，强化树木保护管理，提升城市园林绿化精细化管理水平，以“绣花”功夫推进城乡绿化工作高质量发展。2022年3月31日，在南沙区绿化委员会和绿化专业委员会的基础上，设立了南沙区园林绿化局，进一步加强了对全区园林绿化、古树名木的保护管理以及全民义务植树工作的统筹协调，为城乡绿化工作提供了强有力的体制机制保障。南沙区园林绿化局的成立，标志着南沙区园林绿化建设管理工作迈入新阶段，对促进南沙区园林绿化工作、开展科学绿化、保护古树名木、提升城乡生态环境品质等方面必将发挥积极重要的作用。

坚持以绿为核夯实城市生态底座，成立全市首支“树医生”专家团队，建立“苗木银行”，强化对古树名木保护，推进城乡科学绿化，提升蕉门河公园、南沙湿地公园、黄山鲁森林公园等生态品质，塑造岭南钻石水乡风貌，打造城景交融绿色生活样本。南沙区在树木保护中推行智慧管理新模式，落实古树名木“一树一档”管理，全区224株古树名木全部建立电子“身份证”，古树铭牌挂牌率100%。南沙区相关部门还通过现场踏勘，将上述古树名木的实测经度纬度、调查情况说明、照片等信息数据录入“南沙国土规划空间信息一体化”平台，为城乡规划、开发建设过程中保护古树提供精准数据支撑。目前，南沙区在全市率先实现以法护树，为保护古树名木的“事中”过程提供精准检察保障。

坚持以文为脉传承城市精神底蕴，推进“南沙人”遗址、冼星海故里、大湾区海防遗址文化公园保护开发，传承和弘扬开放包容的海洋文化，使历史和当代相得益彰。做好南沙文化品牌设施建设及保护，深入实施“文化旅游+”战略，加快建设岭南文化旅游发展核心区，强化重点文物保护与开发力度，提升南沙区文化品牌影响力。打造岭南文化旅游发展核心区。推进冼星海故里品质提升，打造“星海音乐之都”；弘扬水乡文化，将香云纱、粤剧、咸水歌、麒麟舞等非物质文化遗产与水乡文化品牌有机结合，凸显水乡特色和地域风情；培育海洋文化，谋划建设广州滨海旅游中心，加大对海洋文化资源开发和保护力度，推动海洋旅游与工业文化融合；整合南沙湿地以及黄山鲁—邮轮母港—游艇会—天后宫区域旅游资源，打造5A级景区。统筹推进重点文物保护与开发。实施红色基因传承和革命文物保护利用工程，建设爱国主义教育主题景区。整合大角山、蒲洲、上横

档岛、下横档岛、蕉门等炮台遗址资源，建设大湾区海防遗址国家文化公园，深化红色文化宣传教育，打造保护海防文化遗产、弘扬爱国主义精神的大湾区国防教育基地。统筹开展对南沙牌坊、张升楼、叙伦堂等区内主要历史建筑的修缮、保护，适时开发开放具备条件的历史建筑，串联历史文化遗存、遗址，打造麒麟历史文化古街等一批特色鲜明、古韵浓郁、彰显城市文脉的历史文化片区。

加强历史文化遗产保护利用，开展考古调查、勘探、发掘，做好考古成果挖掘、整理、阐释工作，重点推进海防遗址考古工作。实施文物保护重点工程，加快推进舢舨洲灯塔、金锁排灯塔等省级以上文物保护单位保护规划的编制。加大对“南沙人”遗址、塘坑天后古庙、黄阁麦氏宗祠群、南沙牌坊、张升楼、叙伦堂等区内主要历史建筑的修缮、保护，适时开发开放具备条件的历史建筑，串联历史文化遗存、遗址，打造麒麟历史文化古街等一批特色鲜明、古韵浓郁、彰显城市文脉的历史文化片区。加强历史文化遗产利用，发挥历史文化遗产在深化红色文化宣传教育、弘扬爱国主义精神方面的重要作用，组织爱国主义教育研学及历史文化实践等活动。实施红色基因传承和革命文物保护利用工程，争取把虎门炮台（南沙部分）列入国家文物局大遗址保护“十四五”专项规划，强化与广州市内的番禺、黄埔（长洲岛）以及大湾区内的东莞、珠海、深圳等城市合作，争创粤港澳大湾区海防遗址国家文化公园。推进区级及以上不可移动文物“四有”工作（有保护范围、有保护标志、有记录档案、有保管机构），加强对尚未核定公布为文物保护单位的不可移动文物的保护。完善文物保护基础信息库建设，推进不可移动文物数字化建档，实现文物保护部门之间信息共享、文物保护成果社会共享。

（二）引入高水平城市规划建设团队，职业资格互认

目前我国城市的硬件条件提升很快，特别是基础设施建设能力很强，但城市软件条件还有差距，在城市管理、城市规划建设等方面还有需要向港澳、国际其他城市学习的地方。建筑及工程业方面，南沙将推动具有香港协会（学会）资格的香港建筑师、结构工程师和建筑测量师与内地相应协会进行会员资格互认，也将允许港澳企业在南沙独资或控股的开发建设项目采用港澳工程建设管理模式。同时，取得建筑及相关工程咨询等香港相应资质的企业和专业人士可以经备案后直接提供服务。另外，南沙将探索采取法定机构或聘任制等方式，积极引进港澳专业人士、国际化人才参与南沙建设和管理。

2021年11月，自贸区南沙片区建设和交通局编制了《中国（广东）自由贸易试验区广州南沙新区片区港澳工程及相关咨询企业资质和专业人士执业资格认可管理办法》，允许从事建筑勘察、设计、施工、监理、造价等工程业务及其咨询服务的建筑师事务所、测量师事务所、园境师事务所、工程建设顾问公司、施工等企业和从事建筑勘察、设计、施工、监理、造价等业务的港澳工程及相关咨询领域的注册工程师、注册建筑师、注册测量师、注册园境师以及香港认可人士等，通过备案后，可在自贸区南沙片区范围内直接提供服务，促进南沙与港澳工程业界合作，带动更多优秀港澳工程人才到南沙就业发展。港澳企业竞投自贸区南沙片区工程项目时，其资质和投标资格可按照相关资格对比情况予以认可。

落实规则衔接，港澳专业人士注册执业资格按照本人在港澳注册类别和执业范畴予以认可，突破从事建筑相关活动的企业和人员暂时无法在内地城市执业和提供服务的障碍。

南沙在全国范围首创《广州市南沙区建筑和交通工程专业港澳人才职称评价管理办法（试行）》（以下简称《办法》），成功突破港澳人才申报职称的技术壁垒，无需逐级申报，最高可直接申报正高级职称，为南沙打造大湾区人才高地畅通渠道机制。这是继《南沙方案》出台后，南沙区立足湾区、协同港澳、面向世界的又一项重大创新成果。标志着南沙在打造粤港澳规则衔接机制对接高地以及推动国际化高端人才聚集上翻开重要篇章。

南沙出台的《办法》及配套文件，形成港澳人才职称评价“1+3+4”体制。

一是出台“1个办法”。深入调研粤港澳三地职称、职级（职业资格）体系情况，对比分析内地职称评价体系和港澳职业资格体系现状，形成《办法》，以明确港澳专业人才申报建筑、交通工程专业职称评价的条件，建立港澳人才申报职称评价制度。

二是制定“3个标准条件”。在现有的广东省职称评价标准的基础上，结合港澳职称申报人员特点，制定《广州市南沙区建筑工程技术人才职称评价标准条件》《广州市南沙区交通工程技术人才职称评价标准条件》和《职称评审直接申报条件（港澳工程专业人才适用）》，为全面、公平、公正评定港澳专业人才的技术水平和专业能力提供相应依据。

三是形成“4个专业对应列表”。通过建立建筑、交通工程领域职称专业设置与港澳工程专业及所属学会的对应关系，形成4个专业对应列表，以便港澳职称申报人准确选定专业申报方向。

四是优化配套服务。在国际人才港政务服务大厅设立粤港澳大湾区职称和职业资格业务一站式服务平台，集约涵盖专业人才职称评价和职业资格考试、认可业务等事项，港澳人才可通过一站式服务窗口实现“线上一网通办，线下一窗通办”。

南沙设置了港澳专家顾问参与职称评议的工作机制，面向大湾区遴选了8名在界内享有公认声誉、具有长期在港澳地区从事工程建设丰富经验的港澳专家顾问，参与到职称评审工作中，更加科学、公平、公正评定港澳职称申报人在港澳或国外工作期间的专业技术工作经历、业绩成果和学术成果等。

南沙还进一步扩展政策覆盖范围，在《广东省住房和城乡建设厅关于香港工程建设咨询企业和专业人士在粤港澳大湾区内地城市开业执业试点管理暂行办法》的基础上，结合本地区实际特点，将澳门地区纳入了以上政策的实施范围，也将施工企业纳入了备案范围。

2021年，港澳人才职称评价“1+3+4”体制中的粤港澳大湾区职称和职业资格业务一站式服务平台（以下简称“一站式服务平台”）在南沙宣布启用，于广州南沙国际人才港人才一站式服务大厅正式对外运作，这也是国内首个关于职称和职业资格业务一站式、全科型的综合服务平台。

2022年4月，南沙港澳执业资格认可工作又有新的突破性进展，人社部正式批复支持港澳涉税专业人士、港澳导游及领队在中国（广东）自由贸易试验区南沙片区、南沙新区便利执业，南沙区将抓住机遇，乘势而上，尽快出台税务、旅游领域港澳专业人士便利执业实施办法，加快推进港澳专业人士在大湾区便利执业工作进程。

（三）强化工程建设领域合作

南沙持续完善与香港建筑、规划领域常态化合作机制。南沙将探索以项目带动试点，配合广州南沙粤港产业深度合作园开发建设需要，应用香港工程建设模式试点一批港商独资或控股的建设项目，借鉴香港工程建设先进经验打造精品工程，带动香港优秀建筑企业和人才参与南沙的建设，为南沙加快建设广州城市副中心、打造粤港澳大湾区重大合作平台作出贡献。2020年2月印发的《庆盛枢纽站场综合体项目试行香港工程建设管理模式工作方案》，选取庆盛枢纽站场综合体项目作为广州市首个香港工程建设管理模式试点项目，针对项目试行香港工程建筑领域专业人士备案、试行全过程工程咨询管理和“分段报批”模式，参照香港工程建设管理模式实施工程管理。

作为广州市首个试行香港工程建设管理模式的试点项目，南沙庆盛枢纽综合体项目位于广深港高铁庆盛站北侧，总投资60亿元。该项目将探索建立穗港建筑领域合作机制，带动香港建筑人才参与南沙开发。其中，包括业主单位可选聘经建设主管部门备案的香港工程建筑领域专业人士为其提供工程建筑领域服务，自贸区南沙片区管委会参照香港工程建设管理模式对其实施监督管理。

同时，发挥香港工程建设管理模式建筑师负责制的优势，香港专业人士通过组建专家团队或咨询公司的形式，参与庆盛项目设计、造价咨询、项目管理等全过程咨询服务，试行“香港建筑领域专业人士+全过程工程咨询”的创新模式。

庆盛枢纽港式社区的建设规划是南沙迈出高质量城市发展标杆的一步。项目首期以163公顷港式社区为启动区，在设计、规划、管理、开发4个方面进行创新。

首先是以“人本”原则聚焦城市公共空间设计，营造增强粤港居民认同的宜居宜业环境。比如，引入小窄密路系统，构建交通、门户和生活功能互相配合的街道，融入香港特色的街道生活。其中，“大学路”联系北部香港科技大学（广州）和南部庆盛综合开发枢纽，是串联社区科创、居住与总部功能的门户型街道。“大学路”结合政策优势创新窄退线与弹性车道的做法，为初创孵化、产品展示、企业门面提供紧凑活力的街道界面。

其次，项目尊重沙田围垦场地的自然肌理，将河涌水系转变为社区重要的公共空间。昔日的河涌两岸转变为滨水体育与休憩场地，居民可在其中骑行、漫步和游憩。同时，在环境最优的滨水地带，设计引入香港GIC（政府/机构/社区用地）和民心港人子弟学校。GIC混合社区会堂、体育运动、社会福利、行政服务等功能形成港人熟悉的垂直邻里中心。

港式社区以社区的配套需求确定合适的人口规模与容积率，因“港”制宜提高了南沙本地原有的较低建筑密度，通过更为紧凑的建筑布局营造出尺度宜人的港式街道空间；多层建筑密度、建筑退线缩窄、新增建筑贴边率、允许市政道路红线内外统筹、道路小转弯半径等一系列标准优化均以保证宜人的品质化街道为出发点；同时，采取垂直绿化的引入、地块内市政管线协同、消防救援流线优化等措施进一步适应高密度建设。

为增加公共空间活力，滨水约有12公顷的公园绿地引入香港休憩用地的用地标准，以居民休憩而非管控绿化作为滨水绿地的用途，适度增加运动场、户外康乐设施、游客中心、景观广场等硬质用地用途，提升滨水活力。

二、稳步推进智慧城市建设

（一）南沙智慧城市基础设施建设

加强泛在互联的信息基础设施建设，建设高速率、广普及、全覆盖、智能化的城市网络，加快布局建设一批5G网络、物联网、工业互联网、北斗、数据中心等信息基础设施，助力南沙区打造大湾区数字经济示范区。

持续推进5G网络建设，推进5G通信基站、社会塔（杆）等资源共建共享，实现5G网络深度覆盖，打造领先的5G示范区。

压实5G基站建设任务。截至2022年底，全区新增5G基站781座，累计建成4905座，实现区内行政中心区、人流密集生活区、商贸发展核心区、工业集中发展区等重点区域5G信号连续覆盖。结合应用场景在电网、应急管理、港口、化工、专业园区等重点行业和领域建设5G专网。

打造5G示范应用。推进广州港5G创新应用、南沙国家级自动驾驶及智慧交通示范区、明珠湾起步区灵山岛尖智能驾驶示范段等5G示范项目落地运营，加速南沙5G特色应用布局。

加速5G产业集聚。谋深谋细5G制造产业规划，强化内育外引。加大对芯讯通5G联合创新研发中心、云智软通华南总部、通则康威5G人工智能等优质项目的招商引资力度，集聚一批5G产业龙头项目落户。引进5G高新技术研究机构，培育一批本土5G制造企业。

提升企业核心技术能力。大力支持云从科技人机协同开放平台、科大讯飞“5G+AI”智慧校园超脑平台、暗物智能新一代人工智能操作系统（DMOS）、宸境科技基于“5G+AI”感知云计算平台等人工智能基础平台能力建设。

建设绿色数据中心，统筹布局大数据基础设施。推动数据中心向规模化、一体化、绿色化、智能化方向发展，优先支持设计能源利用效率（PUE值）小于1.3的数据中心，重点发展低时延、高附加值、产业链带动作用明显的第一、二、三类业务数据中心。推动“国际数据传输枢纽”粤港澳大湾区广州南沙节点项目、奥飞数据智慧产业园数据中心、广东省交通集团大数据中心、懋源云5G交互中心、广东云谷二期数据中心等项目建设，打造粤港澳数据传输枢纽。

搭建跨境光缆和粤港澳国际数据专用通道，试点开展离岸数据服务，为金融科技、人工智能、大数据等新型高端产业发展提供卓越的国际化通信环境，探索建设粤港澳大湾区数据合作试验区。完成编制《粤港澳大湾区（南沙）数据合作试验区发展规划》，争取国家相关部门支持数据合作试验区建设。推动全球海缆多位一体网络工程及核心节点、离岸数据中心、新型互联网交换中心等一批重点项目落地建设。

加快互联网协议第六版（IPv6）规模化布局，推进国际IPv6根服务器等项目建设，加快支撑IPv6的应用基础设施改造。在南沙召开全球IPv6峰会，争取将南沙作为峰会永久会址。开展下一代互联网关键技术和创新机制研究，创制国际标准提案。启动建设全球IPv6测试中心和澳科大下一代互联网国际研究院南沙分院。

提升窄带物联网（NB-IoT）、远距离无线电（LoRa）基站密度和覆盖面，广泛建设多功能杆、柱、桩等新型智慧型基站。优化升级网络基础设施，全面提升光纤宽带网络、移动宽带网络基础设施综合服务能力，扩容升级互联网骨干网，推进千兆宽带进住宅小区、商务楼宇和各类园区。前瞻布局量子通信网、卫星互联网等未来网络，探索量子安全通信示范网建设。构建立体可控的网信安全体系，加强信息基础设施网络安全防护和监测预警。

加快推进“城市大脑”建设。推进南沙智慧城市综合管理平台（又称“城市大脑”）建设，推动设立区属独资大数据产业发展公司，建设“一云一网一平台”，扩容南沙政务云数据中心，建设政务数据交换平台。南沙区“城市大脑”允许超过8万个物联网设备同时接入，汇聚了超过12.8亿条结构化政务数据。以“城市大脑”中的防御指挥模块为例，平台结合区内的气象站、摄像头、水位、雨量等分布信息，摸查出1300余个风险隐患点。一旦发生台风等应急情况，系统可自动同时向超过10万人推送预警信息。

推广应用智慧灯杆。研究确定全区智慧灯杆运营管理模式，明确管理机构，制订综合用杆规范，统一建设标准，简化报建验收流程。打造市民广场、环市大道、蕉门河—凤凰湖、灵山岛等智慧灯杆示范路段。

实施全域性人工智能示范项目。建设“一脸走南沙”基础服务平台及各项民生、政务应用，打造全国领先的首个“一脸通行”智能服务城市和“身份可信城市”。建设庆盛自动驾驶封闭测试基地；在庆盛、灵山岛等区域实施建设一批车路协同路测设备，打造自动驾驶开放/半开放测试区；支持区内自动驾驶企业在全区范围内开展自动驾驶载客营运测试；打造全国最优的自动驾驶技术研发和应用示范区。

加快“智桩”建设。推动羊城充平台接入全区公用充电设施，向车主提供找桩、导航、充电、支付等一站式服务，实现充电设施之间、车和基础设施之间互联，不同运营企业之间的结算互通，运用大数据等手段，加快建设便捷高效、全时段全方位覆盖、布局合理的智能充电管理体系。推动私桩共享，增加需求响应资源。

规范住宅小区充电桩建设。推动落实国家、省关于新建住宅、改扩建住宅配建充电桩相关要求。明确新建住宅小区电动汽车充电桩建成比例、预留比例等条件，并纳入土地规划条件和工程验收的具体标准。结合智慧灯杆建设，推动既有小区建设公共快速充电桩。

加大重点区域充电设施建设力度。建设城市道路临时泊位、交通枢纽公共停车场的公共快速充电桩，重点推动庆盛高铁站等的公共停车场加快建设集中式充电站等。

（二）智能化城市综合交通管理和服务系统

打造物联感知的智慧交通设施。推动南沙区交通基础设施数字转型、智能升级，打造便捷顺畅、经济高效、绿色集约、智能先进、安全可靠的交通运输领域新型基础设施。加快推进南沙国家级自动驾驶及智慧示范区项目建设，打造自动驾驶封闭测试区、半开放测试区，开展自动驾驶商业化运营试点。为强化智慧交通管理，推进信号控制、高清监控等系统的建设，试点在沙仔岛、小虎岛、黄阁等部分重点路段布局一批智能路网设施，加强智慧交通物联感知建设。打造明珠湾无人驾驶新技术应用先行示范区，推动计算机视觉、先进传感、大数据、车联网、自主决策控制等智能技术在无人驾驶领域的应用。推动自动驾驶出租车和无人驾驶公交车试运营，逐步在企业园区巡逻、观光游览、物流配送、区域接驳、快速公交等特定场景示范应用并推广。建设涵盖路内路外、全区统一的智能停车管理服务平台，鼓励社会力量投资建设、改造和运营智能停车场。稳步推进智慧港口建设，加快南沙港区四期工程全自动化码头技术攻关，提升港口服务智能化、运营管理信息化程度。

加强智慧交通物联感知建设，推进信号控制、高清监控等系统的建设，综合运用视频监控、治安卡口、电子警察、重点车辆管控等系统，实现智慧采集、综合分析、立体发布、自动引导、科学分流的“智慧交通监控”体系。加强交通流数据、视频监控图像等信息的汇聚采集，实现与公安、气象、应急、城管等其他单位的非涉密数据互联互通，赋能交通出行，优化公交线路安排、停车智能调度管理等，提升交通大数据应用能力。建设涵盖路内路外、全区统一的智能停车管理服务平台，鼓励社会力量投资建设、改造和运营智能停车场，实现全区停车诱导信息的统一归集和发布。推动5G、物联网等技术与交通业务的深度融合，开展全区“5G+车联网”技术试点，推进车联网信息交互与融合。推进交通行业监管系统建设，促使行业高效治理，实现公共交通、客货运输、基础设施等交通业务全覆盖。提升运输服务效率，深化信息技术在交通运营管理和出行服务中的应用，全面实现降本增效提质。

（三）智能电网

注重安全智能，打造智能电网，建设坚强电网，建成500千伏变电站1座，主变容量3000兆伏安，220千伏变电站约10座，主变容量5580兆伏安，110千伏变电站约35座，主变容量4292兆伏安。优化电网结构，建设绿色化、智能化供电网络，供电可靠率达到99.96%。鼓励开展电网侧储能。加强智能电网与能源互联网、5G技术、信息技术创新融合发展。支持电网侧储能与新能源协调发展，保障电网供需平衡与稳定。支持储能电站、电动汽车参与储能调峰、需求侧响应等多种服务，实现电网“削峰填谷”，缓解高峰供电压力。支持新能源发电技术的研发，改善风电、光伏电站并网造成的波动情况。推动发展智能电网。以通信信息平台为支撑，实现电力系统发电、输电、变电、配电、用电和调度等环节高度融合。优化配电网架结构，适应新能源、分布式电源和储能设备接入要求，通过智能微电网实现就地消纳。提高配电网智能化水平，完善智能计量体系，构建智能用电系统和技术平台。建设“多位一体”微能源网和氢电智慧能源站，建设横沥岛尖高可靠性示范区，推动需求侧响应及虚拟电厂运营，实现灵活性资源与电网友好互动。

2019年起，为落实国家战略，支撑公司智能电网发展和数字化转型，南方电网公司牵头承接国家发展改革委2020年新基建工程、国家重点研发计划等多项重点任务，充分挖掘广州作为粤港澳大湾区核心区域的资源优势，在广州南沙建设“5G+智能电网”示范区，并以此为基础持续推进“5G+智能电网”集中应用示范，打造精品案例。南方电网公司规模最大、技术最前沿的“5G+高级量测体系”应用示范区已在南沙落地建成，5G计量装置覆盖了2.1万用户，电表的数据采集频次可提升至分钟级，实现了自动抄表、动态实时电价和用户双向互动。预计到2022年底将全面建成投产南沙“5G+数字电网”应用、南沙明珠湾起步区国际先进数字配电网示范区，进一步提升电网感知和调控能力。同时，广州供电局紧扣加快构建新型电力系统的目标，推动南沙区纳入南方电网公司构建新型电力系统区级示范，积极配合做好电氢融合实践探索，建设南沙小虎岛电氢综合调峰站。

继2020年在国内率先开通5G商用网络的端到端电力专用切片后，广州供电局大力推进51类电网全业务场景的测试和验证工作。在5G商用网络环境中，综合应用无线空口RB资源预留、切片+5QI优先级调度、Flex.E隔离等技术，并在测试中首创性地引入网络损伤仪，测试配网差动保护、配电自动化、一键顺控等电力业务对带宽、时延等通道性能指标的边界需求，使测试结果更具指导意义。同时解决了多用户、多业务混合承载环境下，电网业务与其他行业客户及个人用户的网络端到端隔离问题。通过实验室及外场测试等工作，现已完成输电在线监测业务终端调试，配电自动化、计量自动化传统终端及新一代量测体系终端调试及数据对接，成功推进电力业务终端与5G通信模块适配性改造升级，为后续5G大规模承载电力业务应用打下坚实基础。

广州供电局梳理电力5G虚拟专网服务和管理能力需求，基于现有2G/3G/4G公网监控系统，开发融合5G的电力业务切片与资源管控模块，实现电力切片从定购、配置、部署到监控全生命周期运行，质量可保障，状态可监测，并增加故障定界、故障快速恢复等高级应用功能。目前已上线试运行5G卡台账及切片台账等基础功能，完成与联通运营商5G能力开放平台对接，逐步实现对公网的可观可测可控。

广州供电局将持续推进5G技术与电网业务的深度融合与应用。广州南沙“5G+智能电网”应用示范区迈入规模化应用阶段，在国内率先完成了涵盖“发输变配用”51类电网全业务场景的端到端网络测试、功能验证和挂网试运行，完整地验证了电力5G虚拟专网切片隔离性能、资源保障性能及“电力专网+电力5G虚拟专网”承载电力业务的能力，并于2022年完成不少于7600个电力业务终端5G改造，具备规模化示范应用效应，为5G产业贡献典型行业应用案例，打造“5G+垂直行业”应用标杆。

（四）智能气网

扩气源强网络，提升应急储备，提升燃气供应能力。在小虎岛建设广州LNG应急调峰气源站一期及其配套管网工程，实现年下气能力13.5亿标立方米。建设大岗门站，设计接气量为29万标立方米/小时，扩大珠海金湾LNG管输气气源下载能力，实现年下气能力14亿标立方米，进一步增强天然气陆地气源与海上气源相结合的格局。加强油气管网建设。建成广州燃气集团至黄阁门站的高压输气管，积极推进南沙区与广东省现有天然气管线的衔接，实现区域天然气资源互通互补，形成全省“一张网”的格局，充分保障南沙区乃至广州市气源安全、稳定。完善成品油供应设施。加快建设成品油管网，建设安全可靠的成品油储运设施，逐步建立科学合理、竞争有序、功能完善的现代化成品油供应销售服务网络体系。推动南沙区内现有加油站改建“多位一体”综合能源销售站，鼓励新建加油站同时满足加油、加氢、充电等多种能源供应。到2025年，力争建设加氢站（含油电氢综合能源销售站）10座。

强化保护能力，增强保护意识，加强隐患排查治理。推进实施油气输送管道安全隐患整治攻坚工作，开展多部门联合检查督查，对较大以上级别隐患制定专项整治方案。按照《广州市石油天然气管道领域风险点危险源排查整治工作方案》的相关要求，组织实施本辖区石油天然气管道领域风险点、危险源排查整治专项行动。强化应急救援能力。加强应急救援保障体系建设，满足人员作训、应急设备物资存储、教育培训、应急指挥需要，提升队伍整体素质，提高救援能力，研究筹建油气安全应急救援基地。

注重新兴产业，优化氢能布局，落实氢能产业布局。充分发挥东方重机新能源“链主”企业作用，打造新能源产业联盟。推动南沙区新能源产业链构建，打造氢能产业枢纽。加快制氢能力建设。“十四五”期间，依托广钢气体、小虎岛化工区等条件成熟区域建立制氢储氢产业园，以发展电解水制氢为主，辅以甲醇制氢、天然气制氢等方式，保障制氢安全的前提下有效降低用氢成本。打造氢能交通体系。支持开展区域公交线路燃料电池公交车示范应用。到2025年，实现拥有在运氢能公交车50辆，在运氢能物流车30辆。支持燃料电池货运船舶示范运营，依托南沙区船舶制造优势，带动南沙船舶业升级，逐步发展以氢燃料电池为动力的海洋公共运输船舶。

（五）智能供排水保障系统

建立现代化水安全保障体系。加大城市径流雨水源头减排的刚性约束，优先利用自然排水系统，实现自渗、蓄泄得当。因地制宜建设生态排水设施，充分发挥绿地、道路、水系对雨水的吸纳蓄渗、净化缓释作用。构建生态、韧性、安全的河湖水系，提高城市雨洪调蓄能力，改善修复水生态环境。加快推进给水、排水、水环境水生态远期规划监测设施建设，提升智慧水务基础设施建设水平，构建一体化、精细化的水务智慧管控体系。加快建设平原水库。通过新建、改建、扩建、管网延伸和配套净化消毒设施、设备等措施，保障供水安全，深入实施饮水安全巩固提升工程，建成现代化水务服务保障体系。强化海绵城市和城市排水防涝设施建设，推进雨污分流改造，改善城市低洼地段、下穿式立交、行洪河道和排水防涝主出口等薄弱环节，提升城市洪涝灾害治理能力。开展海洋灾害风险区划工作，推进海洋避风避浪港建设，实施防波堤加固工程。

针对城市排水管线权属不清、动态信息缺失等问题，广州水投集团以高新信息化技术为支撑，进一步加强公共设施市政设计，为现代排水管理装上"智慧大脑"，构建"源—厂—网—河"全程管控式智慧排水系统，为排水管网装上"眼睛""双手""嘴巴""大脑"，"智造"集监测、管控、模拟、集成等功能于一身的智慧排水系统，让监测数据会说话，排水管网运行状况可视化，助力排水管理向信息化、数字化、智慧化发展，实现防洪排涝效率与质量的全面提升，助力各地智慧城市建设。

基于"深度融合，全面共享"的理念，智慧排水系统以"水安全"与"水环境"为立足点，从排水源头系统、排水管渠系统、污水处理系统与江河湖泊系统入手，利用信息采集技术、5G数据传输技术、数据大脑等信息化技术，打造智慧监测系统、智慧管控系统、智慧模拟系统、智慧云平台，对现存排水管理中的问题进行有针对性的"靶向治疗"，精准解决排水管理的遗留难题，实现物联感知、信息共享、科学决策、精细管理。

借助"5G+传感物联网+云计算+大数据"，分析建立前端监测感知体系、平面管理体系以及响应执行体系，智慧监测系统为排水管网装上"眼睛"，将动态情况转化为可视化数据，实现排水管网、泵站、积水点等监测对象运行状况数据实时采集与传输、可视化输出，为排水管理提供决策依据。

通过智慧排水规划以及传感器安装，广州南沙新区排水系统实现了管道水位监测、管道流量监测、水质监测、泵站水闸监测、净水厂监测等排水管理全方位监测，并充分利用监测数据，为排水系统优化运行提供决策依据，实现了排水数据信息化管理、排水终端预警预报、排水系统动态调度、内外一体化运维等，形成一整套排水系统运维管理的长期有效机制与体系。

拟定"两大一辅助一预留"的供水系统格局。规划远期黄阁水厂与万顷沙水厂南北分区联合供水，规模均为100万立方米/天。供水分界线为灵山岛尖—南沙街，以北为黄阁水厂供水，以南为万顷沙水厂供水。规划近期扩建榄核水厂至13万立方米/天，作为近期的辅助水厂，与黄阁水厂联合供水，远期随万顷沙水厂的建设与扩建逐步转为备用水厂。高新沙交水点附近预留一处供水设施用地，规模

25公顷，作为万顷沙取水泵站用地以及预留一处水厂用地，以增强规划弹性。

三、稳步推进粤港澳教育合作

（一）教育专区规划布局，打造教育合作新高地

加快高等教育高水平特色化发展。积极引进优质高等教育和研究院（所），加快建设香港科技大学（广州）、中国科学院大学广州校区、华南师范大学教师教育学院等高校，着力打造世界一流大学和一流学科。对接粤港澳大湾区重点产业，优化学科专业结构，建设一流专业。提升人才培养和科研创新水平，深化复合型、应用型、创新型人才培养。发展研究生教育，合作招收博士后研究人员，加快高端人才培养引进。鼓励高校发挥专业优势，开展前瞻性基础研究，加强引领性应用研究。

推动形成国际化教育新格局。开展多层次、宽领域的教育交流与合作，积极推动南沙区教育多元化、国际化、特色化发展。优化国际化教育资源布局，建设国际化教育园。加快推动香港科技大学（广州）附属学校等一批国际化程度较高的学校落地。

实施学校布局优化调整工程。结合南沙区教育布点规划，推进学校优化布局调整。重点完善南沙街、黄阁镇的教育设施规划布局。把东涌庆盛片区、灵山岛尖片区和横沥岛尖片区作为南沙的重点区块，其中，东涌庆盛片区定位为粤港澳大湾区科技创新节点以及人工智能产业引入示范区，灵山岛尖片区定位为具有世界先进水平的粤港澳大湾区中央商务区，横沥岛尖片区定位为世界金融岛，根据片区学位需求，适度超前建设三大片区的学校。加大对榄核镇、万顷沙镇等远郊镇街教育投入，结合产业布局，适当增加学校布点，缩小学校服务半径。规划到2025年，建成一批高标准义务教育学校和高端国际化学校，快速缩小与广州市中心城区的教育水平差距，总体实现教育现代化。

（二）引进境外一流教育资源到南沙开展高水平合作办学

深入推进世界一流大学和一流学科建设，引入优质国际化教育资源，为粤港澳大湾区科技创新、产业转型升级和高质量发展提供优质智力支撑。推进国际一流大学和一流学科建设。紧密对接国家一流大学和一流学科建设计划，进一步落实广州新时代高等教育优化提升工程工作要求，加快推进香港科技大学（广

州）、华南师范大学粤港澳大湾区教师教育学院等高等院校建设，培养具有创新能力的国家高端人才，服务于粤港澳大湾区科技创新、产业升级和高质量发展，打造世界一流的科教融合生态体系。对接粤港澳大湾区重点产业，优化学科专业结构，打造一批原始创新能力强的高峰学科。推动形成国际化教育新格局。落实新时代教育对外开放水平提升工程工作要求，坚持以开放创新促改革、促发展，积极引入国际办学，增加国际化教育供给，推动南沙区教育资源多元化国际化发展。重点在东涌—庆盛片区、明珠湾和南沙街片区、万顷沙片区等区域规划建设一流国际学校；其中东涌—庆盛片区加快港人子弟学校建设，规划引进南沙国际化教育园项目；明珠湾和南沙街片区重点推进修仕倍励国际学校项目建设；万顷沙片区规划引进高士德外籍与海归子女学校。加强与港澳地区和国外名校联系，统筹引进更多的国际优质教育项目落户南沙区。

（三）深化粤港澳高等教育合作

伴随着粤港澳三地协同创新发展趋势日益显著，粤港澳大湾区建设的理念和方案被正式提上日程，为国家培养新时期符合粤港澳三地社会发展需求的创新型复合型人才及输出引领技术革命的科技创新成果成了三地高校重要的历史使命和具有普遍共识的战略愿景。2015年，中山大学率先倡议并与香港中文大学和澳门大学共同着手组建粤港澳高校联盟（以下简称“联盟”），以期汇聚三地精英高校优质教研资源，深化三地高校教育交流合作，共同打造“粤港澳一小时学术圈”，助力粤港澳大湾区与国家“一带一路”的建设。

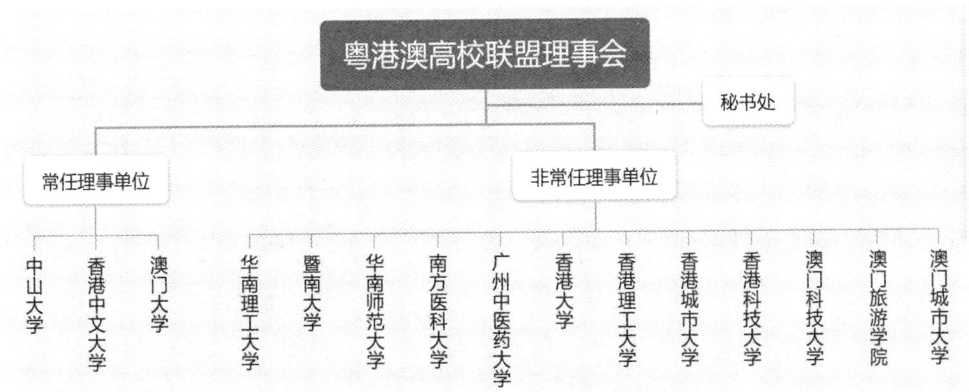

图7.1　粤港澳高校联盟理事会组织架构

2019年2月18日，中共中央、国务院印发《粤港澳大湾区发展规划纲要》，明确指出要将大湾区建设为国际科技创新中心和国际教育示范区，引进世界知名大学和特色学院，推进世界一流大学和一流学科建设；并要充分发挥粤港澳高校联盟的作用，鼓励三地高校探索开展相互承认特定课程学分、实施更灵活的交换生安排、分享转化科研成果等。未来联盟将进一步对标湾区和国家发展需求，利用自身平台资源优势，缔结更多交流合作的硕果，输出更多高水平人才与核心技术成果，为国家有效落实“一国两制”、继续深化改革开放、积极参与全球交流合作贡献应有的力量。

香港科技大学（广州）与香港科技大学将在“港科大一体，双校互补”的框架下开展合作，两校法人独立，财务独立，地位平等。两校在学术规范、师资水平、课程质量等方面保持一致，实现资源共享、优势互补。

在教师延聘方面，香港科技大学（广州）将采用与香港科技大学一致的学术标准与学术机制，鼓励两校教师开展紧密合作，落实立德树人根本任务。两校将共同构建与世界接轨的学术成果认定和学科资源分配机制，打造国际化的科学绩效评价体系。

两校将实现实验室及科研设施高效共享，通过优化资源配置，健全经费和制度保障，形成科研合力，有利于创造更多科技创新成果。

两校将推动学生互享课程资源，如果符合两校教务委员会联合学术协商机制所定的要求，香港科技大学的学生可修读香港科技大学（广州）的科目及学位课程，香港科技大学（广州）的学生也可修读香港科技大学的科目及学位课程。

两校将推动学术资源共享：在两校资源条件允许的情况下，被香港科技大学及香港科技大学（广州）录取的学生，可以享受使用对方学校学术资源的同等权利。

（四）拓宽港澳籍学生入学渠道

中山大学独立招生面向港澳中学六年级学生，要求中学四年级至中学六年级全部在港澳地区中学就读，而且自主安排中、英、数三科的笔试。

港澳台侨联招考试简称“全国联招考试”，全称“中华人民共和国普通高等学校联合招收华侨、港澳地区及台湾省学生入学考试”，是教育部单独为海外华侨和港澳台学生设计的专门高考，以满足海外华侨及港澳台学生回祖国内地接受高等教育的愿望。2022年内地（祖国大陆）面向港澳台侨招生的本科院校有291所、预科院校有13所，如北京大学、中国人民大学、清华大学、复旦大学、上海交通大学等多所知名高校，为港澳台侨学子提供多元化的选择。

对于港澳台学员，除了可以参加港澳台侨全国联考和两校联考以外，还可以参加澳门四校联考和香港中学文凭考试（HKDSE），凭借这两种考试的成绩升读内地及港澳地区的高校。

澳门四校联考是指澳门大学、澳门理工学院、澳门旅游学院及澳门科技大学四所高校联合组织的入学考试，除三科必考科目（中文、数学、英语）以外，其他科目的考试或面试由四校自行安排及公布。自2018年起，内地部分院校根据澳门四校联考成绩免试录用澳门考生，目前开放招生高校包括复旦大学、浙江大学、厦门大学、华侨大学、武汉大学、华中科技大学、华中师范大学、中山大学、暨南大学、华南师范大学等，各高校每年根据四校联考成绩自行制定录取分数线或面试要求。

香港中学文凭考试（HKDSE）即“香港高考”，是香港考评局的一项综合类型的评估考试，每年由香港考评局主办，成绩符合要求的考生将获发香港中学文凭证书。该成绩可直接用于申请香港本地高等院校，亦可用于申请内地、台湾及海外高等院校。

南沙要在此基础上，发挥粤港澳大湾区优势，完善港澳招生机制，进一步拓宽港澳入学渠道。

（五）职业教育合作

职业教育发展稳步提升。“十三五”期间，南沙区积极推进职业教育办学模式改革和职业教育管理体制改革，深入推进校企合作，南沙区职业教育水平整体稳步发展，已完成职业教育在编教师实现本科以上学历100%的目标要求。南沙区充分发挥港澳国际化人才培训资源优势，鼓励港澳职业教育培训机构与内地院校、企业、机构以合作办学等多种形式在南沙区建立职业教育培训学校和实训基地。积极推进岭东职中与广州百万葵园生态发展有限公司、广州市旅游商务职业学校和澳门旅游学院的合作交流，打造南沙区“粤港澳职教合作联盟”。推动粤港澳职业资格互认试点工作，自签约以来，澳门旅游学院对岭东职中职业教育培训师资43人次，对126名学生开展了调酒员MORS考证工作。

推动职业教育和培训提质培优创新发展。落实广州市新时代职业教育提质培优工程工作要求，支持职业教育优质发展，提升南沙区职业教育整体质量。加快南沙区岭东职业技术学校扩建，推进广州旅游职业技术学院建设，优化中职学校布局和专业结构。加快推进广州南华工贸高级技工学校在南沙的建设发展，促进粤港澳大湾区高技能人才的培养与交流。深化与澳门合作，建设高水平、国际化的旅游等专业特色院校，打造粤港澳大湾区产教融合旅游实训基地。

由广州市文化广电旅游局、澳门旅游学院、岭南商旅集团共同建设的粤港澳大湾区旅游教育培训基地（广州合作中心），于2021年12月4日在广州南沙花园酒店正式揭牌。

广州合作中心也是澳门“粤港澳大湾区旅游教育培训基地”的延伸，将发挥三方资源优势，为粤港澳大湾区培养对接国际旅游酒店服务标准的高级管理专才，提升广州旅游酒店服务质量，接轨国际标准体系水平，带动穗、澳两地旅游业高质量发展。

三方将以“粤港澳大湾区旅游教育培训基地（广州合作中心）”为载体，深化合作，优势互补，共同打造具有较大国际影响力的粤港澳大湾区旅游教育标准与品牌，以南沙为基地，向湾区其他城市进行基地品牌延伸，立足湾区、辐射全国，服务与影响更多的旅游酒店企业，为广州培育建设国际消费中心城市，为粤港澳大湾区打造“宜居宜业宜游”优质生活圈作出贡献。

（六）姊妹学校（园）交流合作活动

积极缔结更多的姊妹学校。完善外籍人子女、港澳居民随迁子女在南沙就学便利化政策，提升教育国际化程度。依托南沙区的教育发展基础，加强和广州市区、深圳、香港、澳门和国外名校的联系，在办学模式、教育理念、课程建设、互派学生、教师交流与管理、校园文化建设等方面进一步扩大交流，缔结更多的姊妹学校（园）。

内地与港澳中小学结对覆盖面突破了地域限制，结对方式突破了传统路径，突出了爱国主义教育主题，注重传统文化传承、国家意识的培养，凸显了各地各校教育特色。姊妹学校在办学模式、教育理念、课程建设、教师管理、校园文化建设等方面充分交流，优势互补，协同发展，大大增进了三地中小学间的友谊和了解，有利于提高三地教育发展水平。下一步工作，要加强顶层设计，完善工作机制；加强统筹指导，拓展交流渠道；加强工作创新，丰富教育内涵；加强督导考评，注重交流效果。南沙可以在扩大缔结姊妹学校（园）数量的同时，举办更多姊妹校园交流活动，开展与港澳姊妹学校交流、同宗同盟学校交流、科技教师交流、穗港澳科技夏令营等活动。南沙要不断扩大三地姊妹学校（园）缔结规模、丰富姊妹学校（园）内涵，提升活动层次，拓宽交流渠道和手段，努力提高粤港澳姊妹学校（园）缔结计划的社会效益。

（七）外籍人员子女教育

加大普惠学前教育供给。构筑高品质学前教育服务体系。主动适应三孩政策和城市发展，加快小区配套幼儿园建设。大力发展公办幼儿园，鼓励社会力量举办普惠性幼儿园，通过政府购买服务，加大对民办幼儿园提供普惠性服务的支持力度，建成以公办幼儿园和普惠性民办幼儿园为主体的学前教育服务网络。

南沙率先在区属的广外附属学校等一批学校开设港澳子弟班，为港澳人士在南沙接受基础教育提供便利条件。随着港澳人士在内地的融合交流日趋频密，南沙面向港澳人士子女，启动了港人子弟学校的建设，港人子弟学校重点满足港澳社区、大湾区港澳户籍和外籍人员子女的入学需求，提供从小学到高中的完整教育体系，与香港本地实现学制、课程和入读服务的无缝对接，为港澳籍子女在南沙接受教育提供便利条件。

广州南沙民心港人子弟学校是非营利性质的港人子弟学校，招生对象为港人子女及其他非内地籍人士子女。学校采用香港学制，涵盖DSE课程及A Level课程，两文三语，提供12年一贯制教学，小学即可寄宿，2022年9月开学。办学机构是在香港注册，并已取得香港税务局免税地位的非营利公益团体。

广州修仕倍励作为修仕倍励在中国内地的第一所学校，将传承英国修仕倍励公学近500年的历史传统，提供K12全日及寄宿制英式教育。

英国高士德学校是英国多个王室成员的母校，位于苏格兰北部，强调磨练坚强的意志，塑造强壮的体格，培育领袖气质的年轻人。高士德外籍人员子女学校项目选址在珠江街南沙枢纽区块万新大道南侧、五涌北路西侧，将建设一所外籍人员与海归子女学校和一所职工托儿所，覆盖从学前教育到小学、中学各个学段。

（八）提高南沙港澳青年学生就学吸引力

增强高等教育服务本地发展能力。大力促进教育链、人才链与产业链、创新链有机衔接，深化产学研合作和产教融合发展。促进与粤港澳大湾区高校实施协同创新计划，建立高校、企业与地方协同创新机制。打造高校科研成果转化平台与网络，完善成果转化激励机制与利益分享机制，加快科技成果转化和科技企业孵化，为南沙区经济社会发展提供强大科技支撑。

南沙将开辟港澳青创企业落户绿色通道，提供登记注册、场地租赁、人才招聘、法律援助等全方位支持和最高370万元创新创业奖补资金。同时，为解决港澳青年住房之忧，南沙对符合条件的港澳青年提供港澳青年公寓或给予每人每年最高2万元住宿补贴。支持符合条件的港澳青年购买共有产权房。为港澳青年发放“港澳青年人才卡”，符合条件的持卡者在南沙可享受居留、住房、子女入学、就医、工商、税务等全方位绿色通道服务，实现“一卡走南沙”。给予在南沙创业就业的港澳青年每人每年最高2万元生活补贴和每人每年最高5000元医疗保险补贴。依托区内港澳青创基地，打造港澳青年服务驿站。建立首席服务官制度，为来南沙游学、实习、就业的港澳青年提供全流程一对一定向管家式服务，及时为港澳青年提供适应性辅助。

“新十条”将会激发港澳青年来南沙创业、就业、实习交流的热情，政策中对港澳青年的生活习惯、生活需求给予了充分考虑关怀，丰富的就业补贴、创业奖补政策也将吸引更多港澳青年和青创团队了解南沙、扎根南沙。

“新十条”的“新”字体现在三个方面：一是政策扶持再添“新”力度，奖补力度全国领先，单个在南沙就业的港澳青年3年最高可获51.5万元奖补资金，单个在南沙创办的港澳青创企业3年最高可享受450万元奖补资金；二是增设南沙独有“新”条款，首创“薪金补贴”“职业资格、技术职称和执业资格证书补贴”“促进就业奖励”“一卡走南沙”4项独有条款，政策优势突出；三是构建支持配套“新”链条，从就业、职场能力提升、安居置业、生活就医等方面构建全方位就业保障奖补政策，多措并举打消港澳青年南沙就业顾虑，从企业落户、配套支持、场地租金、创业成长、投融资支持、青创基地运营等方面打造全新创业支持链条，为港澳青创项目提供全生命周期创业支撑。

四、便利港澳居民就医养老

（一）南沙携手港澳共建健康产业

促进健康服务产业提质升级。加大社会办医支持力度，加快发展精准医疗、智慧医疗、个性化医疗等为主的健康服务产业，促进健康服务产业提质升级。加快建设国家健康旅游示范基地，提高健康旅游消费吸引力和品质。支持质子重离子放疗技术临床应用，实现基因检测和个体化治疗技术领域重大突破。发展高端医疗器械设备，聚焦疾病“预警、成像、检测、治疗与康复”的全链条、高性能医疗器械核心技术突破、产业化及医疗应用，实施创新医疗器械产品应用示范。大力发展智慧医疗，加快区域卫生信息化建设，构建医疗健康大数据平台，探索建立大健康数据临床转化应用模型，加快健康医疗大数据研究应用。

大力发展高端医疗。积极引入港澳及国际高端医疗资源和先进管理模式，吸引国内外知名健康产业总部进驻，支持港澳台及境外知名医疗投资集团在区内设立中外合资、合作及独资医疗机构。加快发展以精准医疗、智慧医疗、个性化医疗等为主的健康服务产业，全力打造国家健康旅游示范基地。重点支持质子重离子放疗技术临床应用，打造南沙基因检测和个体化治疗品牌。加快广东医谷南沙产业孵化器发展，支持新靶点及多靶点组合抗肿瘤药物、治疗性疫苗、基因治疗药物研发和产业化。促进高端医疗器械设备产业集聚发展，打造“预警、成像、检测、治疗与康复”的高性能医疗器械产业链。积极布局数字生命产业，大力发展“互联网+大健康”，推动互联网医疗在南沙“药+医+险+养”一体化闭环集聚发展。

加强粤港澳大湾区医疗服务合作。探索加强与香港、澳门医疗服务合作，建立与港澳医疗数据衔接机制，实现与港澳电子病历互通共用。建立与港澳医疗机构沟通机制，推进互认检验检查结果。完善与港澳居民医疗保障对接机制，推进港澳居民在南沙参加城乡居民医疗保险。建立医疗机构白名单制度，扩大香港“长者医疗券”使用范围，推动将白名单内的我区医疗机构纳入香港医疗费用异地结算单位，并将支付范围从门诊扩大到住院。强化与港澳在中医诊疗、中医药研发方面合作，积极参与粤港澳大湾区中医医疗联合体和中医医院集群建设，加快建设国家中医药服务出口基地。推动更多符合条件的医疗机构纳入“港澳药械通”试点。加强穗港澳医疗卫生专业人才培养和诊疗合作，扩展与港澳医疗培训项目交流。完善突发公共卫生事件及紧急医学救援工作联动机制。

推进广东医谷产业园区、中化生命科学城、横沥工业园等生物医药产业集聚区建设，积极引进国际化医药公司、研发中心和专业人才，实现医疗器械、创新药物、生物疫苗、诊断试剂、现代中药、生活保健品等多领域布局。依托南沙粤港澳大湾区几何中心的地理区位优势，围绕中山大学附属第一（南沙）医院、广东省中医院南沙医院、广州市妇女儿童医疗中心南沙院区、中山大学附属（南沙）口腔医院发展高端医疗、互联网医疗、康养医疗等新兴生命健康产业，打造全国领先的健康旅游产业典范，助力南沙抢占粤港澳大湾区医疗新高地。发挥南沙区人工智能产业集群优势和科技创新的能动作用，推动人工智能、大数据、区块链等技术在基因编辑、医学影像诊断、医疗数据可视化、精准医疗、远程医疗、健康管理等领域的应用落地。

积极引进国际高端医疗资源，扩大开放医疗服务市场，适当引入国际化社会办医，补充各类医疗服务需求，提升南沙医疗资源供给效率及质量。加快建设国家健康旅游示范基地，提高健康旅游消费吸引力和品质。支持国际质子治疗中心建设，推动建设国际高端医疗服务产业合作区。鼓励港澳台及境外知名医疗投资集团在区内设立中外合资、合作及独资医疗机构，引进港澳及国际高端医疗资源。

（二）港澳现代化管理模式

在扩大医疗服务供给方面，南沙将支持港澳医疗卫生服务提供主体按规定以独资、合资方式设立医疗机构，也会参照香港大学深圳医院投资运营管理模式，在南沙建设由地方政府全额投资、引进港澳现代化管理模式的大型综合性公办医院。

深化医药卫生体制改革，深入推进公立医院综合改革，优化现代医院管理制度，吸收深圳港澳现代化模式运行经验教训，在医院管理体制、补偿机制、运行机制、监管机制等方面积极探索，逐步建立现代医院制度和管理模式。持续推进区级医疗卫生机构重点专（学）科建设和分级诊疗，深化医联体建设。

推进基层医疗卫生机构人事编制制度改革，结合服务人口、床位和使用需求统筹调剂编制。优化全民医疗保障体系，持续推进城乡居民与城镇职工医保一体化改革，构建健全稳定可持续的筹资和保障水平调整机制，完善城乡居民大病保险和医疗救助制度。推进药品生产、流通、使用全流程改革，加强以合理用药为核心的药事管理工作，健全短缺药品稳价保供机制。

学习借鉴香港大学深圳医院的先进院部管理经验。港大深圳医院管理制度创新涉及组织管理、运营管理与业务管理三大层面，在决策自主化、管理民主化、药物服务精益化、信息系统数字化、人才培养持续化等方面均进行了有益的探索与实践，兼顾公平、效率与质量的均衡，符合公益、科学与人本原则，丰富了综合性医院管理制度创新与管理能力现代化建设的经验。

（三）开展跨境转诊合作试点

构建大湾区优质医疗卫生资源共享合作机制。加强广东省高水平医院与港澳医疗机构交流合作，支持粤港澳三地共建区域医疗联合体和区域性医疗中心，合作布局建设一批重点专科专病群。搭建海外医学交流平台，加强广东与具有国际先进水平的医疗、科研机构的互利合作，学习、借鉴发达国家医疗先进技术和管理理念，助力高水平医院建设和国际化医学人才培养。鼓励以特色专科为纽带组建粤港澳专科联盟和远程医疗协作网，探索在指定公立医院开展跨境转诊合作试点，完善大湾区内重症传染病人会诊机制和紧急医疗救援联动机制。

（四）加强药品和医疗器械监管

《南沙方案》提出在南沙实施《粤港澳大湾区药品医疗器械监管创新发展工作方案》，吸收深圳经验。突出特色是将内地药品监管体系与港澳药品监管体系有效衔接起来，方便港澳居民在内地就医。粤港澳大湾区药品医疗器械监管涉及不同的监管体制和机制：大湾区内地药品医疗器械监管由国家药监局主管，按行政层级实行分级监管；香港由卫生署、香港海关等部门按职能管理；澳门由卫生局、经济局、澳门海关等部门按职能管理。港澳地区对药品上市实行注册审批制，香港对医疗器械上市实行非强制登记公示制度。

在粤港澳大湾区内地符合条件的医疗机构，可以按规定使用已在港澳上市的药品和医疗器械。支持粤港澳大湾区指定医疗机构按照规定和临床急需原则，进口和使用已在港澳上市的药品以及已在港澳公立医院采购使用并具有临床应用先进性的医疗器械（大型医用设备除外）。

在粤港澳大湾区进一步深化药品医疗器械审评审批制度改革，建立国家药品医疗器械技术机构分中心，在中药审评审批、药品上市许可人、医疗器械注册人等制度领域实施创新举措，增设药品进口口岸，为推动粤港澳大湾区生物医药产业创新发展提供机制保障。

关于在粤港澳大湾区内地指定医疗机构可以按规定使用已在港澳上市的药品和已在港澳公立医院采购使用并具有临床应用先进性的医疗器械（大型医用设备除外）的举措，提出坚持分步实施、试点先行的原则，先期在香港大学深圳医院开展试点，在取得可复制、可推广经验后再扩展至粤港澳大湾区其他符合要求的区域和医疗机构。广东省人民政府组织制定配套制度和规定，简化进口审批，对临床急需药品和医疗器械的进口审批实施目录制管理，建立涵盖采购、进口、通关、贮存、配送、使用全过程的追溯体系，并将在国家药监局指导下会同港澳药品监管等部门建立粤港澳三地药品监管协作机制，建立不良反应监测信息通报等机制，进一步规范进口药品和医疗器械的使用。

（五）港澳老年人南沙养老

加强与港澳养老制度和标准对接。加强社保制度与养老资源对接，加快实现社会福利和社会综合援助的三地互认，构建粤港澳南沙养老资讯资料库，实现养老资讯资源共享。与港澳相关机构探索制定养老服务行业从业人员水准评价标准，优化水准分级培训模式，实现南沙养老服务与国际标准接轨。

加强养老产业合作。积极与港澳合作，支持港澳投资者举办养老机构和参与社区居家养老服务。合作发展银发经济，以“互联网+养老”打造一批具有示范效应的“智慧养老”品牌项目。引入、扶持和培育一批专业化、品牌化、连锁化经营的养老服务企业，积极培育中医药健康养老产业、老年旅游健康产业等养老产业发展。

（六）扩大广东院舍住宿照顾服务计划

广东院舍住宿照顾服务计划，为申请或已在中央轮候册上轮候入住资助护理安老宿位的合资格长者提供多一个选择，让他们可按本身的意愿及考虑自愿选择入住以下由香港非政府机构在广东营办的两间安老院：由香港复康会在深圳营办的香港赛马会深圳复康会颐康院和由伸手助人协会在肇庆营办的香港赛马会伸手助人肇庆护老颐养院。

在南沙养老的香港长者能在入住当地符合条件的养老机构时获得与香港本地同等补助，也将有望于指定的医疗机构使用香港“长者医疗券”。以上政策不但能吸引更多港澳居民到南沙养老，也能为香港的医疗康养机构提供发展机会。

五、强化生态环境联建联防联治

（一）健全环保协同联动机制

促进空气质量持续改善，提升大气污染精准防控力度，建设大气环境预警防控网络，深化氮氧化物和挥发性有机物（VOCs）来源解析，完善污染减排清单，加强细颗粒物和臭氧污染协同控制。强化重点行业重点企业挥发性有机物污染治理。强化移动源污染防治，加大柴油货车、船舶、施工机械等污染防治的工作力度。推动施工工地严格落实“六个100%”的要求，强化道路洒水保洁，实现渣土运输车辆全封闭运输。

加强大气污染、固废污染防治力度，深入贯彻绿色发展理念，加强大气和固体废弃物污染防治，营造绿色低碳、和谐美丽的一流人居环境。建设大气环境预警防控网络，提升大气污染精准防控力度，促进空气质量持续改善。提升生活垃圾分类收运与无害化处理能力，统筹建设生活垃圾转运站、生活垃圾收集点，加快推进第四资源热力电厂项目二期项目。做好小虎化工区搬迁改造，加快推进医疗废物、危险废物处置设施重点工程建设。

紧抓大气污染防控，进一步促进“天更蓝”。近年来，南沙区以工业源污染防控、面源管理、移动源污染防治等方面为重点，深入开展大气综合整治。2021年，南沙区环境空气优良天数比例为85.2%，$PM_{2.5}$年均浓度为22微克/立方米，PM_{10}年均浓度为45微克/立方米，NO_2年均浓度为35微克/立方米，各项指标均位居全市前列，环境空气质量基本保持稳定。

（二）陆海统筹、以海定陆

深化陆海污染综合治理，实施陆海污染一体化治理，推动陆源污染源头减排。推进入海河流和排污口精准治理，加强船舶、港口、海水养殖等污染治理。科学管控废弃物海上倾倒，建立健全“海上环卫”制度。实施海漂垃圾治理，加强海上污染源及港口船舶污染物控制，完善船舶污染物接收转运装置联单制度。强化近岸海域水质目标考核，严格规范入海排污口管理，加大非法或设置不合理的入海排污口的整治力度。构建严格的海洋环境准入机制，引进低污染、低耗能、高产值的海洋高新产业。加强港口和海运船舶监管，规范管理船舶废油、生活污水和垃圾的收集储存处理处置。

加强海岸带生态保护和修复，明确海岸带规划管理、资源利用和生态保护修复等规则，规范岸线资源保护利用。推动海岸带保护和利用综合示范区建设，加强海岸带生态、观光、文化功能，强化公共滨水空间建设。推动海洋生态产业化发展，融合旅游、科普、教育等元素，提供更优质、多元化和多样化的海洋生态产品，探索海洋生态产品价值实现路径。打造生态海堤，推进南沙新区大角山滨海公园堤防提升工程建设。构筑人海和谐的蓝色生态屏障，营造“河畅、水清、堤固、岸绿、景美”的生态环境。着力提升海洋碳汇能力，推动红树林保护修复专项行动、南沙区虎门大桥（广州段）北侧海岸线整治、明珠湾区慧谷片区（工业区涌至大角山）超级堤工程等重大项目建设，加强河口、滨海湿地、红树林典型生态系统监测评估，助力“碳达峰”。

落实土壤污染防治，进一步促进“土更净”。推进建设用地开展土壤污染状况调查工作，建立疑似污染地块名单和污染地块名单。加强南沙区土壤污染状况调查工作信息公开，创新调查前备案、事中质控、备案前公示等措施，进一步严格建设用地再开发利用。开展建设用地土壤污染状况调查工作，整合形成《南沙区土壤污染状况调查名录》，对未依法开展调查工作的项目地块，责令其停工改正。全面落实省市有关土壤与地下水污染防治决策部署，严格保障重点建设用地安全利用。

加强生态系统保护修复。重点保护湿地、河口生态系统，统筹推进山水林田湖草一体化保护，实施重要生态系统保护和修复工程。大力推进山体周边系统整治与生态复绿，修复受损山体，治理违法建设，提升城市山体生态景观。建立全流域水污染综合防治体系，打造水清岸美、安全畅通、人水和谐的水环境。以万顷沙海洋保护区、南沙湿地等典型海洋生态系统为重点，实施红树林保护修复工程。开展海岸线整治修复，推进虎门大桥北侧海湾等项目整治，整体提升海岸线生态景观风貌。

筑牢绿色生态屏障。构建以沙湾水道、蕉门水道两个大型城市绿廊为两大生态廊道，以近岸海域和海岸带为屏障，以限制开发的重点生态功能区为支撑点，以自然保护区、水源保护区、风景名胜区、重要湿地等点状分布的禁止开发区域为重要组成部分的生态安全格局。建设生态环境监测网络，建立天地一体化的生态环境监测系统，构建资源环境承载能力监测预警机制。

（三）生态保护红线精细化管理

优化城市生态空间格局。严守以滨海湿地、海湾为核心的生态保护红线，合理划定城镇开发边界，优化整合自然保护地。突出生态优势、优化滨海资源，强化自然岸线保护，加强南沙北部农田和南沙滨海景观生态片区的保护与建设，构建多层次、多功能、立体化、网络式的生态结构体系。保护城市绿地系统，完善林长制工作体系，强化保护黄山鲁、十八罗汉山、大山乸森林公园。在保护自然生态资源的基础上，加强景观与游憩设施建设，打造生态良好、景观优美的精品生态公园。高标准建设滨海碧道，强化公共滨水空间建设，开展生态廊道内土地整治、更新改造与生态修复，打造水清岸绿、鱼翔浅底的滨海生态廊道。

实施最严格的生态环境保护制度。严格落实生态保护红线、环境质量底线、资源利用上线和生态环境准入清单“三线一单”生态环境空间分区管控要求。严格执行环境影响评价制度，建立健全以环境影响评价制度为主体的源头预防体系和以排污许可制为核心的固定污染源监管制度体系。系统构建全过程、多层级生态环境风险防范体系，提升突发环境事件应急处理能力。健全生态环境系统修复机制，推动生态环保区域合作共治。

保护湿地生态环境资源，维护生物多样性。南沙湿地总面积约6.6平方千米，拥有丰富的动植物资源，为周边地区起着防风消浪、涵养水土、调节气候等重要作用，也被誉为“广州之肾”。近年，南沙区进一步优化湿地生态环境，在南沙湿地培育形成了接近7000亩的森林资源，其中大部分为红树林。生态环境的改善，进一步提升了生物多样性。截至2023年1月，该地共记录到鸟类17目50科207种，包括国家一级重点保护动物白尾海雕，黑脸琵鹭等14种国家二级重点保护动物，以及省级保护鸟类30种。

（四）构建低碳环保园区

完善绿色低碳能源基础设施网络。优化完善能源基础设施布局，系统提升智能低碳能源供应能力，有力保障生产、生活能源供应和城市生命线运行安全。拓展应用明珠湾起步区、庆盛片区等低碳节能发展模式，在绿色建筑、绿色交通、能源集中供给等方面先行示范，探索推进生态产品价值实现路径和机制创新，打造绿色自贸区。

优化全区能源供应保障体系。鼓励LNG电厂二期工程、华润横沥热电联产工程等电源骨干项目建设，打造一批天然气热电联产机组和本地支撑电源项目。支持新建工业园区和产业集聚区实行集中供热设施建设，促进用热企业向园区集聚。持续推进管道燃气设施建设，拓展管道燃气供应区域。实施电力、燃气等地下管线纳入城市地下综合管廊工程。发展适宜的可再生能源，鼓励分布式电源和智慧充电设施网络建设，完善制氢储氢加氢基础设施。面向数字南沙建设需求构建新型电力系统，鼓励建设智能电网、智能微网、综合智慧能源站、燃气场站设施，推动智慧能源发展。

完善重点功能片区电力基础设施建设。探索在明珠湾等重点功能片区试点“临电+永电”“插电式服务”“常规供电+综合能源”等创新用电模式。加快庆盛枢纽、万顷沙保税港、大岗等重点功能片区变电站建设，保障重大项目用电供给。推进在重点功能片区布局充电桩、港口岸电系统、综合智慧能源站等清洁能源基础设施，打造一批绿色低碳能源供应示范项目。

加强固体废弃物和危险废物治理，加强白色污染和新污染物治理，大幅减少塑料制品消费量，整治塑料污染突出领域和电商、快递、外卖等新兴领域污染行为。严厉打击固体废弃物和危险废物破坏环境违法行为，实现固体废物零进口，持续开展重金属污染防治分区防控，坚决遏制住危险废物非法转移、倾倒、利用和处理处置。加强医疗废物处理处置。做好小虎化工区搬迁改造，加快推进医疗废物、危险废物处置设施重点工程建设。完善垃圾分类处理体系，提升固废处理和资源化利用，打造垃圾分类示范片区。

（五）水域污染防治攻坚战

推进水环境综合整治。落实海绵城市理念，加强污涝同治。以碧道建设为引领，全面加强防洪潮基础能力建设，打造江河安澜的外江防洪闭合圈。健全河长制湖长制工作体系，巩固黑臭水体治理成效，实施“一涌一策”，强化国考断面、水功能区、饮用水水源水质达标管理，提高污水收集处理效能和防洪潮能力，全面加强近岸海域污染防治。加强优良水体水质保护，强化入库河流污染整治。持续推进生活、工业、农业农村水污染治理，着重补齐污水处理设施短板，完善污水收集体系，实现全区生活污水收集全覆盖。

严控水防治，进一步促进“水更清”。坚持落实河长责任制，针对性开展网格化源头减污挂图作战及村级工业源整治、农村生活污水治理建设任务、畜禽水产养殖污染治理和禁养区划定、入河（海）排污口排查整治等一系列工作。官坦、虎门大桥、蕉门、洪奇沥国考断面平均水质分别为Ⅲ、Ⅲ、Ⅱ、Ⅱ类，均稳定达到国家考核要求。纳入省考核的9个水功能区达标率为100%，入海河流断面均达到或优于国家和省、市有关考核要求，城市集中式生活饮用水水源地水质达标率100%，河湖长制连续两年考核优秀。劣Ⅴ类水体断面比例保持为0，区内唯一列入黑臭河涌整治名录的潭洲滘涌顺利通过上级部门检查，成效判定为已消除黑臭。

稳步实施污水处理提质增效工程，持续推进生活、工业、农业农村水污染治理，着重补齐污水处理设施短板，完善污水收集体系，实现全区生活污水收集全覆盖。统筹提升南沙区污水处理管网设施。统筹推进全区城镇排水管网错接、混接改造和生活污水管网建设，实施南沙开发区国家生态工业园示范区污水收集和处理系统（黄阁片区及南沙岛片区）工程等11宗工程，补齐南沙区污水收集短板问题。统筹开展生活污水治理查漏补缺工作，进一步完善污水收集管网、污水入户支管及污水处理设施站点。稳步推进生活及工业污水处理厂建设。适时启动南沙、榄核、大岗污水处理厂扩建工程，以及四涌西污水处理厂、鱼窝头污水处理厂新建工程等污水处理设施建设。强化工业废水治理和排放监管，鼓励有条件的工业园区建设工业污水处理厂进行工业废水集中处理。争取到2025年底，城市污水处理率达到98%、污泥无害化处置率提高到95%。持续推进河涌综合整治工作。推进重点河涌综合治理，巩固黑臭水体整治成效，健全河长制湖长制工作机制。加强考核断面、水功能区水质达标管理，对未达标水体制定限期达标规划方案。统筹推进沙湾水道、虎门水道、蕉门水道、洪奇沥水道等主要河道及河涌入河排污口整治工作。争取到2025年底，全面消除重点流域劣Ⅴ类一级支流。

（六）清洁航运政策

鼓励船舶港口及轨道装备清洁化。鼓励引导能耗高、污染重的老旧运输船舶提前退出市场，支持新能源客船动力更新改造，推广电能、氢能、LNG及生物燃料等清洁能源在船舶上的应用。继续推进广州港南沙港区四期工程全自动化集装箱码头建设和改造，投入使用国产码头生产操作系统（TOS），探索应用单小车自动化岸桥、自动化智能引导车、堆场水平布置侧面装卸，推动港区全自动化和绿色化发展；提升轨道交通机车牵引能效技术，降低列车运行能耗。